全域旅游视阈下广西民族地区包容性旅游扶贫模式与机制研究

钟学进 杨姗姗 著

汕头大学出版社

图书在版编目（CIP）数据

全域旅游视阈下广西民族地区包容性旅游扶贫模式与机制研究 / 钟学进，杨姗姗著. -- 汕头 : 汕头大学出版社，2022.12
　　ISBN 978-7-5658-4895-7

Ⅰ. ①全… Ⅱ. ①钟… ②杨… Ⅲ. ①地方旅游业－扶贫－研究－广西 Ⅳ. ① F592.767

中国国家版本馆 CIP 数据核字（2023）第 000546 号

全域旅游视阈下广西民族地区包容性旅游扶贫模式与机制研究
QUANYU LÜYOU SHIYU XIA GUANGXIMINZUDIQU BAORONGXING LÜYOU FUPIN MOSHI YU JIZHI YANJIU

著　　者：	钟学进　杨姗姗
责任编辑：	陈　莹
责任技编：	黄东生
封面设计：	优盛文化
出版发行：	汕头大学出版社
	广东省汕头市大学路 243 号汕头大学校园内　邮政编码：515063
电　　话：	0754-82904613
印　　刷：	三河市华晨印务有限公司
开　　本：	710mm×1000mm　1/16
印　　张：	16.75
字　　数：	300 千字
版　　次：	2022 年 12 月第 1 版
印　　次：	2023 年 3 月第 1 次印刷
定　　价：	98.00 元

ISBN 978-7-5658-4895-7

版权所有，翻版必究

如发现印装质量问题，请与承印厂联系退换

前言

全域旅游发展理念强调以旅游产业为优势产业，对区域内经济社会资源，尤其是旅游资源、公共服务、体制机制、政策法规等进行全方位、系统化的优化提升，实现区域资源有机整合、产业融合发展、社会共建共享，以旅游产业带动和促进经济社会协调发展。广西是以壮族为主体的少数民族自治区，拥有丰富而又独具特色的旅游资源，属于少数民族聚居与旅游资源富集的重叠区，具备发展全域旅游的优势条件。然而，自然条件、历史文化等因素制约了区域内旅游产业综合效应的发挥，存在辐射带动效益不显著、受益群体不广泛、旅游扶贫成效不突出等现象。因此，广西民族地区在全面推进全域旅游建设进程中，如何深入挖掘与合理开发利用地区内丰富的旅游资源，如何实现旅游扶贫中人与人、人与社会、人与自然的和谐发展，并通过包容性旅游扶贫的方式带动当地居民致富，已成为备受关注并亟待解决的问题。

基于此，本书立足当前广西民族地区旅游扶贫现况进行理论探索与实践研究。本书在对广西民族地区旅游扶贫的理论溯源、逻辑演进、现实研判、存在问题、制约因素、主要经验进行系统整理和全面分析的基础上，探究全域旅游视阈下广西民族地区包容性旅游扶贫的驱动因素，构建了动力系统与驱动机制模型；结合国内外旅游扶贫模式的经验与其带来的启示，提出全域旅游视阈下广西民族地区包容性旅游扶贫模式，进而选择案例进行实证分析，并系统探究了包容性旅游扶贫机制。本书的研究成果有助于进一步丰富和完善全域旅游视阈下包容性旅游扶贫的理论体系，为揭示和突破民族地区包容性旅游扶贫的制约瓶颈，强化全域旅游发展与包容性旅游扶贫的有机融合，推动旅游目的地转型发展和居民富裕，以及推动广西民族地区社会经济发展与和谐社会构建提供借鉴和参考。

本书分三大部分：

第一部分是研究综述和理论基础，即导论，主要是阐述研究背景、研究目的与价值、国内外研究综述，并进行相关概念界定。

第二部分为核心内容，包括第一章、第二章、第三章、第四章、第五章和第六章。其中，第一章的内容是进行旅游扶贫的理论溯源及探究其逻辑演进，囊括由古至今、国内外旅游扶贫的思想及其演变，继而构建旅游扶贫理论模型，并对广西民族地区旅游扶贫的发展历程进行回顾；第二章是广西民族地区旅游扶贫的现实研判，主要是对广西民族地区旅游扶贫的现实成绩、存在问题、制约因素以及主要经验等进行全面系统的整理和分析，为深入研究提供现实依据；第三章是结合广西民族地区旅游扶贫的现实情况，采用理论遴选和专家咨询的方法，对全域旅游视阈下广西民族地区包容性旅游扶贫的驱动因素进行筛选与分析，并从推力系统、拉力系统、支持系统和中介系统4个层面构建包容性旅游扶贫的驱动机制模型；第四章立足国内外旅游扶贫模式经验，结合全域旅游和包容性旅游扶贫的核心内容，从管理域、空间域、产业域和要素域4个视角，分别构建共建共享、区域联动发展、产业带动发展与多点推进的扶贫模式；第五章是为了验证上述研究成果的可行性而进行的实证研究，通过对相关主体开展访谈和问卷调查，以检验当前旅游扶贫的成效，并吸收受访者的意见建议，对上述旅游扶贫模式进行优化；第六章结合广西民族地区包容性旅游扶贫理论研究与实际调研成果，以系统论分析方法为指导，构建理念体系、目标体系、过程体系和保障体系"四位一体"的旅游扶贫机制。

第三部分是研究结论与展望，即第七章，主要是全面总结本书的研究成果和不足，并对该领域今后的研究方向进行展望。

编者

2022年12月

目录

导　论 ··· 001
　　第一节　研究背景 ·· 001
　　第二节　研究目的与价值 ·· 002
　　第三节　国内外研究综述 ·· 003
　　第四节　相关概念界定 ··· 012

第一章　旅游扶贫的理论溯源及逻辑演进 ································· 015
　　第一节　旅游扶贫的理论溯源 ··· 015
　　第二节　旅游扶贫的理论模型 ··· 037
　　第三节　广西民族地区旅游扶贫的逻辑演进 ························· 040

第二章　广西民族地区旅游扶贫的现实研判 ····························· 048
　　第一节　广西民族地区旅游扶贫的现实成绩 ························· 048
　　第二节　广西民族地区旅游扶贫存在的问题 ························· 062
　　第三节　广西民族地区旅游扶贫深入推进的制约因素 ·············· 067
　　第四节　广西民族地区旅游扶贫的主要经验 ························· 073

第三章　全域旅游视阈下广西民族地区包容性旅游扶贫驱动机制研究 ··· 089
　　第一节　全域旅游视阈下广西民族地区包容性旅游扶贫驱动因素选取的
原则 ··· 090
　　第二节　全域旅游视阈下广西民族地区包容性旅游扶贫驱动因素的确定 ······· 091
　　第三节　全域旅游视阈下广西民族地区包容性旅游扶贫的动力系统分析 ······· 102
　　第四节　全域旅游视阈下广西民族地区包容性旅游扶贫的驱动机制模型 ······· 131

第四章　全域旅游视阈下广西民族地区包容性旅游扶贫模式的构建 ··· 134
　　第一节　国内外旅游扶贫模式经验与启示 ··························· 134
　　第二节　全域旅游视阈下广西民族地区包容性旅游扶贫模式构建的原则 ······· 144
　　第三节　全域旅游视阈下广西民族地区包容性旅游扶贫模式 ······· 146

第五章　全域旅游视阈下广西民族地区包容性旅游扶贫的实证分析 ……165
第一节　案例地包容性旅游扶贫发展概况 ……165
第二节　案例地包容性旅游扶贫利益相关者分析 ……174
第三节　案例地包容性旅游扶贫现状调查 ……182
第四节　案例地包容性旅游扶贫存在的问题 ……192
第五节　案例地包容性旅游扶贫模式的优化 ……194

第六章　全域旅游视阈下广西民族地区包容性旅游扶贫机制研究 ……201
第一节　全域旅游视阈下广西民族地区包容性旅游扶贫机制的体系结构 ……201
第二节　全域旅游视阈下广西民族地区包容性旅游扶贫的理念体系 ……202
第三节　全域旅游视阈下广西民族地区包容性旅游扶贫的目标体系 ……203
第四节　全域旅游视阈下广西民族地区包容性旅游扶贫的过程体系 ……206
第五节　全域旅游视阈下广西民族地区包容性旅游扶贫的保障体系 ……226

第七章　研究结论与展望 ……233
第一节　研究结论 ……233
第二节　研究不足 ……235
第三节　研究展望 ……236

参考文献 ……237

附录 ……252
附录1　全域旅游视阈下广西民族地区包容性旅游扶贫驱动因素的确定专家调查表（第一轮） ……252
附录2　全域旅游视阈下广西民族地区包容性旅游扶贫驱动因素的确定专家调查表（第二轮） ……254
附录3　广西民族地区包容性旅游扶贫利益相关者专家访谈问卷 ……256
附录4　广西民族地区包容性旅游扶贫利益相关者贫困人口满意度调查问卷 ……257
附录5　广西民族地区包容性旅游扶贫的地方政府满意度调查问卷 ……258
附录6　广西民族地区包容性旅游扶贫利益相关者旅游者满意度调查问卷 ……260
附录7　广西民族地区包容性旅游扶贫相关利益者旅游企业满意度调查问卷 ……261

导 论

第一节 研究背景

贫困是世界性的社会问题，是每个国家在发展进步的过程中都必须正视和解决的问题。我国正处于并将长期处于社会主义初级阶段，地区间、城乡间、行业间的贫富差距较为明显，消除贫困、改善民生、实现共同富裕是社会主义的本质要求。扶贫开发事关人民福祉，事关巩固党的执政基础，事关国家长治久安，事关我国国际形象。2021年2月25日，习近平总书记在全国脱贫攻坚总结表彰大会上庄严宣告："我国脱贫攻坚战取得了全面胜利，现行标准下9 899万农村贫困人口全部脱贫，832个贫困县全部摘帽，12.8万个贫困村全部出列，区域性整体贫困得到解决，完成了消除绝对贫困的艰巨任务。"

自中央发出打赢脱贫攻坚战动员以来，党中央和各级地方政府高度重视我国的扶贫开发工作，相继出台了一系列重大扶持脱贫政策。作为我国脱贫攻坚的主战场之一，广西因少数民族人口众多、贫困区域广、贫困程度深、扶贫对象多，成为国家新一轮扶贫开发攻坚难题较为集中的地区。2016年11月24日，广西壮族自治区第十一次党代会报告在分析当前面临的困难和问题时指出：农村全面脱贫和保障改善民生任务艰巨；坚决打赢农村全面脱贫攻坚战，实现452万农村贫困人口全面脱贫，是广西必须啃下的"硬骨头"、必须兑现的"军令状"。《广西壮族自治区国民经济和社会发展第十三个五年规划纲要》提出，要大力推进乡村旅游富民工程，将旅游扶贫作为广西脱贫攻坚行动的主要抓手。实践证明，与其他扶贫方式相比，旅游扶贫以其强大的市场优势、强劲的造血功能、巨大的带动作用，在我国扶贫开发中发挥着日益显著的作用。作为我国脱贫攻坚工作中新的生力军，旅游扶贫既是旅游业责无旁贷的历史使命，也是旅游业新的发展空间；既是脱贫攻坚的重要抓手，也是旅游开发的重点任务。

休闲经济时代的来临、供给侧改革的推进，对我国旅游业的发展提出了新的要求。自我国首批262个"国家全域旅游示范区"创建单位公布后，全域旅游已成为旅游管理部门工作的重要抓手，深刻地影响着我国旅游业的未来发展。在全域旅游背景下，利用旅游产业的带动效应，通过旅游产业巩固并推动农村地区经济的发展意义重大而深远。广西具有丰富的旅游资源，在实施旅游强区和兴边富民战略过程中以及巩固拓展脱贫攻坚成果和实施乡村振兴战略的关键时期，通过旅游发展推动乡村振兴和加快共同富裕进程是历史赋予我们的神圣使命。

第二节 研究目的与价值

一、研究目的

本书旨在通过资料分析和实地调研，深入剖析广西民族地区旅游扶贫现状，归纳总结出旅游扶贫过程中存在的问题；从包容性增长视角分析旅游扶贫在全域旅游大背景下的驱动系统，以探明全域旅游视角下广西民族地区包容性旅游扶贫的系统结构；针对广西民族地区的社会和旅游环境，提出全域旅游视阈下的包容性旅游扶贫模式，并从不同维度构建广西民族地区包容性旅游扶贫机制。希望本书的研究成果能够为全域旅游背景下广西民族地区的旅游扶贫工作提供系统的理论参考和决策借鉴。

二、研究价值

（一）学术价值

随着国家和各级地方政府对全域旅游与旅游扶贫工作的日益重视，进行与之有关的学术研究越发显现出重要性和迫切性。本书将全域旅游与民族地区包容性旅游扶贫两方面置于同一分析框架，综合运用多学科的理论与方法，通过理论与实证、定性与定量研究相结合，从全域旅游发展的视角对广西民族地区包容性旅游扶贫模式与机制进行全面而系统的探讨；深入揭示当前广西民族地区全域旅游发展进程中旅游扶贫存在的问题及面临的瓶颈，进一步丰富和完善全域旅游发展视阈下民族地区旅游扶贫的理论体系；培育和打造民族地区特色旅游产业，为实现民族地区全域旅游建设与旅游扶贫开发的协同发展提供理论支撑和方法指导。

（二）实践价值

广西是我国旅游资源较为丰富的省级行政区，也是贫困人口较多的省区之一，广西民族地区、贫困地区与旅游资源富集区具有高度的重叠性。当前，广西等边疆民族省区在推进全域旅游建设进程中如何深入挖掘与合理开发利用贫困地区丰富的旅游资源，通过旅游扶贫的方式带动贫困地区人口脱贫致富，已成为备受关注并亟待解决的问题。本书以全域旅游视阈下广西民族地区包容性旅游扶贫模式与机制为研究对象，有利于进一步探索全域旅游背景下民族地区包容性旅游扶贫的创新模式，提升其旅游扶贫开发绩效；有利于实施乡村旅游富民工程，释放旅游经济发展红利；对于充分发挥旅游产业在脱贫攻坚和兴边富民战略中的重要作用等具有重要的实践意义与应用价值。

第三节 国内外研究综述

一、国外研究综述

本书通过搜集南宁师范大学、广西大学、广西民族大学等图书馆馆藏图书资源以及 Elsevier、Web of Science、EBSCO、Springer 等外文文献数据库，并以谷歌学术、百度学术等网络数据库作为辅助资源，以"pro-poor tourism"（扶贫旅游）、"anti-poverty tourism"（反贫困旅游）、"assisting the poor tourism"（助贫旅游）、"poverty alleviation tourism"（旅游去贫）、"tourism equity"（旅游公平）等相关词进行篇名或主题词检索，发现与本书"包容性旅游扶贫"直接相关的研究较少。经对相关研究进行梳理归纳，笔者认为目前国外学术界对旅游扶贫的探讨可概括为旅游与扶贫之间的关系、旅游扶贫方式、旅游扶贫保障机制、对旅游扶贫的反思等4个方面。

（一）旅游与扶贫之间的关系

明确旅游与扶贫之间的关系是旅游扶贫工作有序开展的前提和保障，国外学者在旅游如何影响贫困、旅游对扶贫影响的表现维度等方面取得了一定的研究成果。Spenceley A. 等分析了卢旺达大猩猩旅游为地区贫困人口带来的利益，认为除居民经济收入的明显增长外，旅游业还激活了住宿业，改善了当地的游览和购物环境，使得居民的生活更为便利。Croes R.等利用社会核算矩阵模型对厄瓜多尔的旅游经济数据进行了分析，结果显示旅游发展对厄瓜多尔的社会经济发展有较大的乘数效应，有潜力为贫困人口带来实质性好处，旅游可能改善不平等现象，但贫困人口获取的利益多少取决于游客消费的方式和消费地。Onil B.以海地南部旅游为例，采用定量评估模型分析了旅游业公共投资的社会影响，结果显示旅游业中的酒店和餐饮业所受到的影响最大，这些公共投资主要通过增加就业、工资和非劳动收入的方式帮助部分民族地区脱贫。Thomas F.通过对老挝和马里的旅游价值链的分析认为，旅游业对减少贫困有一定的影响，这种影响严重依赖所选择的贫困阈值。Croes R.等采用协整分析和因果检验等方法，探讨了尼加拉瓜旅游业发展、经济扩张和减贫之间的关系，结果发现旅游发展与经济扩张之间是单向因果关系，而旅游与减贫、经济扩张与贫困之间是双向的因果关系；经深入研究发现，旅游业的潜在经济力量可以促进尼加拉瓜的公共和私营部门分配资源，促进旅游业的发展，促使整体经济改善，并通过涓滴效应实现减贫作用。[①]

（二）旅游扶贫方式

旅游扶贫方式是国外的研究重点，众多学者从不同角度对此进行了探讨。Harris R. W.通过对马来西亚巴里奥的案例分析，认为旅游扶贫可以以社区为基础，通过生态旅游、探险旅游、文化旅游、会议旅游等多种形式开展。Andrew L.对乌干达某村的旅游扶贫进行了研究，提出了"合作社模式"，建议将当地农业与旅游业整合，以社区为单位，以其他利益相关者的支持为背景，以旅游促进生态环境保护和社区发展，通过农业合作社的方式发展乡村旅游。Manwa H.等对博茨瓦纳的旅游业进行了分析，认为可利用其开放、丰厚的森林资源储备发展生态旅游，以缓解贫困，但要避免旅游开发过程中的林业侵占问题，实现可持续发展。Mohd Y. A.调查了马来西亚原住民社区的资源条件与居民感知情况，发现当地依靠传统的经济体制和森林资源进行生产生活，经济水平相当落后，当地居民有发展旅游的意愿，在此基础上，作者提出了通过"（旅游）职业教育"的方式实现旅游脱贫，由政府引导，可采用"导师制"

---

① CROES R, ROBERTICO M, VANEGAS, et al. Cointegration and causality between tourism and poverty reduction[J].Journal of Travel Research, 2008, 47（1）: 94-103.

教授居民必要的旅游服务技能，以适应旅游发展需求。Manisha P. 等分析了南非夸祖鲁－纳塔尔沿海的住宿业，发现由酒店采购带动的食品供应链对当地居民收入有积极影响，当地居民可根据供应链需求开展农业旅游，并进行食品的生产与销售，从而实现收入增长。[①]Lapeyre R. 对纳米比亚农村地区进行了深入的实地调查，研究发现当地的旅游收入改善了农村居民的生活，并对当地经济产生推动作用，对此，他提出了基于"社区旅游"的扶贫模式，强调旅游地的规划、建设、管理等都应从社区居民参与的角度出发。[②]

（三）旅游扶贫保障机制

旅游扶贫需要众多利益相关者参与，需要建立全方位的保障机制方能实现。Scheyvens R. 等以斐济为例，比较了大企业与小企业对斐济旅游与消除贫困的影响，结果发现，斐济旅游人数逐年攀升，但贫困问题反而有所加剧，这一方面与当地的农业衰退有关，另一方面是因为政府多支持外资大型旅游企业，而对本土小型企业关注不够。因此，必须从政策照顾与赋权两方面改善本土小型旅游企业的生存与参与环境。Mekawy M. A. 通过对埃及贫民窟居民进行问卷调查，发现当地居民对贫民窟旅游多持支持态度，认为其对自身生活有积极影响；作者认为，利益相关者应主要通过丰富贫民窟旅游产品、做好旅游发展规划等来扩大这种积极影响。Phommavong S. 等详细分析了老挝民族旅游发展中的性别与种族问题，发现女性在旅游发展过程中处于边缘地位，男性与女性在旅游分工上存在明显的不平等，认为改变性别观念、保障女性基本权益也是旅游扶贫的关键举措。Kwaramba H. M. 等对南非东开普省的民宿业进行了实证研究，发现民宿业在扶贫方面只取得了部分成功，主要存在家庭缺乏创业导向、自我管理和社会意识薄弱等问题，必须建立相关的保障体系，尤其要保障妇女在旅游业发展中的自信心，并为其提供参与机会。Akyeampong O. A. 对加纳卡库姆国家公园所在地区居民的期望和感知进行了分析，发现旅游影响的范围有限，公园外部居民受旅游影响较小；年龄和出生地也是影响该地区居民对旅游发展感知的关键变量；作者认为旅游扶贫要取得成功，居民必须参与相

---

① PILLAY M, ROGERSON C M. Agriculture-tourism linkages and pro-poor impacts: The accommodation sector of urban coastal KwaZulu-Natal, South Africa[J].Applied Geography, 2013 (36): 49-58.
② LAPEYRE R. Community-based tourism as a sustainable solution to maximise impacts locally? The Tsiseb Conservancy case, Namibia[J].Development Southern Africa, 2010, 27 (5): 757-772.

关决策。Truong V. D. 等从越南沙巴穷人的感知出发，分析了其旅游业发展存在的问题，主要表现在社区成员之间的利益冲突、缺乏资金、外语能力薄弱等方面；认为决策者应倾听贫困人口心声，重新定义贫困的概念，从更广的范畴来减轻贫困。Scheyvens R. 等分析了小岛屿国家的旅游与减贫问题，发现在某些情况下，旅游反而会维护现有的不公平；认为应在重视社会和环境可持续性的基础上实现经济增长，政府要建立有效的政策环境、发挥更大的监管作用、完善相关发展规划、鼓励私营部门参与、促进社会成员更广泛参与旅游业。Zapata M. J. 等总结了尼加拉瓜发展社区旅游的教训，认为自下而上的社区旅游比自上而下的社区旅游表现出更强的生命力，结果表明，要改善社区旅游的微观和宏观环境，提升社区居民商业技能，鼓励家庭创业。

（四）对旅游扶贫的反思

虽然旅游已被公认为扶贫的有效手段，但也不乏一些忧思之声，部分学者对旅游扶贫存在的问题、旅游扶贫的发展方式、旅游扶贫的效果等进行了反思，提出了不一样的见解。Karrow T. 通过对泰国奥帕村的旅游发展进行分析，发现当地的旅游扶贫面临2个问题：一是社区居民创业能力有限，旅游的金融回报只有很少一部分流入社区；二是社区得到的旅游回报大部分只流入到少数具有创业能力的人手中。基于此，他从依附理论和后殖民理论的视角提出：旅游扶贫既可成为赋权方式，也可成为一种剥削方式。Butler R. 等通过对苏格兰格拉斯哥戈文旅游进行研究认为，旅游扶贫不应该仅应用于第三世界，任何负责任的政府都应该将其视为一种常规发展方式。Gascon J. 对旅游扶贫提出了批判，认为当前的旅游扶贫主要采用经济收入的方式定义贫困，这对农村的贫困问题认识并不充分；收入的不公平分配可能意味着更多农村人口生活质量的损失；高收入社会部门倾向于增加其经济和政治力量，这会对其他社会部门造成损害。Mahadevan R. 等以印度尼西亚酒店和餐饮业的税收为研究对象，发现税收对贫困和收入分配的影响有限，并指出旅游税收应更多地应用在教育和健康支出等方面。[1] João Sarmento 对旅游地的社区居民进行了深入的访谈调查，研究结果显示旅游发展似乎并不能满足贫困人口的愿望，因为受访者认为它是短暂的，且很多情

---

[1] MAHADEVAN R, AMIR H, NUGROHO A. How pro-poor and income equitable are tourism taxation policies in a developing country? Evidence from a Computable General Equilibrium Model[J].Journal of Tourism Research, 2017, 56（3）: 334-346.

况下"无法到达"。[①]

二、国内研究综述

我国是世界上最大的发展中国家，也是旅游发展较快的国家之一。20世纪90年代，我国旅游业实现了"井喷式"发展。如何促进旅游发展与扶贫相结合，实现旅游的可持续发展，已逐渐成为我国学者的研究热点。通过对现有研究的搜集整理，笔者认为，目前国内与"全域旅游背景下包容性旅游扶贫"相关的研究较少，仅有部分文献探讨了"全域旅游+旅游扶贫"以及"包容性旅游增长"等相关问题。例如，李安秋以重庆市城口县为例，以全域旅游发展为背景，提出了"旅游+扶贫"模式，指出旅游可与农业、养老、互联网等结合，因地制宜地施行不同的旅游扶贫模式。朱宝莉等认为通过全域旅游实现精准扶贫，需要处理好整体性和益贫性、资源开发和文化生态保护、政府主导和社会参与、突出市场机制和农民市场进入能力不强之间的矛盾。[②] 文传浩等从流域视角构建了绿色发展、精准扶贫、全域旅游三者融合发展的理论框架，发现了有别于传统政区扶贫模式的流域扶贫新路径，并从流域整体性、开放性及微观性视角来重新考量流域复杂的多功能系统，以实现流域扶贫的精准化与流域发展的绿色化。沈涛等基于旅游开发、贫困减缓、平等参与、生态保护四维关系深刻分析了云南边疆民族地区的禀赋特征和发展特点，认为当地旅游扶贫应走包容性绿色发展道路，坚持精准扶贫，推进贫困人口获得旅游发展机会的均等化，制度增权于贫困人口，并保护生态环境。徐虹等认为包容性乡村旅游扶贫越发成为一种可持续的脱贫致富方式，并以陕西省礼泉县烟霞镇袁家村为例，在全面把握乡村旅游脱贫致富的动态过程的基础上，采用案例研究方法构建了包容性乡村旅游脱贫致富机制。纵观目前的研究成果，其焦点主要集中于旅游扶贫模式、旅游扶贫效益、旅游扶贫中的社区参与、旅游扶贫中的问题与对策4个方面。

（一）旅游扶贫模式

旅游扶贫模式是学术界研究的重要内容。目前我国学者对旅游扶贫模式的探讨和总结主要可概括为以下几个方面：其一，部分学者通过一定的指标体系和数理方法将民族地区按贫困程度和资源禀赋进行分类，建议不同类型区

---

① JOÃO S. Poverty alleviation through tourism development：A comprehensive and integrated approach[J].Annals of Tourism Research, 2016, 60（3）：169-187.
② 朱宝莉，刘晓鹰.精准扶贫视域下的民族地区全域旅游：经验和思考：以贵州黎平为例[J]. 社会科学家, 2018（2）：104-109.

域采取不同旅游扶贫模式。例如，李敏等将安徽省安庆市划分为高贫困高禀赋区、低贫困高禀赋区、低贫困低禀赋区及高贫困低禀赋区，并指出4个区域分别适宜采取景区带动模式、政企合作模式、城郊休闲模式和产业融合模式。李佳等采用四象限法将民族地区划分为资高贫低、双高区、双低区、资低贫高区四种类型，并提出资高贫低区适合政企合作模式，双高区适合项目推动模式，双低区适合产业联动模式，资低贫高区适合大区带动模式，这四种模式都应该以政府主导为基础。其二，部分学者按照民族地区的旅游资源特点以及旅游产品形式划分旅游扶贫模式。例如，黄继元以阿诗玛民族文化旅游生态试点村之一——云南省石林县圭山镇大糯黑村为例，分析了其丰富的自然与人文旅游资源，并据此设计了相关旅游产品，提出将整个村按"民族生态文化村"的要求进行规划建设，发展旅游业，以此实现脱贫。王东琴等以云南传统农耕文明区的典型代表——巍山彝族回族自治县（简称"巍山县"）为例，结合对当地贫困农户和县、乡、村各级扶贫工作人员进行的问卷调查及访谈，对巍山县扶贫及旅游扶贫工作实践及成效进行研究，在综合分析云南传统农耕文明区贫困问题特殊性的基础上，从"多元主体参与"和"产业融合"两方面来探讨云南传统农耕文明区旅游扶贫问题，总结出了"乡村生态农业模式""旅游+特色小镇模式""O-RHB模式""多元主体协同参与模式"四种旅游扶贫模式。其三，有学者按照旅游扶贫效果对其模式进行了划分。例如，陈友华认为传统的政府主导型模式和"输血型"扶贫模式的效果并不理想，我国扶贫应逐渐向"造血型""补血型""混血型""换血型"扶贫模式转变，即单纯的资金扶贫应逐渐转变为制度扶贫、人才扶贫、市场扶贫、技术扶贫，在这个过程中，更重要的是扶志、扶智与扶知。张军等在国家进行美丽乡村建设和旅游精准扶贫的现实背景下，以湖北省十堰市张湾区的17个省级贫困村为调研对象，探究张湾区的旅游扶贫模式，分析该地区旅游扶贫给乡村带来的经济、社会、文化、环境效应，构建了"旅游扶贫"与"美丽乡村"的关系模型。此外，李志勇从资源禀赋与区位条件角度出发，认为在旅游资源丰富和产业化潜力大的地方适宜发展特色旅游城市群建设、旅游综合功能区建设、旅游推动的特色城镇化建设、公益旅游与扶贫搬迁结合等四种模式；在旅游资源相对单一、产业化潜力有限的地区则适合以旅游开发带动新型商贸城镇建设、以旅游品牌带动新型商贸城镇建设、特色城镇化与扶贫搬迁结合、资源保护与扶贫搬迁结合等四种模式。[1] 黄国庆重点分析了旅游扶贫中的政府主导模式，认为政府在扶贫过程中

---

[1] 李志勇.欠发达地区旅游扶贫战略的双重性与模式创新[J].现代经济探讨，2013（2）：37-41.

应通过构建本地旅游产业链、促进社区参与旅游业、做好生态环境保护这三项举措，开展旅游扶贫工作。①

（二）旅游扶贫效益

旅游作为一种重要的扶贫方式，其扶贫效益如何也成为学术界研究的热点。目前，国内学者主要侧重于从不同视角探讨旅游扶贫效益、研究旅游扶贫效益的表现维度、旅游扶贫的影响因素等问题。詹雯等认为旅游扶贫应该实现经济效益与生态、文化保护的有机统一、相得益彰，注重综合效益的实现。焦克源等采用 AHP+熵权法，从经济发展、社会进步、生态环保和精神文化 4 个维度的 23 项具体指标对甘肃省甘南藏族自治州的旅游扶贫效益进行了分析。刘兆隆等则从经济、社会、文化、环境、幸福感等 5 个层面探讨了乡村旅游对精准扶贫的影响，发现乡村旅游精准扶贫对居民幸福感提升有较大作用，其效益主要体现在社会、环境两方面，而经济效益和文化效益相对不足。粟娟从经济、社会、生态三方面对湖南省张家界武陵源旅游扶贫效益进行了测评。其中，经济效益包括区域经济发展、产业结构变化、农民收入变化、旅游带动就业情况四项指标；社会效益包括基础设施建设、教育事业发展两项指标；生态效益则包括自然生态效益、人文生态效益两项指标。覃峭从社会微观效益指标（基本生活类、社会安全类、能力改善类、参与机会类）和环境效益指标（自然环境影响、人文社会环境影响、政治经济环境影响）2 个方面探讨了民营旅游经济对南宁市扬美古镇产生的扶贫效益。结果发现，民营旅游经济对古镇产生的扶贫效益主要体现在社会安全度提升、环境改善等方面，基本生活方面效益一般，机会与权力扶贫效益欠缺。陆军对广西集中连片贫困民族地区的旅游扶贫效益进行了分析，发现社会效益比较明显，旅游扶贫在改善基础设施、美化生态环境和加强与外界联系等方面起到了积极作用，生态效益显著，但经济效益尤其是产业扶贫效益并不明显。刘卉以湖北省宜昌市点军区土城乡车溪景区为例，对其旅游扶贫效益的空间差异进行了分析，发现车溪旅游扶贫效益在空间上差异显著，以车溪村为"极点"，其扶贫效益远高于其他各村，且其旅游扶贫效益表现出随距离衰减的规律。李刚等认为影响我国旅游扶贫效益可持续性的因素主要体现在地方政府的观念认识不到位、扶贫目标被置换、扶贫资金被非法占用；当地居民区位条件较差、受益不均挫伤参与旅游积极性；旅游企业的主、客观因素（如急功近利、产品同质化等）对扶贫效益造成影响；旅游者的空间行为、

---

① 黄国庆．连片特困地区旅游扶贫模式研究[J]．求索，2013（5）：253-255．

在目的地的行为等均是旅游扶贫效益的影响因素。何琼峰基于湖南省凤凰县14个自然村349份农户访谈数据,利用扎根理论的开放性编码、选择性编码和理论性编码三重过程,分析农户参与乡村旅游扶贫的影响因素与内在机理,并构建了"资源和市场—政策和环境—农户参与—精准扶贫"4个维度的农户参与乡村旅游扶贫概念模型,据此识别农户参与乡村旅游扶贫的影响因素与内在机理。陈超凡等以罗霄山片区为研究对象,运用DEA模型及Malmquist指数对2010—2014年罗霄山片区20个县(市、区)的旅游扶贫效率进行测度,并通过GMM动态面板模型实证检验了旅游扶贫效率的影响因素。[①]

(三)旅游扶贫中的社区参与

在旅游扶贫中,如何将民族地区旅游业发展的好处真正落实到贫困人口身上,是扶贫实践中的关键,于是社区参与便逐渐成为旅游扶贫研究所聚焦的核心之一。社区参与旅游扶贫更有利于确保旅游扶贫核心目标的实现,有利于贫困社区的发展,有利于保障贫困人口的长远利益,可有效解决政府主导过度的问题,从而吸纳更多社会力量参与。何玲姬等以云南罗平多依河景区为例,提出了两种旅游扶贫与社区协同发展模式,即起步阶段政府主导下的社区被动参与模式和发展阶段政府引导监督下的社区主动参与模式。[②]柳帅以山西省晋中市榆次区东赵乡后沟古村为例进行研究,认为社区居民主要通过办农家乐、直接参与接待服务、土特产销售、参与土地流转、入股分红五种路径参与旅游扶贫;通过实证评价发现,前三种路径扶贫效果更为明显,后两种路径的扶贫效果并不明显。陈青青提出,影响社区参与旅游扶贫的因素可分为社区内部和社区外部两方面,主要包括社区旅游资源开发程度、社区居民自身发展水平与参与意识、旅游业发展状况、旅游扶贫政策法规等。田润乾对旅游扶贫的社区参与系统进行了研究,认为不完全信息的存在是造成社区参与障碍的最重要因素;社区参与机制应该是以利益分享机制为核心、法律保障机制为基础,以培训机制、沟通机制和监督反馈机制为支撑的系统。李燕琴通过深入调查,剖析了不同居民在旅游的经济、社会和文化影响感知方面的差异,揭示了困扰当地旅游发展的三大矛盾,即负向的经济影响感知与正向的社会文化影响感知、居民强旅游支持与弱幸福感、高参与意愿与低政策评价,并据此提出了政策调整方向。王

---

① 陈超凡,王赟.连片特困区旅游扶贫效率评价及影响因素:来自罗霄山片区的经验证据[J].经济地理,2020,40(1):226-233.
② 何玲姬,李庆雷,明庆忠.旅游扶贫与社区协同发展模式研究:以云南罗平多依河景区为例[J].热带地理,2007,27(4):375-378,384.

兆峰等基于动机-机会-能力（MOA）模型，研究社区参与旅游扶贫的影响因素以及该影响因素对社区参与水平的影响，尝试构建社区参与旅游扶贫的MOA模型，运用结构方程模型进行分析与验证。徐莉等通过对贵州黔东南、重庆酉阳、湖南湘西三地风景区及相关单位的实地走访和深入访谈，探讨旅游扶贫对民族社区治理的影响，分析旅游开发过程中民族社区权力主体的转移和权力结构的变化，并构建了新时期民族社区治理多元权力结构模型。[1]

（四）旅游扶贫中的问题与对策

旅游扶贫在探索中发展，其间难免会遇到一些问题，众多学者对此进行了研究，并提出了对策与应对机制，以保障旅游扶贫的良性发展。杨颖认为，选择旅游作为脱贫手段时要慎重，要考虑决策时的机会成本，使决策更具科学性。李燕琴以中俄边境村落室韦为例，提出了旅游扶贫存在社区压力应对的ABCD-X模式，并以此分析提出了旅游扶贫进程中的七大误区，即旅游发展越快越好、旅游扶贫是社区发展机会而非压力源、旅游扶贫仅使居民收入增加、旅游业是推动个人致富和社区发展的唯一"救命稻草"、招商引资一定有利于村寨旅游发展、旅游扶贫要确保地区稳定就要尽可能避免冲突、旅游协会这样的组织可有可无。邓小海等从产业链的视阈提出了当前我国旅游扶贫存在的高附加值产业环节薄弱、核心旅游扶贫企业带动力不足、旅游扶贫合作不够、旅游扶贫产业功能单一、旅游扶贫产业链短、旅游扶贫产业链本地化不足等问题，并提出积极培育核心旅游扶贫企业、加强旅游扶贫产业链整合、加快旅游扶贫产业链本地化、加强旅游扶贫区域合作等旅游扶贫措施。李莉对重庆旅游扶贫进行了分析，认为其存在的主要问题为旅游发展投入不足、旅游扶贫模式单一、农民参与程度较低、资源保护意识淡薄，对此，应加大政府主导、政策扶持，实行立体化旅游扶贫模式，构建社区参与系统，加强资源环境保护。杨阿莉等则以甘肃甘南藏族自治州为例，分析了其旅游扶贫的优势与现状，并提出应从贫困人口参与旅游规划决策的咨询机制、参与旅游经营与利益分配的保障机制、参与社区文化和生态保护机制、参与旅游教育的培训机制等方面构建旅游扶贫机制。乌兰等以内蒙古12个盟市为例，对民族地区旅游扶贫效率进行了评价，进一步结合贫困发生率将旅游扶贫效率分为低贫低效、低贫高效、高贫高效和高贫低效四种类型，探讨了不同类型形成的原因，最后针对每种类型的不同成因提出了提升民族地区旅游扶贫

---

[1] 徐莉，马阳，孙艳.旅游扶贫背景下民族社区治理的多元权力结构探究[J].西南民族大学学报（人文社科版），2018，39（10）：198-202.

效率的模式选择。

三、研究述评

通过前面对相关文献的归纳梳理可知，目前国内外对旅游扶贫的相关问题已进行了大量研究，在理论和实践上取得了一定的成果，这些成果既开拓了我们的思路，也为今后研究工作的进一步开展奠定了基础。然而，就综合本书的研究内容和区域范围来说，现有研究仍存在一定的不足，主要表现在以下几个方面：首先，从研究视野来看，现有研究多直接论述旅游扶贫相关问题，缺少特定背景和相关理论的指导，更缺少以全域旅游为背景、包容性增长为主要理论的研究成果。其次，从研究的地域范围来看，现有研究多以较小地域为研究对象，具体分析其旅游扶贫相关问题，以全省区、整个西南地区等范围大、情况复杂的地域为研究对象的文献较少，探讨广西民族地区旅游扶贫问题的研究更为少见。同时，现有研究多以农村偏远地区为案例地，类型比较单一，缺少对城郊、大景区周边、旅游资源非富集区等类型区域的旅游扶贫相关问题的探讨。最后，现有研究成果多缺乏系统性，部分研究结论相互借鉴，针对性不强。缺少探讨具体区域旅游扶贫现状、存在问题、驱动机制、扶贫模式、保障机制等系统性强、结论针对性强的研究。

第四节 相关概念界定

一、旅游扶贫

近年来，在我国经济下行压力逐年增大的情况下，旅游业以其劳动密集、乘数效应大、绿色可持续等优势仍保持着强劲的增长势头，已成为我国经济增长的新引擎。我国民族地区往往保持着良好的生态环境和独特的民风民俗，具有较强的旅游吸引力，同时，旅游业发展对区域经济发展的带动作用日益显著，旅游扶贫应运而生。近年来，随着国家对扶贫工作的重视程度逐年增强，国内关于旅游扶贫的学术研究成果也日益丰硕。马超骏在总结前人定义的基础上指出，旅游扶贫是在有较好旅游资源的民族地区通过扶持当地旅游业发展，以旅游业为先导，带动其他产业的发展，进而实现居民脱贫致富的一种可持续发展扶贫模式。[1] 旅游扶贫是民族地区的一种经济发展模式，但对贫困人口关注不够容易导致旅游扶贫目标置换。[2]

本书认为，旅游扶贫就是在适宜的贫困区发展旅游业及其相关支持产业，以带动当地居民增收、增加居民参与社会发展的机会与权利、改善居民的精神状态、提高人民生活水平的一种扶贫发展模式。旅游扶贫要向精准化、深层化方向发展，要根据不同地区开展旅游扶贫的条件、不同类型贫困人口参与旅游扶贫的状况，运用科学有效的方法和程序对旅游扶贫目标进行精准识别、精准帮扶和精准管理。旅游扶贫的最终目标不应仅停留在浅层次的发展经济上，还应站在人类生存发展所需基本条件的角度思考如何使帮扶对象均衡发展。

二、包容性旅游扶贫

近年来，包容性发展已成为世界各国、相关组织机构研究的热点。包容性发展理念突显了马克思主义对人的终极关怀，为加快发展方式转变、缩小收入差距等提供了价值导引。[3] 同时，这一理念能够满足中国经济社会发展的现实诉求，因此也成为新时期我国重要的发展理念。包容性发展强调发展主体人人有责、发展内容全面协调、发展过程机会均等、发展成果利益共享，因而是一种更加全面、更趋公平、更具人文关怀、更具可持续性的新发展理论。包容性旅游扶贫是在包容性发展理论的基础上提出来的，通过发展旅游产业增加生产性就业岗位，为贫困人口创造更多就业机会；通过旅游发展提升贫困人口就业能力，使其在均等的发展机会中通过劳动改变贫困状况；通过旅游经济成果的分配政策缩小因旅游经济带来的社会贫富差距，保障社会公平正义。

由此可见，包容性旅游扶贫主要强调通过旅游业为贫困人口创造就业机会、提升劳动技能，使其共享旅游经济成果。它是一种发展理念，应该以政府规划为主导、以旅游企业为主体、以旅游资源为开发载体，通过社会各界参与和政府政策的保障实现扶贫目标，缩小旅游目的地各阶层的贫富差距，以旅游业的可持续发展促进经济社会的可持续发展。

三、全域旅游

全域旅游由国家旅游局（现为文化和旅游部）于 2015 年提出，它是指在

---

[1] 马超骏.井冈山旅游扶贫研究[D].南昌：江西师范大学，2013.
[2] 邓小海.旅游精准扶贫研究[D].昆明：云南大学，2015.
[3] 任保平，王新建.论包容性发展理念的生成[J].马克思主义研究，2012（11）：78-86.

一定区域内，以旅游业为优势产业，通过对区域内经济社会资源尤其是旅游资源、公共服务、体制机制、政策法规等进行全方位、系统化的优化提升，实现区域资源有机整合、产业融合发展、社会共建共享，以旅游业带动和促进经济社会协调发展的一种新的区域协调发展理念和模式。此概念一经提出即在旅游学界产生轰动，引发众多学者探讨。曾博伟认为全域旅游并不是将旅游目的地变成传统意义上的景区，也不仅仅是建设"全域旅游示范区"，而应该是一种发展观：从需求方看，游客旅游活动范围逐渐扩展到更大的范围，这就要求旅游要从以前景区式的"小旅游"向如今全域式的"大旅游"发展；从供给角度看，越来越多的部门和市场主体参与旅游发展，使其成为全社会的"大合唱"。刘家明提出，全域旅游不能一直在"全"字上做文章，要注意地区差异；也不能一直在"游"上做文章，要注意多种要素的有机组合。王衍用提出，全域旅游思维主要表现在7个方面：延伸性的资源思维、差异性的产品思维、关联性和融合性的产业思维、细分的营销思维、基础设施全覆盖的建设思维、体验性的旅游活动思维、特区式的管理思维等。2018年1月，国家旅游局办公室印发通知，确定2018年为"美丽中国——2018全域旅游年"，宣传口号为"新时代，新旅游，新获得""全域旅游，全新追求"。可见，全域旅游是我国的国家战略，是大众旅游时代我国旅游业发展战略的一次新提升。

　　本书认为，一方面，全域旅游强调旅游产业的辐射带动作用，这与旅游扶贫中的实现公平、均衡发展的思想相吻合；另一方面，广西民族地区自然生态环境良好、人文特色鲜明、旅游资源丰富，具有发展全域旅游的条件和潜力，因此可将全域旅游理念与旅游扶贫思想相结合，以此指导旅游扶贫工作的开展。

第一章　旅游扶贫的理论溯源及逻辑演进

第一节　旅游扶贫的理论溯源

旅游扶贫思想伴随着广西民族地区旅游扶贫活动的开展而同步发展，两者之间具有辩证统一的关系。旅游扶贫思想会影响广西民族地区旅游扶贫事业的发展，但又会受到旅游扶贫实践活动的影响。旅游扶贫思想因广西民族地区旅游扶贫实践活动过程的需求而不断形成与深入发展，并经历着实践与认识的反复过程。将当代旅游扶贫思想置于旅游扶贫实践的大背景中进行考察，有助于实现旅游扶贫思想在研究领域与研究内容上的突破性进展，并突显其阶段性特征。旅游扶贫思想在各个不同的历史时期承担着不同的任务，对广西民族地区旅游扶贫实践的开展发挥了指导、促进、纠偏的作用，也为未来广西民族地区旅游扶贫政策的制定提供了重要的参考与借鉴。鉴于此，本书以经济思想史的相关理论为基础，依据旅游扶贫的发展阶段，从中国古代旅游扶贫思想、国外旅游扶贫思想、马克思主义中国化旅游扶贫思想、学术界旅游扶贫思想4个维度进行广西民族地区旅游扶贫的理论溯源。

一、中国古代旅游扶贫思想

扶贫济困思想、均贫富思想等深深植根于中国传统文化土壤中的扶贫思想为当代旅游扶贫实践提供了重要的参考内容，下面将从我国历史发展的不同阶段探讨与贫困、扶贫、旅游扶贫相关的系列性问题。

据史料记载，夏商周时期，君主的出游旨在关心百姓生计，保障人民安居乐业、社会安定有序、国家长治久安，而这也成为旅游扶贫思想的萌芽，为后期旅游扶贫思想的形成与发展奠定了基础。自春秋时期以来，历朝历代的文人墨客皆对贫困进行过研究。战国时原宪将贫困通俗地定义为"无财之谓贫"（《庄子·让王》）。后来荀子进一步解释："多有之者富，少有之者贫，至无有者穷。"（《荀子·大略》）东汉许慎《说文解字》："贫，财分少也。"三国时张揖解"穷"字："穷……贫也。"（《广雅·释诂》）北宋陈彭年亦言："贫，乏也，少也。"（《重修广韵》）从这些释义来看，"贫"和"穷"的含义基本相同，即缺乏财物，但就量或程度来说，似乎"穷"比"贫"更胜一些。[1] 由于深受儒家的民本、仁政、大同思想以及墨家兼爱思想的影响，我国古代较早地实施了济贫方面的政策。早在周代，一旦遇到荒年，朝廷就会对灾民实施救济措施；汉朝为了救济灾民，建立了"常平仓"制度；隋朝建立了"义仓"；宋朝设置了"广惠仓"。

苏轼主政杭州期间以工代赈，帮助穷人，公私两便。"苏郡五方杂处，如寺院、戏馆、游船、青楼、蟋蟀、鹌鹑等局，皆穷人之大养济院。一旦令其改业，则必至流为游棍，为乞丐，为盗贼，害无底止，不如听之。"（钱泳《履园丛话·旧闻·安顿穷人》）由此可以看出苏轼的济贫理念。在后期历史发展过程中，不少文人墨客关心百姓疾苦，开展过许多扶贫行动，其中较为著名的济贫行为主要有造旅舍、修建茅屋、开方治病、推行教育等。清朝设置有"义田"，甚至有养济堂、栖流所、育婴堂、普济堂等用以救济弱势群体的机构。[2]

二、国外旅游扶贫思想

本书通过吸收西方多维贫困理论和扶贫战略，在研究国外不同流派、不同学科学者学术观点的基础上，从横纵双向视角看待中国贫困问题的形成，并发现其中的本质性规律，深化对贫困系列性问题的理解与认知，在此基础上进一步丰富广西民族地区旅游学与反贫困的理论研究，为广西民族地区开展旅游扶贫提供方法支撑与决策参考。

从纵向看，不同流派、不同学科学者的学术研究内容大致经历"贫困的概念界定与内涵分析—致贫原因剖析—扶贫对策提出"这一过程，遵循"提出问题—分析原因—提出建议"的逻辑思路，且不少学者的策略主张来源于对前人研究成果的深化延续，更有不少学者的学术观点来源于自身对贫困实践的感知体会。就研究方法来看，多学科交叉式的综合性研究方法受到越来越多学者的青睐。经济学是最早针对贫困领域进行研究的重点学科，社会学、地理学、人

---

[1] 黄渊基.少数民族地区旅游扶贫研究[D].长沙：湖南农业大学，2017.
[2] 郝涛.习近平扶贫思想研究[D].长沙：湖南大学，2017.

类学等相关学科理论的相继介入，为多视角解决贫困问题提供了有益探索。就研究尺度来看，不同时段的学术研究大致经历了国家层面的宏观分析、区域性层面的中观探讨至贫困个体和贫困家庭层面的微观研究。

从横向看，由于不同流派、不同学科学者身处不同的经济发展背景，其学术观点受时代政治格局变化、经济发展水平的影响较大，再加上自身认知发展的局限性，他们在发展中国家的贫困理念、致贫原因以及反贫困策略主张上存在较大分歧。从更深层次上来看，外部社会制度、政治环境、经济发展水平等因素之间的相互作用，内部生产方式、经济与社会结构、收入分配模式皆在发生变化，倘若未能及时、全面地对这些变动作出反应，就有可能导致或加重经济失衡，继而致使不同形式的贫困现象发生。况且，贫困本身不仅是一种普遍的经济现象，还是一种复杂的社会现象和文化现象，如此看来，从经济学、社会学、地理学、人类学的多重视角探讨贫困问题具有一定的科学性。无论是微观层面的贫困家庭与贫困个体的研究，还是中观层面的贫困区域性研究，以及宏观层面的发展中国家的研究，学者们都遵循"提出问题—分析原因—提出建议"的逻辑思路，而其根本性差异主要体现在研究方法与研究内容的不同。

综合不同学科背景的学者对贫困问题的纵向研究与横向比较，贫困系列性问题的研究从经验之谈逐步迈向理论研究。反观现实，旅游发展具备自身的规律与特点，该过程可以将无效的资料转化为有效的资源，可以把有效的资源转化成高价值的附属产品，可以把旅游产品转化成市场的有效需求，可以把需求转化为社会各方面的经营效益，其对扶贫各个方面均起到了多功能、全方位的推动作用。同时，旅游发展切合扶贫需求，是一条以经济发展为带动力量、以开发扶贫为主的帮扶路径。况且，从旅游扶贫的学术研究与理论发展过程来看，旅游扶贫离不开经济学、社会学、人类学、地理学等多学科的研究视角，多学科的研究成果可以为旅游扶贫的深化研究提供重要的理论支撑。由此看来，国外贫困系列性问题的认识与知识梳理能够给广西民族地区旅游扶贫带来一定程度上的启示与参考。

（一）"贫困"概念的思想碰撞与内容演进

"贫"与"富"含义的阐述最初来源于古典经济学鼻祖亚当·斯密，自此，经济学学科成为研究贫困的重点学科之一。马歇尔在此基础上进一步阐释经济学的理论方法适用于贫困问题。学界普遍认为，"贫困"概念的首次提出者是英国企业家和管理学家本杰明·西伯姆·朗特里，但其仅仅从收入的角度来定义贫困，并认为贫困主要是个人或家庭缺乏物质资料，没有足够的收入获得基本生存的各种资源。舒尔茨从微观的视角认为贫困是某一社会中特定家庭复杂的社会经济状态。雷诺兹通过对美国家庭进行研究发现贫困是一个家庭没有满足他们生活需要的收入。阿玛蒂亚·森强调贫困不单单囿于经济层面，权利及能力的贫困也会成为制约贫困人口发展的重要因素。奥本海默认为，贫困不单单是物质上的匮乏，还包括情感上的缺失。马丁·瑞沃林在奥本海默论点的基础上进一步提出，绝对贫困所指的无法满足的不仅仅是最低限度的生活需要，还包括基于整个贫困比较领域而产生的更高的生活需要。英国经济学家汤森认为能够用以促进经济增长的各种政策措施、经济理论并没有帮助穷人摆脱贫困，其通过反思发现，贫困不单单是收入的问题，其中还涉及能力不足、机会排斥、资源缺乏、权利剥夺和社会资本等问题。

由此可见，大至贫穷国家、区域，小至贫困家庭与个体，学者们对贫困概念的认知已不仅仅囿于传统的经济发展观，而是扩展至人与社会的自由发展观，具体表现在从收入贫困扩展到权利贫困、可行能力贫困等内容。贫困是动态发展的，同时贫困又是一个多维的概念，要科学准确地测度贫困具有一定的困难。Runciman 在前人对绝对贫困和相对贫困概念界定的基础上进一步引入"相对剥夺"的概念，当个体未达到社会的平均生活水准时会产生"相对剥夺"感。而 Fuchs Victor 首次提出这一社会的平均生活水准，即"相对贫困标准"，将当时美国贫困线确定为"全国人口收入分布中值的 50%"，后来这种确定相对贫困线的方法得到越来越多学者的支持与沿用。

（二）致贫原因诊断的研究进展

关于致贫原因，不少学者归咎于外部环境因素，即发展中国家的贫困并不是由于缺乏资本与技术，而是发达国家垄断资本对发展中国家经济剩余价值的吸收造成的。这些激进主义贫困理论学派的代表认为这些不合理的世界经济秩序是导致发展中国家经济贫困的重要原因，他们在很大程度上将贫困归咎于外部因素，反而忽略了发展中国家贫困落后的内因，因此，有许多学者纷纷对该理论学派提出了质疑与批评。其中，反应最为强烈的有新古典主义贫困理论学派和结构主义贫困理论学派。

新古典主义贫困理论学派主张贫困的发生是由于过分依赖政府的投入，过分强调发展中国家与发达国家经济结构差异的对比，反而忽视市场机制（主要是价格机制）配置资源的作用。一向注重经验与实践分析的赫希曼于第二次世界大战之后开始密切关注非洲、拉美、东南亚等地区的发展中国家、经济落后地区人民生活水平的发展情况，并提出经济学应该为这些国家与地区做出贡献。他主张

"不平衡增长理论",因为资源的扩散过程在空间上并非同时、均匀的,不同区域的发展积累可能有先后,发展本身也可能加剧区域间的不平衡,因此做不到全面均衡的发展。舒尔茨在考察贫穷国家的经济时,便得出与传统经济理论迥然不同的结论,即贫穷国家经济之所以落后,其根本原因不在于物质资本的短缺,而在于人力资本的匮乏以及人们对人力资本投资的轻视。人力资本是一个国家经济发展的重要基础,而物质资本和社会财富只有依靠人力资本才可以实现创造、发展。事实上,发展中国家常常忽视人力资本的投入。此外,新制度学派的代表速水佑次郎和拉坦提出制度要素在发展中国家经济发展与经济增长中的关键性作用。速水佑次郎和拉坦认为发展中国家的致贫原因更多的是制度落后,只有打破落后的制度才能帮助发展中国家摆脱贫困。由此看来,市场经济调节过程中,资源投入必不可少,资源投入后的合理化配置必不可少,只有选择正确的投入方向、制定恰当的投资比例,平衡资源投入与经济增长之间的关系,才能取得扶贫最佳效益。

结构主义贫困理论学派认为新古典主义贫困理论学派过分漠视不同国家不同的社会文化背景和经济结构,不注重考虑经济活动的实际动机与行为方式,而只是从演绎逻辑推导的角度,以理性行为方式的假定为出发点,将经验的行为方式同理论模型相结合。结构主义贫困理论学派在分析发展中国家的贫困问题时,倾向于将发展中国家的经济组成分解成若干部分,致力于探究经济发展背后的致贫原因。贫困现象的发生是收入分配、人口增长、城乡关系、结构变迁、劳动力转移等一系列现实问题相互作用的结果。罗格纳·纳克斯尝试从资本供需的视角谈论区域经济发展,认为发展中国家之所以贫困,原因不在于国家的资源短缺,实质上是由于国家经济结构中存在若干相互联系、相互影响的"恶性循环系列",是人均收入、资本生产率等因素相互作用的结果。冈纳·缪尔达尔试图从更广泛的层面深入研究该恶性循环的发展过程,提出了著名的"循环累积因果关系"理论。他认为,社会经济发展过程是动态变化的,不同的影响因素之间会存在相互影响、相互联系的作用,从而导致经济发展呈现出"累积性的循环关系"。其中的因素主要有人均收入、教育、人口质量、就业、劳动生产率、产业产出等。此后,理查德·R.纳尔逊以马尔萨斯理论和纳克斯的"贫困恶性循环"理论为基础,更深入、更具体地研究了发展中国家人均资本、人口增长、产出增长和人均收入增长的关系,说明了发展中国家之所以存在低水平人均收入反复轮回且难以增长的现象,是因为陷入了"低水平均衡陷阱"。而威廉·阿瑟·刘易斯则是从产业结构的角度,将发展中国家的经济结构分为传统部门和现代部门,分析现代工业部门吸收劳动和创造就业的速度与现代工业部门资本积累的速度之间的关系,从而得出致贫原因。哈维·莱宾斯坦承认"贫困恶性循环"和"低水平均衡陷阱"在发展中国家的存在，努力探寻出"临界最小努力"值，该值是发展中国家要打破低收入与贫困之间恶性循环所需的投资率，没有这个"最小努力"，发展中国家就难以摆脱贫困落后的困境。

（三）减贫逻辑与实践反思

1. 福利经济学反贫困研究视角

阿瑟·塞西尔·庇古的《福利经济学》一书，从福利的角度分析了贫困人口问题。庇古主张国家应积极关心社会贫困问题，并采取措施增加福利。他指出，国民收入的重新分配可以增进普遍福利，国民收入增长的关键是要合理地配置生产要素，即合理地进行劳动力分配，给劳动者提供合适的劳动条件，改善其生活福利，让劳动者在遇到失业、伤残、患病、年老、死亡等时，能够获取更多的物质帮助和社会服务。庇古认为收入再分配有自愿转移和强制转移两种方式：自愿转移是指富裕的人自愿拿出部分财产，提供给贫困人口，用于教育、科学、文化、保障、慈善等福利事业；强制转移是指政府征收富人的所得税、遗产税等税收。同时，国家还可以通过直接转移和间接转移两种途径实现财富再分配：直接转移就是为贫困人口提供社会保险及社会服务设施；间接转移是为贫困人口提供生活必需品，为工人提供培训，给贫民子女提供受教育机会，降低工人住宅造价，降低公用事业服务价格等。其中，阿瑟·奥肯提出，在政府征收富人税款、实现财富转移的过程中，由于管理成本、社会保障支出，会出现效率与公平受损的现象。他强调，"既要注意解决一部分人的贫困问题，又要发挥好市场机制对效率的促进作用""在平等中注入某些合理性，在效率中注入某些人性"。为了更为直观地动态分析穷人与富人间赋税和转移支付的情况，萨缪尔森画出了"收入可能性曲线"。倘若社会过分征收富人所得税，可能会降低人们的努力程度，同时，倘若穷人收入下限高到一定程度，他们也可能不再努力寻找工作机会。

2. 社会学反贫困研究视角

美国经济学家迈克尔·P.托达罗在对43个发展中国家的收入分配状况和发展趋势进行调查后发现，经济向有利于少数中产阶级，特别是非常富有的阶层方向扩散，并没有流向极端贫困的人口。对此，托达罗提出了反贫困思想，包括以下几方面：通过采用累进所得税和政府转移支付等手段来改变社会收入分配结构，以改善低收入阶层的生活状况；控制人口过快增长；统筹城乡协调发展，加快农业发展，吸引农村人口就业；发达国家通过提供资源、改善贸易关系、转让技术等方式帮助发展中国家实现贫困减缓；加快金融体制改革，扩充企业发展所需的人力资本，以此减少贫困人口数量；加强国际移民，缓解发展中国家贫困人口压力。罗德曼、雷恩沃特提出贫困人口要改变贫困生活情境，扩大参与主流社会的机会、扩大参与均等资源分配的机会，达到主流文化要求。①

3. 政治学反贫困研究视角

马克思和恩格斯最早从制度层次上对资本主义制度下致贫原因以及反贫困等理论问题进行了科学系统的研究。马克思主义认为，资本主义的生产本质是获取生产剩余价值，资本家无偿占有雇佣工人的剩余劳动。工人劳动的时间远远超过补偿劳动力价值所需要的时间，而资本家仅支付必要劳动所创造的价值给工人，无偿占有剩余价值。无产阶级摆脱贫困的出路只有推翻资本主义剥夺者，政治上通过暴力革命推翻资产阶级统治，"用建立新社会制度的办法来彻底铲除这一切贫困"，而建立共产主义制度是无产阶级摆脱贫困的唯一出路。马克思认为，理想社会是生产力高度发达的未来社会，共同富裕是理想社会的目标，即"社会生产力的发展如此迅速""生产将以所有人的富裕为目的"。②列宁继承与发展了马克思主义，他明确提出无产阶级绝对贫困化与相对贫困化的问题，帝国主义国家的掠夺是造成殖民地半殖民地国家贫穷落后的根源。发达资本主义国家受利益驱使侵犯他国，掠夺别国财富，在给殖民地半殖民地国家带来深重灾难的同时，激化落后国家的阶级矛盾，加剧了其贫困程度。列宁设想要通过革命的方式建立社会主义公有制的社会制度，使全世界的工人为摆脱雇佣、奴役、贫穷与困苦而奋斗。此外，列宁还提倡从人民政治权利保障、教育方面来提升群众整体素质，增强群众摆脱贫困的内生动力。

4. 人口学反贫困研究视角

托马斯·罗伯特·马尔萨斯最早将贫困作为特定的社会经济现象进行分析。1789年，马尔萨斯在《人口原理》一书中提出"人口剩余致贫论"，认为人口的增长速度将快于食物供应的增长速度，随着时间推移，人口不断增加，必然会出现贫困的状况。他认为消除贫困的方法是"抑制人口增长"，并提出两种角度的"人口抑制"，即"道德抑制"和"积极抑制"，提出通过晚婚、

---

① 周怡.社会情境理论：贫困现象的另一种解释[J].社会科学，2007（10）：56-62
② 中共中央马克思、恩格斯、列宁、斯大林著作编译局.马克思恩格斯全集[M].北京：人民出版社，1980.

晚育、节育来减缓人口增长，提高死亡率，消灭现存人口。①马尔萨斯对于贫困和反贫困的思想片面、极端乃至反人类，他忽略了技术进步、社会生产力发展和社会生产方式等的作用，掩盖了资本主义制度贫困人口失业和贫困的真正根源，实质上是为资本主义私有制发展辩护。但回顾历史背景及时代特征，马尔萨斯的人口学理论为反贫困理论开创了先河，使反贫困引起社会的广泛关注，具有一定的思想价值和历史贡献。

5. 文化学反贫困研究视角

美国人类学家奥斯卡·刘易斯从社会文化的角度解释贫困现象，并提出了贫困文化理论。该理论的提出源于纯粹经济学对贫困问题解释的失败。穷人因长期封闭的居住环境和自成一体的生活、交流方式，产生出一种脱离社会主流文化的贫困亚文化，并长期处于这种状态中，将这种贫困亚文化世代相传，形成了贫困代际传递的现象。美国学者 D. P. 莫伊尼汉在《认识贫困》中提出了贫困恶性循环的模式：在贫困文化的熏陶下贫困人口缺少向上的动力，低成就动机导致社会流动小，受教育机会少，就业竞争力不强，最终贫困人口只能享有较低的职业收入与社会地位。美国人类学家米德在《文化与承诺——一项有关代沟问题的研究》中提出，只有加强对贫困群体的培养与教育，进而发挥其自身创造性、有效阻断贫困文化的代际传递，才能打破贫困的封闭循环。

三、马克思主义中国化旅游扶贫思想

旅游产业助力脱贫起初是各地在长期扶贫实践过程中逐渐摸索出来的扶贫开发方式，旅游扶贫为贫困地区和贫困人口带来了诸多可观的多重利益，进而引发了中国共产党历代领导人的高度重视，使其制定了针对贫困问题长短期相结合的旅游扶贫发展规划，出台了一系列推进旅游扶贫工作的相关政策文件，旨在推进旅游扶贫的规范化发展。中国共产党历代领导人在深刻认识马克思主义消除贫困思想的基础上，将马克思主义消除贫困思想与中国实际发展相结合，形成了马克思主义中国化的旅游扶贫思想。这一时期的旅游扶贫思想主要包括毛泽东旅游扶贫思想、邓小平旅游扶贫思想、江泽民旅游扶贫思想、胡锦涛旅游扶贫思想和习近平旅游扶贫思想。中国共产党历代领导人旅游扶贫思想的总体思路是高度重视贫困群众的生活疾苦，真抓实干，攻克贫困。

---

① 陈蔚然.马尔萨斯人口思想中"恒常趋势"和"两种抑制"的研究[D].北京：清华大学，2004.

（一）毛泽东旅游扶贫思想：革命推翻旧社会的压迫与统治

革命战争时期，贫困群众难以解决基本的温饱问题，毛泽东深切感受到了社会底层农民的贫困，他认为，贫困农民致贫的主要原因是旧社会的压迫与剥削，只有依靠革命的方式与统治阶级进行斗争，消除不合理的社会制度，实现共产主义，走向共同富裕，才能帮助贫困农民摆脱贫困生活。毛泽东认为，组建农民协会或发展农业生产互助合作组织、解决农民土地问题、重视农民自身能力提升是主要的扶贫方式。

毛泽东的扶贫思想植根于马克思主义消除贫困的系列理论，是马克思主义理论与中国实际贫困问题相结合的产物。社会主义就是消灭剥削和阶级，这能够体现出该制度下的公平与公正，集中力量办大事。我国的旅游扶贫是社会主义制度下的扶贫行动，是普惠贫困农民的扶贫行动。而在旅游扶贫开展的过程中应该明确，贫困发生于贫困农民，要依靠团结斗争的形式实现贫困地区贫困农民脱贫；同理，旅游扶贫旨在解决农民身上的贫困问题，只有在扶贫的过程中不断提升贫困农民的自身脱贫能力，并使之为脱贫而团结奋斗才能实现脱贫。此外，农民问题自中国革命时期起就属于应该解决的基本难题，更是中国在发展中重点关注的持久性问题。

（二）邓小平旅游扶贫思想：解放与发展生产力

我国进行土地革命与合作化运动后，农民的贫困状态有所好转，但农村经济社会发展缓慢。邓小平认为，生产力不足是导致农村经济建设发展滞缓、农民生活处于贫困之中的重要根源；不仅要学会解放生产力，还要学会如何发展生产力。邓小平强调首先从制度上认清社会主义要消灭贫困，提出要从农村经济建设的改革开放开始实行，通过下放权力，以经济建设为中心，大力发展生产力，调动农民生产积极性。党的十一届三中全会以来，实施家庭联产承包责任制，大力发展集体经济，促进农村生产力的迅速发展；"三步走"（第一步，从 1981 年到 1990 年，国民生产总值翻一番，解决温饱问题；第二步，从 1991 年到 20 世纪末，国民生产总值再翻一番，达到小康；第三步，到 21 世纪中叶，人均国民生产总值达到中等发达国家水平）战略对农村贫困农民摆脱贫困、走向幸福生活进行了阶段性构想；"先富带后富""两个大局"（一个大局就是东部沿海地区加快对外开放，使之较快地先发展起来，中西部地区要顾全这个大局；另一个大局就是当发展到一定时期，例如 20 世纪末全国达到小康水平时，就要拿出更多的力量帮助中西部地区加快发展，东部沿海地区也要服从这个大局）思想、共同富裕是邓小平扶贫思想的重要内容，旨在通过加快设立经济特区,坚持对外开放,促进不同区域的协调发展,缩小社会贫富差距,促进生产力的迅速发展。邓小平等领导人认为,旅游作为资金周转较快的产业之一,应该集中力量突出、加快地搞,通过出台政府主导型旅游发展战略、"统一领导、分散经营"的旅游发展方针、多元化筹资方针,发展旅游与"三步走"战略有机结合、环境保护与可持续旅游发展观,开拓中国式旅游发展道路等系列性政策,发挥旅游产业带动、促进国民经济发展的目的,从而达到间接促进贫困地区脱贫致富的目的。此外,邓小平认为,在贫困地区开展旅游本身就是直接的扶贫方式,不仅可以解放农民思想,增加贫困农民收入,解决温饱问题,而且可以进一步优化调整区域产业结构,实践旅游脱贫致富的思想。

邓小平的扶贫思想是在毛泽东扶贫思想理论基础上的进一步深化,其对旅游业经济功能的思想认识为旅游扶贫思想提供了重大的理论与实践价值。基层的旅游扶贫实践加速推动了旅游成为贫困地区产业扶贫的重要方式,旅游不再像过去一样被定位为资产阶级生活方式,也不再被局限于政治外事功能,而是重点强调旅游业是一项综合性的经济事业。同时,旅游扶贫对贫困地区辩证思考农业、工业与第三产业之间的产业发展顺序也具有重要的启示意义。农业是第三产业发展的基础,旅游产业作为第三产业中的重要组成部分,在实现充分发展后能反哺农业,进而实现产业融合发展,这成为落后地区较为常见的产业发展顺序。

(三)江泽民旅游扶贫思想:西部大开发

随着脱贫攻坚工作的逐步深入,东部地区凭借其优越的地理位置以及国家的优惠政策等取得了较快的经济社会发展,但也逐步拉开了与西部地区的经济发展差距。江泽民提出协调东、中、西部地区的长期发展,逐步缩小区域差距,实现全国经济社会的统筹发展,最终达到各族人民的共同富裕。我国生产力虽已取得了较大发展,但是中、西部地区的经济发展依旧受到一些限制,社会发展水平与东部地区依旧存在较大差距。从西部地区各项事业的协调发展、七个"结合起来"(一是要把只争朝夕的紧迫感与长期艰苦奋斗的思想结合起来;二是要把突出重点与带动全面发展结合起来;三是把经济效益与社会效益结合起来;四是要把西部开发与东中部地区发展结合起来;五是要把发挥市场作用与实施宏观调控结合起来;六是要把国家和各方面的支持与西部地区干部群众自力更生、艰苦奋斗结合起来;七是要把推进经济发展与实现社会全面进步结合起来)到实施发达地区省市对口帮扶西部贫困地区的扶贫协作工作、重视乡镇旅游企业在地区扶贫过程中的重要作用、创新旅游扶贫形式、解决贫困地区人口的温饱问题以及不断增强贫困地区贫困人口的自我发展能力等,都是江泽民主要的旅游扶贫思想。

江泽民的扶贫思想是对邓小平扶贫思想的具体部署,即通过吸引东部地区人口到西部地区开展旅游活动,加速东、中、西部地区之间的资金流转,从而缩小地区间贫富差距并解决贫困问题。因此,全国推进式的旅游扶贫方式已不再适应本阶段,重点贫困地区的对口旅游扶贫形式成为发展重点。

(四)胡锦涛旅游扶贫思想:示范先行、统筹发展

胡锦涛关注群众利益,关心百姓疾苦,帮助群众排忧解难。他提出改进全国推进式的扶贫发展形势,在贫困地区建立旅游扶贫试验区,重点突破贫困地区的发展难题,并根据试点情况进行区域性推广,解决贫困难题。如何统筹解决城乡经济社会发展是继东、中、西部地区间不平衡发展之后的又一难题,因此应辩证思考农村与城市发展之间的关联,充分发挥城市对农村的带动作用和农村对城市的促进作用,最终实现城乡经济社会的一体化。同时,胡锦涛进一步指出"三农"(农业、农村、农民)问题是植根于群众的突出问题,实现乡村及乡村产业的发展不是最终目的,普惠农民的实践性举措才能真正解决贫困的问题。因此,应重视农村经济的稳定持久性发展,优化农业产业投入结构,改善农民生产生活条件并增加农民收入。胡锦涛认为,旅游扶贫在今后实施的过程中需紧紧围绕"三农"问题展开,分阶段、分地区、分目标、分步骤实施。

胡锦涛的旅游扶贫思想具有承上启下的功能,一方面其创新发展了马克思主义中国化消除贫困的思想,另一方面其对习近平旅游扶贫思想的形成与发展具有重要的借鉴意义与价值。胡锦涛高度重视农村扶贫开发,从新的视野和新的理论高度深化了扶贫开发理论,明确提出了一系列农村扶贫开发的科学路径,取得了相应的成就。深刻领会和坚决贯彻胡锦涛农村扶贫思想,对于深入贯彻科学发展观、建设社会主义新旅游具有重要的时代价值。[①]

(五)习近平旅游扶贫思想:精准扶贫

习近平深切体会贫困群众生活艰辛,经过长期考察扶贫开发工作,在总结前人经验的基础上逐渐形成了新时期的旅游扶贫思想。其旅游扶贫思想主要

---

① 李志平,杨江帆.胡锦涛农村扶贫思想论析[J].山西农业大学学报(社会科学版),2014,13(1):1-4,27.

包括科学扶贫思想、精准扶贫思想、合力扶贫思想和内源扶贫思想。习近平科学扶贫思想在于扶贫要有正确的扶贫方向、实事求是的扶贫态度、明确的扶贫原则、针对性的扶贫对策。其具体内容包括：扶贫需要守住发展与生态两条底线，正确处理经济发展与生态保护、扶贫开发之间的关系；选择革命老区、民族地区、边境地区、集中连片特困地区等作为扶贫开发主战场，集中精力重点攻坚。习近平精准扶贫思想的主要内容包括"四个坚持""五个一批""六个精准"，具体实践举措是精准识别、精准帮扶、精准管理与精准考核。习近平合力扶贫思想坚持以往的政府主导型扶贫开发格局，构建政府、社会、市场协同推进的大扶贫格局，走"东西部扶贫协作"之路。内源扶贫主要包括"扶贫先扶志""扶贫必扶智"、产业助力发展与组建扶贫工作队，依靠内在动力促进贫困群众走向富裕。

习近平的旅游扶贫思想具有较强的科学性、实践性与人民性，其继承发展了马克思主义消除贫困思想，丰富完善了中国共产党消除贫困的思想，是新时代中国特色社会主义反贫困的创新实践，具有重要的理论价值与现实意义。习近平新时代中国特色社会主义思想本身是一个系统完整、逻辑严密的科学理论体系，涉及政治、经济、文化、社会、生态、外交、军事等不同领域，旅游扶贫思想是习近平扶贫思想的重要内容，有助于进一步推进旅游扶贫实践的有序发展。

四、学术界旅游扶贫思想

通过整合研究成果，笔者以"旅游扶贫"为关键词、篇名、主题在中国知网进行精确搜索，得出当前研究成果情况。由于整个旅游扶贫学术研究活动是动态变化的，从横纵双向视角看旅游扶贫的整个研究历程有助于更清晰、更透彻地明确学术研究的价值所在。

从横向来看，旅游扶贫离不开特定时期的发展背景。西部大开发、可持续发展、精准扶贫、美丽乡村、全域旅游、乡村振兴等国家战略，为旅游扶贫发展营造了良好的现实背景。同时，这些战略性政策，成为旅游扶贫工作的指导性思想，也成为学术研究者的重要理论指南。学术研究者纷纷融入国家战略，进行旅游扶贫的有益尝试。起初，有利于贫困人口发展的旅游（pro-poor tourism，PPT）、减贫的可持续旅游（sustainable tourism and eliminating poverty，ST-EP）、旅游乘数及漏损理论、利益相关者理论、社区参与理论、社会资本理论、可持续发展理论、博弈论、贫困恶性循环理论、循环积累因果关系理论、比较优势理论等成为旅游扶贫的代表性观点。鉴于对旅游扶贫问题的深入认识，旅游发展的减贫作用究竟是如何体现的？为此，学术研究者就扶贫机理与减贫效应展开进一步的探讨。区域理论、产业链理论、多维贫困理论、参与式发展理论、机制设计理论、包容性增长理论等成为这一阶段旅游扶贫的重要理论支撑。后期，学术研究者结合相关理论知识构建结构方程模型进行旅游扶贫作用机理的分析与验证，以期更精准地落实旅游扶贫政策，更有效地实现旅游扶贫目标。

从纵向来看，多数学者的研究主要由研究区域与研究内容两部分组成。其一是研究区域的选择。随着旅游扶贫研究的逐步深入，其研究区域的选择既具有一般性，又具有特殊性。扶贫区域内皆存在若干相互联系的要素，这些要素经过不断的相互作用，导致旅游扶贫区域呈现出某种特征、功能和结构；旅游扶贫区域呈现出不同的贫困程度、地理位置、生态环境、社会文明、旅游资源优势和发展潜力，这使旅游扶贫区域又具有一定的特殊性。但就旅游扶贫研究区域看来看，以少数民族聚居的连片特困地区为代表的区域性贫困依旧是学者们的研究重点。其二是研究内容的开展。旅游扶贫战略的目的与意义、扶贫过程中的机理分析、现实问题、优化对策与扶贫机制成为广西民族地区旅游扶贫的研究焦点。

（一）背景分析

20世纪80年代后半期，非市场化制度、资本与开发人才的缺乏等因素造成农村资源的不充分开发，资源优势无法转换为现实收入，农业发展并未在旅游领域等其他非农领域给贫困人口带来收益，这一时期，国内部分地区主要采用项目开发的旅游扶贫方式来解决贫困问题。20世纪90年代，部分地区基层旅游部门自发组织的扶贫实践活动使越来越多的地区学习效仿；国内旅游的势头逐步兴起，不断扩大的旅游消费市场刺激了人们对旅游企业的投资。"九五"期间，旅游扶贫工作在现有扶贫成果的基础上取得了更大程度的发展；同时，国家旅游局在《国民经济和社会发展"九五"计划和2010年远景目标纲要》中，将发展旅游纳入重要工作议程，大部分具备旅游开发基本条件的贫困地区为积极融入国家发展战略，通过开展郊区游、周末游、一日游等旅游活动实现脱贫致富。[①]

跨入21世纪以来，西部大开发战略实施，制约贫困地区脱贫致富的原因已不仅仅是旅游资源短缺或者投入不足等单一因素，由于历史、地理、自然等多重因素的相互作用，致贫原因越发复杂，贫困地区旅游扶贫行动遭受制约，

---

① 高舜礼.对旅游扶贫的初步探讨[J].中国行政管理，1997（7）：22-24.

开发约束型贫困逐步转变为地缘约束型贫困。但随着人们闲暇时间增多、生活水平提升以及度假生活的需要，他们渴望体验不一样的乡村生活，这进一步刺激了贫困地区丰富旅游活动形式；同时，旅游业发展与贫困地区整体经济增长成为关注焦点，贫困人口的发展和受益也进一步成为该时期旅游扶贫的核心与宗旨。至此，旅游扶贫成为国内外业界和学界普遍关注的问题，而制定相应的旅游扶贫规划则成为各个国家和地区政府介入旅游扶贫最有效、最基本的手段，这也成为后续资金筹措、项目跟进、社区参与、利益分配等具体措施的起点和法理依据；[①]政策的颁布与出台旨在借助旅游扶贫的形式实现资源开发、生态平衡、文物保护、城乡文明建设等多重目的。

2011年至2013年年底，国家发布并实施了一系列推进旅游扶贫工作的相关政策文件，其中，乡村旅游扶贫工作被列为10项重点工作之一。为有序推进乡村旅游扶贫工作的顺利实施，人才引进、观念转变、力量动员等成为参与旅游扶贫开发的重要制度安排。2014年，随着国家精准扶贫政策的出台，地方政府部门重点围绕乡村旅游开展了系列性精准扶贫工作，这既为广西民族地区旅游扶贫指明了方向，也推动了旅游扶贫进入全新的发展阶段。由此看来，旅游产业扶贫作为精准扶贫的关键，已成为广西民族地区摆脱贫困、实现跨越式发展的首选举措，但广西民族地区致贫原因复杂，要通过发展旅游业来改善其经济情况仍需进一步努力。

（二）目的与意义

旅游扶贫的目的与意义研究属于理论层面的基础性研究，该内容的研究有助于进一步认识旅游扶贫的重要性，凝结社会各界力量实现快速发展；有助于进一步明确旅游扶贫的研究方向，提高旅游扶贫的实施效率。本笔者通过梳理学者们就旅游扶贫发展的目的与意义进行的研究，发现其可以从宏观至微观的视角展开，并主要体现在旅游扶贫可作为乡村振兴的新希望、产业融合的新动力、经济增长的新渠道、能力提升的新路径4个方面。学者们的基础理论研究成果进一步充实完善了旅游扶贫的研究框架，丰富了旅游精准扶贫研究的知识体系，对有效开启后续研究以及指导广西民族地区旅游精准扶贫实践具有重要意义。

1.乡村振兴的新希望

乡村振兴战略是党和国家的重要战略部署。现阶段，乡村振兴战略的内

---

① 王铁.规划而非开发：对旅游扶贫规划中的几个问题的探讨[J].旅游学刊,2008(9):7-8.

涵在于从城乡一体化发展转向坚持农业农村优先发展、从推进农业现代化转向推进农业农村现代化、从生产发展转向产业兴旺、从村容整洁转向生态宜居、从乡风文明转向乡风文明、从管理民主转向治理有效、从生活宽裕转向生活富裕的七大根本性转变。①旅游扶贫作为产业扶贫的重要方式，凭借其自身强大的造血功能成为我国实现乡村振兴的生力军。近年来，随着城乡一体化的发展，城镇化水平逐年提升，城乡二元结构依然存在，城乡发展差距依旧是现实问题。旅游扶贫通过发挥自身的"旅游+"功能，能够有效挖掘地方特色旅游资源，促进城市资金、人才等要素流向贫困地区，改善贫困地区落后的基础设施建设面貌，提升农村基本公共服务水平；旅游是现代服务业的重要抓手，运用旅游发展的现代化思想推进农业农村现代化，由数量增长向质量增长转变，可以不断推动农业农村的优先发展；观光农业、生态旅游、乡村旅游的兴起可以有效缓解农村生产结构性矛盾，满足人们日益增长的精神文化需求，转变与提升传统农业的发展层次与发展内容；乡村优美生态环境是旅游发展的前提条件，旅游扶贫工程有助于进一步贯彻落实人与自然和谐共生的发展理念，坚持走中国特色乡村绿色发展之路；旅游扶贫的开展有效保护与传承了贫困地区的乡村文化，可以凝聚强大的精神力量，不断提升地区的社会文明程度，推动乡村文化发展与繁荣；旅游者、企业涌入乡村加重了乡村的治理难度，给乡村治安带来了压力，而旅游的发展可推动贫困地区治理体系的完善与治理能力的提升，不仅可以保障贫困人口的生命财产安全，还可以保障农村社会的和谐稳定，进一步促进农村治理效率的提升；旅游发展可以有效改善贫困地区贫困人口的生活水平，有助于确保农民收入的稳步提升，提高贫困人口的获得感，补齐民生短板，缩小城乡居民生活水平的差距，不断增进人民福祉，从而推动贫困地区乡村振兴战略目标的实现。

2. 产业融合的新动力

在现代旅游产业扶贫发展过程中，应逐步实现旅游产业与农业、文化产业、交通产业、工业等的融合发展，进一步提升旅游产业对贫困区域经济增长的贡献值。乡村旅游具有极大的扩展性与兼容性，其在推动贫困地区农村供给侧结构性改革的同时，也进一步促进了贫困地区农村一、二、三产业的深度融合，有助于贫困群众全方位、多形式地参与产业发展，并成为贫困地区经济的新增长点和贫困群众收入的新增长源，有利于更好地实现让群众"动起来"的

---

① 蒋永穆.基于社会主要矛盾变化的乡村振兴战略：内涵及路径[J].社会科学辑刊，2018（2）：15-21.

内在激发机制，从而使贫困群众走向富裕。对此，深化理解产业融合的内在作用机理对于进一步实现旅游产业融合具有重要意义。产业融合可以进一步分解为技术、产业、服务与市场4个层次的融合。① 农业、工业、服务业是农村一、二、三产业发展的重要内容，政府部门只有充分发挥旅游产业的强大市场优势、新兴发展活力、强大造血功能、巨大市场带动能力，加大对贫困地区发展农业、工业及服务业的基础设施建设资金的投入力度，才能更好地促进住宿、餐饮、娱乐、农产品等产品和服务体系的立体化发展，形成集物流、网络、交通、科技等多种要素于一体的技术体系，对接国内外销售市场，加快信息流、资金流、物流在贫困地区内外的循环流动，满足产业融合所需的技术、产业、服务与市场等条件，创新性地提升农村产业竞争力，为贫困地区产业持续健康发展、贫困人口稳定增收提供持久性动能。

3. 经济增长的新渠道

旅游的发展能够带动经济增长，经济增长可以减缓贫困，旅游扶贫也因此成为重要的产业扶贫方式。② 当前，随着旅游业的迅猛发展，乡村旅游经济日益成为贫困地区重要的经济增长点。乡村旅游扶贫带动经济增长主要表现在宏观经济效应和微观经济效应的层面。一方面，通过科学合理的经济发展规划，依靠国家的扶贫专项资金，企业等多元主体投资，农业、工业、服务业的产业发展等渠道实现经济增长，拉动贫困地区其他产业的融合发展，提高地区整体经济效益，促进地区经济结构的优化转型，提升旅游扶贫的实施效果；另一方面，旅游业发展不仅能够提高贫困地区的经济创收能力，还能够在一定程度上给贫困人口带来巨大的经济效应。对此，无论是基于贫困人口参与的旅游发展还是依靠贫困地区的经济涓滴效应，贫困地区旅游发展无疑成为贫困地区经济增长的重要渠道。相对于农业、工业等产业经济增长渠道，贫困地区旅游发展在国家绿色发展的战略背景下更具生态性，不仅为贫困地区经济发展开辟了一条新的发展道路，也为旅游业发展提供了新的发展前景和发展机遇。由此可见，旅游发展这种经济增长的渠道对于农村减贫来讲意义重大。

4. 能力提升的新路径

旅游扶贫不同于传统的旅游开发方式，其重点在于关注贫困地区贫困人

---

① SHIN D H. Convergence of telecommunications, media and information technology, and implications for regulation[J]. info, 2006, 8（1）: 42-56.
② 齐子鹏，胡柳. 乡村旅游经济增长与我国农村减贫：基于亲贫困增长的视角[J]. 商业时代, 2014（2）: 128-130.

口如何在旅游发展中获益和增加发展机会，进而实现自我能力的提升。[1] 国外学者阿马蒂亚·森认为，人的发展能力主要体现在3个层面：健康长寿的能力，获得文化、技术以及分享社会文明的能力，摆脱贫困和不断提高生活水平的能力。[2] 而我国学者认为，农户的发展能力是指农民利用自然、改造自然、不断谋求发展生产从而改善生活的能力。[3] 随着现代文明涌入贫困地区，人们开始意识到学习科学文化知识和精神文明建设的重要性，要转变"等、靠、要"的落后思想观念，学习相关企业投资、运营管理等知识，掌握必要的技艺技能，提升自己的可持续发展能力。由此可见，旅游业的发展不仅能使贫困人口在经济上得到收入，还能在一定程度上充实贫困人口的大脑，刺激贫困地区贫困人口提升基本发展能力、学习能力、投资能力、沟通交际能力及经营管理能力。[4] 旅游业的发展还能改变贫困人口的生活方式和精神面貌，开拓当地领导干部发展经济的思路，促进当地整体思想观念、行为方式和精神面貌的改观。[5]

（三）机理剖析

我国西部民族地区由于资源和经济发展条件的限制，单纯依靠传统的农耕方式无法实现经济腾飞；同理，单纯依靠旅游产业发展也不能实现绝对性致富，只能从现代市场经济发展的新兴产业中寻找出路。从宏观视角来看，旅游产业具有开放度高、关联性强、投入产出率高等特点，其通过与贫困地区工业、农业等关联性产业之间发生相互作用，产生经济效益，并通过涓滴效应普惠贫困人口，进而使其实现致富。但是，贫困地区的旅游开发不是完全依靠市场经济的调节与运作实现的，更要强调对贫困人口的扶持和发展机会的创造。从微观视角来看，旅游扶贫是通过发展贫困地区的旅游业，使经济文化较发达地区的资金、信息、技术、观念等要素随着游客的流动引到贫困地区，刺激当地商品经济的活跃，使贫困人口直接参与旅游业发展并从中受益，增强贫困地区的"造血"功能，进而实现致富。

社会学家霍曼斯基于古典政治经济学、马克思的经济思想、文化人类学

---

[1] 曾本祥.中国旅游扶贫研究综述[J].旅游学刊，2006，21（2）：89-94.
[2] 阿马蒂亚.以自由看待发展[M].任赜，于真，译.北京：中国人民大学出版社，2002.
[3] 曾艳华.农民发展能力的问题与对策[J].改革与战略，2006（6）：29-33.
[4] 刘七军，李昭楠.精准扶贫视角下连片特困区贫困农户自我发展能力提升研究[J].北方民族大学学报（哲学社会科学版），2016（4）：107-110.
[5] 冉斌.以旅游扶贫开发促县域经济发展[J].经济纵横，1998（2）：63.

家的交换思想以及斯金纳的个体主义心理学思想，提出了"社会交换理论"，即任何人际关系的本质就是交换关系。当人与人之间精神和物质的交换过程达到互惠平衡时，人际关系是和谐的，而且只有在互惠平衡的条件下，人际关系才能维持。在社会交换理论的框架内，社区中的个体对交换进行评估，通过收益和代价的衡量来发表自己的看法。因此，从旅游扶贫效应评估来看，旅游扶贫评估活动具有双向性，既要研究旅游扶贫如何作用、影响旅游扶贫地区与贫困人口，又要研究旅游扶贫地区与贫困人口如何反作用于旅游扶贫。

旅游的减贫作用发挥所取得的效果是否是千篇一律的？这需要对旅游扶贫实施成效进行综合评估。第一，旅游发展的经济运作依托于旅游地的社会、经济和文化基础；第二，贫困人口的受益情况不仅要与其所付代价相比来衡量，还应关注"收入指标"以及环境、社会、文化等方面的成本收益。因此，贫困地区旅游扶贫效益的总体评估不仅包括旅游扶贫项目实施的可行性，还包括以下4个方面：其一，旅游对贫困地区经济整体增长的作用；其二，旅游对贫困地区环境、社会、文化的影响；其三，贫困地区人口由于旅游发展而获得的受益和付出的代价；其四，贫困地区贫困人口的受益和代价。由此看来，旅游扶贫效应的评估主要从微观层面的贫困人口受益和宏观层面旅游扶贫地区受益的维度展开阐述。其中，贫困人口受益主要是围绕贫困人口、贫困家庭展开；旅游扶贫地区受益主要围绕贫困地区/社区的经济、政治、文化、社会、生态等层面展开。旅游扶贫的评估内容逐步深化、逐步细化。这些旅游扶贫的评估内容，兼顾了正面效应和负面效应，即旅游扶贫既有积极的影响，也有消极的影响，只有不断弱化旅游扶贫的消极影响，才能更好地实现旅游扶贫评估的最终目的。评估内容的研究坚持理论与实践相结合、历史分析与逻辑演绎相统一、实证分析与规范分析相佐证的分析思路和方法，致力于用理论观点解决实际贫困问题。[①]

对旅游扶贫进行评估的最终目的是更有质量、更有效率地实现贫困地区帮扶行动，确保旅游扶贫最终能够普惠贫困人口。不少学者细化旅游扶贫绩效评价指标，并就经济、政治、文化、社会、生态层面的不同绩效评价指标进行重新归类。研究者在充分考虑贫困地区实际发展情况的基础上，参考国内有关研究成果和国际通行标准，力图多方位、多角度对贫困地区扶贫指标进行量化，确定符合实际的量化标准。此外，旅游扶贫生态绩效、社会绩效、文化绩

---

① 李力，闭海霞.旅游扶贫效用分析：基于广东省梅州市的实证调查[J].安徽农业科学，2010，38（27）：15353-15355，15425.

效具有无形效益性,且旅游扶贫多涉及对公共物品进行价值评估,需要采取科学准确的方法;同时,评估体系中各层评估标准是不允许被模糊替代的,且要克服非经济收益和代价衡量上的困难,对此,需要跨学科研究的通力合作。

为进一步认识旅游产业在贫困地区经济发展过程中的地位与作用,相关部门也需要对旅游扶贫效率实施评价,重点研究旅游究竟在多大程度上有效推动了地区的经济发展,其打破了过去旅游扶贫效益、旅游扶贫效用或旅游扶贫绩效的局限思想。旅游扶贫效率的研究主要集中在连片特困区域、少数民族区域等不同研究区域的方法测度、时间演化和空间分异。此外,旅游扶贫效率测算进一步结合地理学空间分析功能展开深入研究,该方法有效揭示了不同区域间的效率差异。由此可见,旅游扶贫效率评价既有助于行政区域内部地区之间旅游扶贫效益的横向比较,也为我国旅游扶贫走向精准化提供了重要启示。

(四)现实问题

1. 生态环境是旅游扶贫的基础和前提

良好的生态环境是人类社会可持续发展的重要前提和基础条件。研究表明,我国贫困地区的地理分布与脆弱的生态环境之间存在耦合性,这是一种非良性的耦合,存在诸多问题并制约着当地的社会经济发展。一般来说,环境越差的地方,越是贫困;越是贫困的地区,其生态系统结构越简单,生态环境的恢复力越弱,且其对自然资源与生存环境的依赖度越高。由此看来,贫困地区的生态环境本身是脆弱的,在旅游开发过程中一旦出现不合理的开发活动,将进一步恶化贫困地区的生态环境,加剧贫困与环境之间的恶性循环。在现实发展中,部分地区已出现不同程度的生态环境恶化现象:景区的旅游经营商接待旅游者的数量远远超过景区主管部门核定的最大承载量;因游客、社区居民、旅游开发商的环境污染行为造成的大气污染、水体污染、生活垃圾污染、噪声污染等。贫困地区旅游发展与生态保护之间的矛盾有所加重,制约着贫困地区的可持续发展。

2. 政府主导型旅游扶贫模式的关注要点

政府主导型旅游扶贫模式不等同于政府要完全包办旅游扶贫战略的提出、开发机构的设置、资金的筹集、基础设施的建设、景区形象的整体促销及旅游人才的培养。政府在旅游扶贫过程中的主要作用具体体现在旅游开发的总体规划与指导、给予专项资金支持、采取针对性方针政策。一旦贫困地区的经济被激活,政府可逐渐放手让位于市场,并通过制定各种经济、法律政策及旅游开发规划,正确引导旅游帮扶企业集约式、阶段式开发旅游资源,进一步监督企业的市场行为，维护旅游市场秩序。

3.经济运作与扶贫互动发展中可能存在的矛盾

时至今日，贫困地区旅游扶贫过程中依旧存在开发难度大、受益不均、旅游漏损、产品同质化、环境和社会文化方面负效应强化等不同程度的问题。当区内外旅游开发商、投资商与贫困地区的合作与利益关系权衡不当时，会出现旅游收入上的漏损；多产业之间的协调互补式发展、经济发展成果自动流向弱势人群是旅游在消除贫困过程中必不可少的实践内容，但实际发展过程中依旧会存在旅游业对某些产业的限制、旅游业破坏居民的生产和生活资源、旅游业加剧原居民的相对贫困状态；在贫困地区发展旅游，贫困人口在旅游中占有的就业机会大多集中在低收入、强劳力、非技术、低投资或基本无大投资的行当，当地贫困人口的利益无法得到保障，这成为旅游业发展中无法回避的问题；资金、物资、人才的短缺会造成旅游扶贫开发难度的增大，从而进一步导致旅游市场开拓困难、乘数效应降低，不利于社会环境和文化方面的长久发展。

（五）优化对策

旅游扶贫是外部力量将物资、资金、技术、信息等外生性资源带入贫困地区，引入市场运行机制，通过联合旅游研究与教育机构、发展或援助机构、旅游企业、旅游管理部门等多方主体对当地的特色化资源进行利润导向性开发。学者们以往对旅游扶贫的研究集中在关注政府与帮扶企业的功能，忽视了对多元主体综合作用的探讨，而要进一步提升旅游扶贫的帮扶成效，需要明确多元主体密切配合与协同参与创新的旅游扶贫体系，提升旅游扶贫效率。此外，本笔者通过阅读梳理发现，不少学者致力于测度与评价不同主体的创新效率及其影响因素，并对主体扶贫效率进行区域化比较，继而提出相应的优化改进对策，以期更有助于提升帮扶效益。

首先，旅游扶贫活动的政府行为。通过归纳总结相关学者就政府帮扶行动实践举措的研究可知，思想扭转、帮扶筛选、政策制定、发展规划、规范企业等成为旅游扶贫过程中的重要内容。第一，政府筛选的内容主要包括贫困地区、帮扶企业、贫困人口。贫困地区政府一方面要积极扭转贫困农户的小农思想，另一方面也要转变扶贫思想观念，强化扶贫规范意识。我国贫困地区常指国家或省、自治区、直辖市根据"绝对贫困线"确定的贫困县，一般都集中在中西部的革命老区、边疆地区、少数民族聚居区，国家各项扶贫资金必须全部用于国家重点扶持的贫困县，并以这些县中的贫困乡、户作为资金投放、项目实施和受益的对象。但生活在贫困地区的未必都是贫困人口，贫困人口也未必都分布在贫困地区，所以旅游扶贫目标对象指的是"贫困地区的人口"，还是更为明确的"贫困地区的贫困人口"成为扶贫系统识别机制面临的首要关键问题。同时，关注贫困人口的内部差异更要注意辨别不同贫困程度的贫困人口在旅游发展过程中的受益情况。第二，政府制定用于支持贫困地区旅游扶贫项目的产业扶持政策，具体表现在财政、税收、金融、资源开发等方面。由此看出，地方政府一改过去扩充资金来源渠道的做法，更倾向于旅游扶贫资金的管理与使用，力争取得最佳扶贫效益。地方政府对贫困地区旅游扶贫项目采取税收返还与转移支付政策，减免旅游扶贫项目生产企业、新兴企业、横向经济联合企业等经济实体的税收，扩大对旅游扶贫对口支援项目的信贷规模，放宽对旅游资源开发的投资政策与引资渠道的限制。第三，由于贫困地区与生态环境脆弱区会有重叠，所以在这些地区进行旅游规划设计时，应首先对扶贫区域进行环境影响评价与环境审计，合理确定其环境承载力和旅游容量，预测旅游开发对当地环境的影响程度和当地所承担的风险，确定"生态经济适合度"，在此基础上分步实施旅游开发规划。政府分级、筛选出具备开发经营能力和权利的旅游开发者/经营者/企业，并对旅游企业的生产经营进行绿色管理、生态监测，旨在确保旅游扶贫的持续性效果和旅游业的可持续发展。

其次，旅游扶贫活动的企业行为。贫困农户自家经营的农家乐、民宿、购物摊点，虽然也能够解决温饱并逐步实现经营致富，但满足不了日益发展的大众化旅游与市场经济的需求。旅游扶贫要实现做有所获，富有成效，应进一步深化改革，引导农民由分散的个体经营转向规模经营，可适当选择旅游集团公司或企业进行包办管理。此外，旅游帮扶企业要形成高效率的旅游资源集约式开发机制，避免掠夺式开发，要有步骤、有层次地推进，且旅游企业要逐步转向集团化、股份化。同时，旅游帮扶企业要着眼于互补性特色旅游产品的开发，力争从各个方面、各个层次、各个角度满足游客的心理和精神需要。

再次，旅游扶贫活动的地方行业组织行为。地方旅游行业组织应积极协助政府贯彻扶贫方针政策、制定旅游行业规范条例，并为政府与旅游帮扶企业的沟通搭建桥梁。

最后，旅游扶贫活动的专家行为。专家是懂旅游、懂市场、懂管理的智囊团，能够改进与提升政府的宏观调控能力和贫困地区的综合效益。市场化经营与管理主要表现在决策机制、用人机制、收益分配机制、激励机制、管理创新等方面，在这些方面专家能够提供理论支持，从而使贫困地区旅游业协调发展。

（六）扶贫机制

旅游扶贫机制是确保旅游扶贫活动顺利进行的保障。基于多元化的研究视角，学者们所提出的扶贫机制存在较大程度的不同。现归纳总结学者们根据旅游扶贫系统中的各子系统、贫困社区参与、旅游扶贫受益群体等视角展开的研究的成果，将旅游扶贫的机制研究主要分为动力机制、参与机制、利益分配机制、绩效评估机制、保障机制、合作机制及法律机制。

旅游扶贫的动力机制是旅游扶贫得以发生和发展的各动力因子间相互作用以保证旅游扶贫活动的顺利开展。旅游扶贫的动力因子主要包括政府、社区/居民（贫困人口）、企业（投资人）、旅游者、社会组织和国际组织等，其共同推动旅游扶贫的发生和发展。

旅游扶贫的参与机制是在旅游扶贫的规划、决策、经营、管理等各项事务中，旅游扶贫各利益相关者的参与角色、参与方式、参与规则、参与过程、参与结果等一系列机制的统称。

旅游扶贫的利益分配机制是旅游扶贫中各利益相关者获取利益的原则、制度和方法等内容的统称。旅游扶贫中各利益相关者需求不尽相同，能力也不尽相同，参与的旅游扶贫活动也不尽相同，因此应当建立科学合理、相对公平、适度倾斜的利益分配机制，调动各方的积极性，推动旅游扶贫良性运转和健康发展。

旅游扶贫的绩效评估机制是旅游扶贫绩效评估和目标、原则、内容、方法、指标体系和方式的统称；是检验旅游扶贫实施效果、修正旅游扶贫技术措施、促进旅游扶贫科学发展的重要手段。

旅游扶贫的保障机制是实施旅游扶贫开发的政策、人才、组织、设施、宣传等保障制度、规则、内容、形式的统称。民族地区由于自然条件、经济基础和生态环境等方面的劣势，发展旅游扶贫在资金、技术、人才、信息、组织等方面先天不足，因此加强旅游扶贫各方面的保障措施和优化旅游扶贫保障机制就显得十分必要且迫切。

旅游扶贫的合作机制是旅游扶贫开发的不同区域、不同部门、不同企业、不同机构之间为共同促进旅游扶贫发展而展开合作的制度、规则、内容、形式、措施、手段等内容的统称。

在依法治国的语境下，旅游扶贫的法律机制要求检讨和反思民族村寨/社区参与旅游扶贫法律机制的缺陷，优化民族村寨/社区参与旅游扶贫的法律机制，完善民族村寨/社区参与旅游扶贫的民事法律制度、财产法律制度、金融法律制度等。[①]

第二节　旅游扶贫的理论模型

一、旅游业发展对贫困户的影响

贫困地区旅游业的发展离不开国家政策的支持，我国政府在实施相关旅游扶贫政策中产生的转移支付可用来实现对贫困地区人口的救济。本书在已有的研究基础上，构建了旅游事业发展中转移支付和贫困减少关系的一般性理论框架。

首先假定已知条件，用 x 表示贫困地区个体的实际收入，$x \in (0,k)$，$F(x)$ 表示贫困地区个体实际收入的分布函数，$f(x)$ 为贫困地区个体实际收入的概率密度函数；Z 表示由个人决定的转移支付量；$t(x)$ 表示在旅游扶贫政策中受益群体收入水平在 x 以下人口所占的比例，根据以上已知条件，构建旅游扶贫政策中受益人口所占比例的概率密度函数为：

$$h(x) = t(x)f(x) \quad (1-1)$$

对式 1-1 进行积分变换，得到对应的分布函数为：

$$H(x) = \int_0^k h(x)\mathrm{d}x \quad (1-2)$$

$\Phi(x)$ 表示贫困地区人均收入水平在 x 以下的受益人口比例之比为：

$$\Phi(x) = \frac{\int_0^x h(t)\mathrm{d}t}{H} = \frac{\int_0^x h(t)\mathrm{d}t}{\int_0^k h(t)\mathrm{d}t} \quad (1-3)$$

对式 1-3 进行求导，得到相应的概率密度函数为：

$$\phi(x) = \frac{\mathrm{d}\Phi(x)}{\mathrm{d}x} = \frac{h(x)}{H} \quad (1-4)$$

根据以上推导，建立转移支付函数为：

$$Z(x) = \int_0^k z(x)h(x)\mathrm{d}x \quad (1-5)$$

考虑到因政策带来的转移支付可能会造成某种程度上对不同群体收入差

[①] 曹务坤，辛纪元，吴大华.民族村寨社区参与旅游扶贫的法律机制完善[J].云南社会科学，2014（6）：130-133.

距的扩大，故引入基尼系数转移弹性 G ，表示旅游扶贫政策中转移支付政策在提高低收入者收入时，自身变化对基尼系数变化比例的影响。

$$\eta = G = \frac{\mathrm{d}G/G}{\mathrm{d}Z/Z} = \frac{\partial P/P}{\partial Z/Z} = \frac{\partial}{\beta} \quad (1-6)$$

$\partial P/P$

式中：G 为基尼系数，P 为贫困率指数，将 Y 表示为贫困线，此时一般化的贫困率指数可以表示为：

$$P(y) = \int_0^k yP(x)\mathrm{d}F(x) \quad (1-7)$$

∂ 表示 1% 的转移支付收入源变动对贫困率的影响，β 表示 1% 的不平等程度（如基尼系数）变动对贫困率的影响。

$$\partial = \frac{\partial P/P}{\partial Z/Z}, \quad \beta = \frac{\partial P/P}{\partial G/G} \quad (1-8)$$

假定 $\frac{\partial Z}{Z} > 0$，在政府实施旅游扶贫政策、影响贫困地区收入再分配、增加贫困人口实际可支配收入的情况下，如提高对贫困人口的转移支付水平，就会出现以下情形：

（1）当 $\eta > 0$，此时 $\frac{\partial G}{G} > 0$，意味着随着旅游扶贫政策中转移支付的增加，高收入者和低收入者之间的收入差距扩大，出现收入不平等程度加深的情况。此时贫困发生率将增加，在旅游扶贫政策中低收入者受益份额将小于高收入者，该旅游扶贫政策将不符合益贫式增长的标准。若 $\partial > 0$，则 $\frac{\partial P}{P} > 0$，$\beta > 0$，这种情况下，与旅游扶贫政策相伴随的不仅有收入差距扩大，还有贫困率的增加，此种情况对低收入者而言也是不利的，可以称之为强不利于低收入者；若 $\partial < 0$，则 $\frac{\partial P}{P} < 0$，$\beta < 0$，这种情况意味着随着旅游扶贫政策的实施，收入差距在增大，但贫困率将减少，这种情况为弱不利于低收入者。

（2）当 $\eta < 0$，此时 $\frac{\partial G}{G} < 0$，意味着随着旅游扶贫政策中转移支付的增加，高收入者和低收入者之间的收入差距缩小，出现收入不平等程度减缓的情况。此时贫困发生率将降低，在旅游扶贫政策中低收入者受益份额将大于高收入者，该旅游扶贫政策将符合益贫式增长的标准。其中，当 $\frac{\partial P}{P} < 0$ 时，$\partial < 0$，$\beta > 0$，随着旅游扶贫政策中转移支付的增加，贫困率将降低并且收入差距将缩小。这种情况下，低收入者将从旅游扶贫政策实施后的经济增长中受益更多，此种情况被称为强有利于低收入者，是旅游扶贫政策最优目标。当 $\frac{\partial P}{P} > 0$ 时，$\partial > 0$，$\beta < 0$，随着旅游扶贫政策的实施，贫困率没有降低，但收入差距在逐步减少，这种情况为弱有利于低收入者。

命题1：通过以上理论模型的分析，可以得到旅游扶贫政策在降低贫困率时，可能导致收入差距扩大的问题。其中，将政策转移支付变量引入旅游业发展与贫困减少之间关系的分析中，转移支付可能会引起高收入者与低收入者收入差距的变化。通过对系数 η 的分类讨论，可以观察到传统的旅游扶贫政策不能确保符合有利于旅游地区低收入者收入增长的标准。因此，有必要强调旅游扶贫更精准化，实施旅游精准扶贫政策，这将有利于贫困减少。

二、旅游业发展对区域贫困的影响

旅游扶贫是指贫困地区利用自身旅游资源，吸引发达地区人们来旅游消费，带动旅游地区经济发展，实现贫困群众致富。传统的旅游乘数理论往往只关注贫困地区自身，对贫困地区与外援地区之间的经济联系对双方产生的影响分析不够。因此，本节将外援地区和贫困地区子系统联系在一起，考虑它们之间的相互关系，更加准确地来研究整个系统的变化。

假设1：外援地区 A_1 经济比较发达，地区内有民众前往旅游地区购买旅游服务的需求。贫困地区 A_2 内具有丰富的旅游资源，该地区有从外援地区 A_1 购买部分产品和劳务的需求。外援地区 A_1 和贫困地区 A_2 之间发生经济联系。

现构建外援地区 A_1 的收入方程：

$$\begin{cases} C_1 + I_1 + G_1 = a_{01} + b_1 Y_1 \\ M_1 = M_{01} + \mu_1 Y_1 \\ \beta X_1 = M_2 (0 < \beta < 1) \\ Y_1 = C_1 + I_1 + G_1 + X_1 - M_1 \end{cases} \quad (1-9)$$

式中：C_1，I_1，G_1，$X_1 - M_1$ 分别为外援地区居民消费支出、企业购买产业和服务支出、当地政府购买的产品和服务支出、外援地区净出口。

再构建旅游贫困地区 A_2 的收入方程：

$$\begin{cases} C_2 + I_2 + G_2 = a_{02} + b_2 Y_2 \\ M_2 = M_{02} + \mu_2 Y_2 \\ X_2 = \beta M_1 (0 < \beta < 1) \\ Y_2 = C_2 + I_2 + G_2 + X_2 - M_2 \end{cases} \quad (1-10)$$

式中：C_2，I_2，G_2，X_2-M_2 分别为旅游贫困地区居民消费支出、企业购买产业和服务支出、当地政府购买的产品和服务支出、旅游贫困地区净出口。

假设2：假定投资以及当地政府购买产品和服务支出为常数，贫困地区 A_2 的收入 Y_2 及其组成部分均小于外援地区 A_1 的收入 Y_1 及其组成部分。

将上述方程进行联立，整理得到两地区收入函数，如下：

$$Y_1=\frac{\mu_2}{\beta(1-b_1+\mu_1)}Y_2+\frac{a_{01}+\frac{M_{02}}{\beta}-M_{01}}{1-b_1+\mu_1} \quad (1-11)$$

$$Y_2=\frac{\beta\mu_1}{1-b_2+\mu_2}Y_1+\frac{a_{02}+\beta M_{01}-M_{02}}{1-b_2+\mu_2} \quad (1-12)$$

一般情况下，$1-b_1+\mu_1$，$1-b_2+\mu_2$ 均大于0，因此 Y_1 和 Y_2 均为递增函数，可以理解为两地区收入都随对方收入的递增而递增。

命题2：通过分析两地区收入函数可知，旅游扶贫不仅对贫困地区收入增长有巨大拉动作用，也对外援地区收入增长有着明显促进作用。旅游扶贫开发为外援地区提供良好的投资机会，而旅游贫困地区经济得到发展，基础环境得到改善，为游客提供舒适的环境。可见，旅游扶贫能够实现双赢，带动整个地区经济增长。

第三节　广西民族地区旅游扶贫的逻辑演进

广西地处我国西南边疆区域，其民族地区扶贫工作具有贫困人口多、贫困面积广、贫困时间长、扶贫难度大等特点。作为我国较早提出旅游扶贫概念并付诸实施的地区之一，广西民族地区是我国旅游扶贫的主战场之一。从旅游扶贫事业发展过程和现实状况来看，广西民族地区扶贫主要经历了4个发展阶段（表1-1）。

表1-1　广西民族地区旅游扶贫的历史回顾

发展阶段	时间	大事件
孕育阶段	1991	旅游扶贫概念的提出
	1992	部分县市将旅游业定为龙头产业
	1995	部分国家级贫困县通过旅游业带动当地经济发展，人民生活达到基本温饱水平，实现提前脱贫目标
	1997	广西壮族自治区政府将旅游业列为新的经济增长点，并在全区掀起了建设旅游大省的浪潮
	1998	广西壮族自治区政府把旅游业确定为广西支柱产业和主导产业，将"脱贫攻坚"与"建设旅游大省"两项工作作为广西民族地区经济与社会发展的重要工作
起步阶段	2000	国务院成立西部地区开发领导小组，筹划"提高西部地区的经济和社会发展水平、巩固国防"
	2001—2003	学者们提出旅游业发展应与旅游扶贫相结合
	2006	国务院审议通过《西部大开发"十一五"规划》，将旅游产业作为六大特色优势产业之一，明确提出"加快发展旅游产业"；国家、政府一系列政策、法律、法规与措施的推行与实施，推动了旅游扶贫领域学术研究的发展
发展阶段	2007	国务院鼓励西部地区"大力发展旅游业"，旅游扶贫事业开始由以"理论研究"为主的起步阶段，向以"应用实践"为主的发展阶段转型
	2011	广西深入实施旅游脱贫攻坚，加快旅游扶贫重点村脱贫致富的步伐
	2012	全国政协牵头财政部等国家八部委深入广西进行旅游专题调研，开始启动实施"乡村旅游富民工程"
	2013	广西召开全区旅游发展大会，进一步明确了发展特色旅游扶贫的新思路，间接促进100万以上的贫困人口有效增收，广西民族地区旅游扶贫全面攻坚逐渐开展

续表

发展阶段	时　间	大事件
攻坚阶段	2014	确定了全国《乡村旅游扶贫重点村分省名单》，精准扶贫工作平台建设有序推进
	2015	全国乡村旅游提升与旅游扶贫推进会议召开，强调要充分发挥乡村旅游在扶贫开发中的战略作用，着力将乡村旅游建设成为美丽乡村的重要载体；同年，党的十八届五中全会强调"十三五"期间我国要实现贫困人口全部脱贫、贫困县全部摘帽，到2020年全面建成小康社会
	2016	广西壮族自治区制定了《广西壮族自治区旅游扶贫规划纲要》，对六大重点旅游扶贫片区、20个重点旅游扶贫县和550个重点旅游扶贫村进行了总体布局
	2017	有针对性地推动全区旅游扶贫工作的全面开展
	2018	广西壮族自治区旅游发展委员会实施《广西旅游业十大三年行动计划（2018年—2020年）》
	2019	自治区文化和旅游厅专题研究脱贫攻坚工作，统筹全区文化和旅游行业力量，充分发挥乡村旅游在脱贫攻坚中的助推作用，并重点关注革命老区、边境地区、石漠化地区以及4个极度贫困县和20个深度贫困县，全力开展脱贫攻坚

一、旅游扶贫的孕育阶段（1991—1999年）：概念提出

扶贫开发是建设中国特色社会主义事业的一项历史任务，也是构建社会主义和谐社会的一项重要举措。旅游扶贫作为民族地区脱贫致富的"造血式"扶贫方式，在我国扶贫开发中发挥着日益显著的作用。自改革开放以来，我国就开始致力于扶贫开发事业，1991年全国旅游局长会议（现为全国文化和旅游厅局长会议）上"旅游扶贫"概念被首次提出，而后1996年国家旅游局（现为文化和旅游部）召开了全国旅游扶贫开发工作座谈会，对旅游扶贫工作给出了指导性意见和建议。经过多年探索和发展，旅游扶贫理论体系逐步得到完善，旅游扶贫逐渐成为我国在扶贫开发事业中发展起来的具有创新性质的区域扶贫模式。

广西壮族自治区具有丰富的自然、文化、民族和乡村旅游资源，而由于

地理位置、地质构造和历史原因，当地贫困人口较多。随着扶贫工作的逐步深入与旅游业的迅速发展，广西民族地区通过发展旅游产业推动扶贫工作开展的案例不断涌现。其中，阳朔县1992年起就将旅游业定位为龙头产业，在旅游业的带动下各相关产业都取得了快速发展；融水苗族自治县也是广西的贫困县之一，1990年县旅游局结合本地实际，提出大力发展民族旅游的新思路，使全县人均收入得到了大幅提高。

这一阶段虽然对"旅游扶贫"理论性与实践性的研究仍处于探索阶段，但广西旅游业的迅速发展为广西民族地区旅游扶贫事业奠定了良好基础，引起了政府、社会和学术界的广泛关注。在1997年全区旅游工作会议上，广西壮族自治区政府将旅游业列为新的经济增长点，并在全区掀起了"建设旅游大省"的浪潮；1998年自治区政府又提出把旅游业确定为广西支柱产业和主导产业，并提出将"脱贫攻坚"与"建设旅游大省"两项工作作为未来广西民族地区经济与社会发展的重要工作之一。这一时期广西关于"脱贫攻坚"与"建设旅游大省"相关战略的规划制定与工作部署，实现了旅游与扶贫的初步结合，为后来的广西民族地区旅游扶贫事业的发展提供了绝佳契机，而旅游业的发展对脱贫致富的促进也初见成效。在这种背景下，广西民族地区开始逐步提出以旅游促扶贫的工作思路。

鉴于此，可认为1991—2000年是广西民族地区旅游扶贫事业发展的萌芽阶段，广西民族地区的旅游扶贫处于孕育期，这一阶段的建设与积累为后来广西民族地区旅游扶贫事业的发展与推进积累了丰富的经验，奠定了良好的发展基础。

二、旅游扶贫的起步阶段（2000—2006年）：理论发展

2000年1月，国务院成立西部地区开发领导小组，并于同年3月开始运作，开始筹划"提高西部地区的经济和社会发展水平、巩固国防"。2006年12月，国务院审议通过《西部大开发"十一五"规划》，目标是努力实现西部地区经济又好又快发展，使人民生活水平持续稳定提高，基础设施和生态环境建设取得新突破，重点区域和重点产业的发展达到新水平，并将旅游产业作为六大特色优势产业之一，明确提出"加快发展旅游产业"。

随着西部大开发国家发展战略的制定、实施与推进，广西旅游业面临着全新的机遇与挑战，旅游扶贫事业进入全新的发展阶段——由早期的孕育阶段开始逐步向起步阶段发展。国家一系列政策、法律、法规与措施的推行与实施，有效推动了旅游扶贫领域学术研究的发展。这一阶段，"学术先行"的研究特点充分显现出来，越来越多国内外相关领域的专家学者开始涉足这一现实

问题，并在理论体系、建设模式等方面取得了大量成果，为旅游扶贫事业的发展提供了重要的智力支持和理论指导。

由于这一阶段的旅游扶贫是一个新兴理论和体系，因此相关研究主要围绕旅游扶贫的影响、可行性与必要性、扶贫模式、扶贫思路和扶贫方法等方面展开。2001年，潘建民等在《广西发展特色旅游业与区域经济的全方位思考》中指出了广西发展特色旅游业的重要性，并指出旅游业发展应与旅游扶贫相结合。2002年，胡海胜在《脱贫新亮点——大化旅游扶贫与少数民族地区发展》中对旅游扶贫的优势进行了阐述，指出旅游扶贫具有投资少、见效快、就业面广、有助于提高人民思想认识水平等优势，并对大众旅游发展进行了构思。2003年，李月兰、张伟强等在《广西靖西县生态旅游资源评价与开发探讨》中提出了三大促进靖西县生态旅游发展的模式，其中旅游扶贫驱动模式位列其中，强调以观光型旅游产品为主、旅游发展处于初级阶段的靖西，应采取政府主导型开发模式。2006年，随着旅游扶贫理论的发展与实践的进行，学者们对旅游扶贫的研究从意义、重要性方面逐渐转向具体的操作方式。此外，韦复生在《广西民族旅游开发与贫困缓解》一文中，不仅肯定了旅游扶贫的作用，而且提出了在实施旅游扶贫过程中要发挥政府主导作用、旅游发展方式要有利于贫困人口、注重提高贫困人口的思想认识水平、统筹旅游发展与生态环境等；谭丽燕、李月兰也在《少数民族地区旅游开发扶贫模式探讨——以广西少数民族地区旅游开发扶贫为例》一文中，提出了政府引导、专家指导和农户直接参与的旅游扶贫模式。以上专家学者的理论观点有力地促进了广西民族地区旅游扶贫理论与实践领域有关工作的开展。

三、旅游扶贫的发展阶段（2007—2013年）：现实实践

事实上，自改革开放以来，我国曾有计划、有组织地开展了多次大规模的扶贫开发工作，先后启动并实施了《国家八七扶贫攻坚计划》《中国农村扶贫开发纲要（2011—2020年）》《扶贫开发整村推进"十二五"规划》《关于创新机制扎实推进农村扶贫开发工作的意见》等。

2007年1月，国务院正式下发《西部大开发"十一五"规划》文件，多次明确提出鼓励西部地区"大力发展旅游业"。由此，广西旅游业开始步入全新的发展阶段，旅游扶贫事业开始由以"理论研究"为主的起步阶段向以"应用实践"为主的发展阶段转型。

国家关于扶贫开发、旅游扶贫发展战略的实施，极大地推动了广西民族

地区旅游扶贫事业的发展。自 2007 年以来，广西民族地区旅游扶贫事业发展开始正式进入快速发展阶段。尤其自 2011 年启动新一轮扶贫开发以来，广西深入实施旅游脱贫攻坚，先后出台了《广西壮族自治区旅游业发展"十二五"规划》《广西壮族自治区乡村旅游发展"十二五"规划纲要》《广西扶贫开发整村推进"十二五"规划》《关于加快发展贫困地区特色产业工作方案》《关于加快旅游业跨越发展的决定》等相关规划和文件，指导全区开展旅游扶贫工作，加快旅游扶贫重点村脱贫致富的步伐。2012 年，全国政协牵头财政部等国家八部委深入广西进行旅游专题调研，推动国家发改委等七部委开始启动实施"乡村旅游富民工程"。2013 年 7 月，广西召开全区旅游发展大会，进一步明确了发展特色旅游扶贫的新思路，并进行了具体部署，大力发展乡村旅游、休闲农业、生态旅游、红色旅游，有效促进了农村剩余劳动力的就地转移和增收致富。据不完全统计，通过旅游扶贫，全区直接或间接促进 100 万以上的贫困人口有效增收，实现了脱贫或减贫目标，从而为广西民族地区旅游扶贫的全面攻坚奠定了坚实的基础。

在此阶段，广西贫困人口数量显著下降，旅游扶贫事业取得巨大进步。2010—2014 年，广西农村贫困人口从 1 012 万下降至 538 万；扶贫体制创新扎实推进，当地政府出台了《关于创新和加强扶贫开发工作的若干意见》，使精准扶贫工作平台建设得以有序推进；突出抓好贫困村基础设施建设、优势产业发展和综合素质提高工作，使民族地区生产生活条件明显改善，农民收入水平大幅增加，各项社会事业明显进步。

旅游扶贫成效显著。在此期间，广西壮族自治区旅游发展委员会（简称"旅发委"）安排约 2.7 亿元专项资金用于民族地区旅游公共服务设施建设。2006—2014 年，先后选派 17 名干部到巴马、金秀、宜州、凌云等旅游扶贫重点区域挂（任）职，引导当地开展旅游扶贫工作。截至 2014 年年底，广西共有特色旅游名镇（村）42 个、国家级休闲农业与乡村旅游示范县 6 个、休闲农业与乡村旅游示范点 17 家、特色旅游名镇名村 50 个、生态旅游示范区 8 家、农业旅游示范点 118 家、星级乡村旅游区 97 家、星级乡村旅游经营户 868 个、"森林人家" 35 家，形成了类型多样、丰富多彩的乡村旅游产品。广西乡村旅游接待游客约 7 436 万人次，乡村旅游收入达到 274.45 亿元，分别占全区接待游客人数的 26% 和旅游总收入的 11%。据统计，"十二五"期间广西民族地区通过旅游扶贫实现脱贫的人数总计近 73.32 万，约占全区脱贫人口的 13%。

四、旅游扶贫的攻坚阶段（2014年至今）：全面攻坚

2014年，中共中央办公厅、国务院办公厅印发《关于创新机制扎实推进农村扶贫开发工作的意见》，指出要建立精准扶贫工作机制，并要求扎实推进乡村旅游扶贫。2014年国家发展改革委等七部委联合下发《关于实施乡村旅游富民工程推进旅游扶贫工作的通知》，确定了全国《乡村旅游扶贫重点村分省名单》，对扶贫工作进行了总体安排和全面部署，并指导地方开展扶贫工作。2015年8月18日，全国乡村旅游提升与旅游扶贫推进会议在安徽黄山召开，会议贯彻了《国务院办公厅关于进一步促进旅游投资和消费的若干意见》精神，强调要充分发挥乡村旅游在扶贫开发中的战略作用，着力将乡村旅游建设成为美丽乡村的重要载体，实现到2020年通过发展乡村旅游带动全国17%的贫困人口（约1200万人）脱贫。2015年10月，党的十八届五中全会审议通过了《中共中央关于制定国民经济和社会发展第十三个五年规划的建议》，指出实施脱贫攻坚工程，实施精准扶贫、精准脱贫，因人因地施策，提高扶贫实效，并强调"十三五"期间我国要实现贫困人口全部脱贫，贫困县全部摘帽，到2020年全面建成小康社会。

在国家大力推动扶贫开发工作的同时，广西民族地区精准扶贫工作也进入全面攻坚阶段。2014年，广西吹响了打好新一轮扶贫开发攻坚战的嘹亮号角，制定出台了《关于实施我区新一轮扶贫开发攻坚战的决定》以及28个配套文件，分派全区机关领导分赴贫困县，深入贫困村屯、贫困户开展调研，亲自参加劳动，带领干部群众投入到扶贫工作中，确保自治区党委、政府的决策部署落到实处。同时，广西壮族自治区政府在国家政策指导下，积极开展大量扶贫对象精准识别工作，从2014年开始，广西壮族自治区政府先后组织工作人员将贫困信息录入国家扶贫开发建档立卡信息管理平台，精准识别全区贫困县、贫困村和贫困人口，并于2016年1月完成了广西民族地区贫困人口的精准识别，为精准扶贫、精准脱贫提供了依据。

随着广西民族地区精准扶贫工作的全面开展，旅游扶贫工作进入全面攻坚阶段。2014年，广西壮族自治区政府印发了《关于创新和加强扶贫开发工作的若干意见》，着重指出"发展特色旅游扶贫"的相关要求，加强对广西民族地区旅游扶贫工作的关注与重视。2015年，广西进入"十三五"脱贫攻坚新阶段，自治区对民族地区旅游扶贫的重视程度不断加深，积极响应中央提出的精准扶贫新机制，召开全区精准脱贫攻坚动员大会暨贫困村党组织第一书记培训会，旨在紧紧围绕精准扶贫的核心目标，全面推进旅游精准扶贫有效实

施，推动旅游扶贫工作再上新台阶。此外，为了充分发挥旅游业在扶贫方面的辐射带动作用，广西壮族自治区政府于2015年印发了《关于促进旅游业改革发展的实施意见》和《关于促进旅游业与相关产业融合发展的意见》，并多次强调要加大旅游扶贫力度，促进旅游扶贫与富民相结合。在此背景下，广西民族地区大力发展乡村旅游，将国家确定的乡村旅游扶贫重点村纳入发展规划并结合精准识别的贫困村，筛选出适合旅游扶贫的村庄，以乡村旅游为抓手提升旅游扶贫成效，取得2015年乡村旅游接待游客约1.39亿人次、乡村旅游总消费约803.15亿元的好成绩。在这一良好的发展态势下，广西迎来了"十三五"的开局之年，2016年自治区又制定了《广西壮族自治区旅游扶贫规划纲要》，对六大重点旅游扶贫片区、20个重点旅游扶贫县和550个重点旅游扶贫村进行了总体布局，从而形成了由点及面、由具体到宏观的扶贫发展格局。2017年，自治区继续推进旅游扶贫规划公益行动、重大旅游扶贫项目建设和重点旅游扶贫示范村开发、产业融合发展和品牌创建、旅游扶贫专题推介活动、旅游扶贫就业招聘会、两广扶贫协作、旅游人才培训等工作，有针对性地推动全区旅游扶贫工作的全面开展。为了夯实乡村振兴的基础，积聚新动能，广西积极适应经济发展新常态，立足当前、着眼长远，从2018年起实施《乡村振兴产业发展基础设施公共服务能力提升三年行动计划（2018—2020年）》。2018年，广西壮族自治区旅游发展委员会印发《广西旅游业十大三年行动计划（2018年—2020年）》，强调未来三年将从旅游投资、旅游乡村振兴、旅游厕所建设管理等10个方面发力，加快旅游产业转型升级，推动旅游业从高速增长向优质发展转变。2019年，广西壮族自治区文化和旅游厅先后召开了20多次党组会议和厅务会议，专题研究脱贫攻坚工作，统筹全区文化和旅游行业力量，充分发挥乡村旅游在脱贫攻坚中的助推作用，按照中央和自治区关于脱贫攻坚三年行动的决策部署，紧扣"两不愁三保障"基本要求，以"钉钉子精神"，坚决完成村级公共服务中心建设和乡村旅游产业扶贫两大扶贫核心任务，并重点关注革命老区、边境地区、石漠化地区以及4个极度贫困县和20个深度贫困县，全力开展脱贫攻坚。

第二章 广西民族地区旅游扶贫的现实研判

通过前面对广西民族地区旅游扶贫历史的回顾，可知该区旅游扶贫经历了孕育阶段、起步阶段、发展阶段和攻坚阶段，这4个不同阶段的旅游扶贫发展演变，表明广西民族地区旅游扶贫工作虽存在不足，但也获得了持续性的开展，尤其是发展至今取得了喜人的成绩。本章为了能更好地探明广西民族地区旅游扶贫的发展现况，从现实成绩、存在问题、制约因素、主要经验这几个方面开展研究，以此为全域旅游视阈下广西民族地区包容性旅游扶贫模式的构建及保障机制的建立提供参考。

第一节 广西民族地区旅游扶贫的现实成绩

一、政府主导力度逐渐加大

政府主导型发展战略是国家或地方政府凭借其社会影响力、经济实力与社会治理能力，在经过科学、协同的调研与决策后，通过制定相应的法律法规、战略规划和政策措施，并投入相应的旅游基本建设资金，营造良好的旅游环境，有计划、有策略地推动当地旅游业发展，从而促进经济社会的发展进步。[1] 广西作"老、少、边、山、穷"区域，贫困历史较长，且致贫原因复杂。要想通过大力发展旅游业推动广西民族地区脱贫致富，就必须发挥政府的主导作用，在政策、资金、基础设施等方面提供必要的保障。

在新的社会形势下，广西民族地区正不断加大政府主导力度，全面推动旅游扶贫工作的快速发展。主要表现在以下3个方面：

---

[1] 蔡雄，连漪，程道品，等.旅游扶贫：功能·条件·模式·经验[M].北京：中国旅游出版社，1999.

（1）建立并实施了自治区、市、县三级旅游扶贫机制，并通过采取一系列有效措施，统筹民族地区旅游扶贫工作的全面开展。众所周知，旅游业是一个涉及面广、关联度大、产业链长的综合产业和新兴产业，而旅游扶贫是旅游与扶贫的有机融合，尤其需要政府的宏观调控和统筹协调，才能充分发挥旅游扶贫的产业优势。2014年3月，广西壮族自治区旅游发展委员会挂牌成立，从自治区层面为旅游扶贫工作设置了统筹协调机构。2015年5月，自治区督促广西辖下14个区市成立相关旅游发展委员会，并积极督促和指导下属县级机构成立县级旅游发展委员会，最终形成了自治区、市、县三级协调发展、共促旅游扶贫的局面，进而从组织机构、机制建设上为广西民族地区旅游扶贫工作提供了重要保障。

（2）制定并执行了一系列政策措施，有效保障了旅游扶贫工作的顺利进行。广西壮族自治区政府根据旅游扶贫工作的实际情况，在不同发展阶段出台了有针对性的政策措施。在旅游扶贫的起步阶段，需要旅游业的大力发展为旅游扶贫提供经验和经济基础，为此，自治区政府在2005年印发了《广西壮族自治区重点旅游资源整合开发建设意见》，用以指导全区旅游业发展。在广西民族地区旅游扶贫进入快速发展阶段时，自治区政府又印发了《关于加快旅游业跨越发展的决定》等一系列文件，强调在新的阶段要创新发展、促进旅游业与相关产业融合发展。同时，在广西民族地区旅游扶贫进入全面攻坚阶段后，尤其强调旅游业与农业的结合、乡村旅游与富民工程的结合，在此背景下自治区以乡村旅游为抓手，大力开展精准识别，出台了《中共广西壮族自治区委员会关于贯彻落实中央扶贫开发工作重大决策部署坚决打赢"十三五"脱贫攻坚战的决定》《广西壮族自治区旅游扶贫规划纲要》《广西旅游业发展"十三五"规划》《乡村振兴产业发展基础设施公共服务能力提升三年行动计划（2018—2020年）》《广西智慧旅游与旅游公共服务提升三年行动计划（2018—2020年）》等一系列政策措施，分别从宏观和微观、长期和短期上为新时期旅游扶贫的开展提供了方向上的指导和政策上的支持。

（3）投入大量资金保证旅游扶贫工作的顺利、有序开展。此阶段，广西民族地区不断加大资金投入力度，从基础设施建设、交通设施建设、旅游扶贫项目开展等方面给予了大量支持。2011—2014年，自治区旅游发展委员会安排约2.7亿元专项资金用于民族地区旅游公共服务设施建设。2012年以来，广西已投入约百亿元在全区开展"千村公路通畅工程"，目前广西已基本实现建制村全部铺设沥青（水泥）路这一目标。另外，2016年以来，全区已投入高达数十亿元的旅游扶贫资金，用于支持相关工作的开展，从而在资金方面为广西民族地区旅游扶贫事业的发展提供了重要保障。2019年，全区共切块下达贫困县旅游发展专项资金2.2亿元，用于支持贫困地区脱贫攻坚，争取国家旅游发展基金2 500万元，支持贫困地区建设旅游厕所323座；指导贫困地区建设高铁无轨站旅游集散中心11个；新创广西四星级以上乡村旅游区（农家乐）46家；休闲农业与乡村旅游示范点30家；自治区级生态旅游示范区11家；自治区级中医药健康旅游示范区16家；全年发动48家旅游规划单位，完成84个旅游扶贫村屯编制工作，以公益规划方式，助推贫困地区的乡村旅游发展。

二、贫困对象识别更加精准

旅游扶贫是我国现阶段扶贫的一个重要方式，具有见效快、覆盖面广、返贫率低、综合效益好等特征，而旅游扶贫只有做到"扶真贫，真扶贫"，才能真正发挥优势，达到民族地区走向富裕的效果。近年来，广西民族地区不断加大扶贫力度，响应中央"精准扶贫、精准脱贫"的号召，促使精准扶贫工作平台建设有序推进。

扶贫对象识别主要分为3个阶段。①根据国家要求对贫困人口建档立卡：2014年，广西将172万户贫困户、634万贫困人口、1.349 1万个村、106个县的数据录入国家扶贫开发建档立卡信息管理平台，实现了与全国联网运行，但这一阶段是初步识别阶段，存在诸多问题，尤其是扶贫对象识别精准性方面有待加强。②在对贫困人口建档立卡的基础上，开展贫困人口精准识别：2015年，自治区政府为有效推进贫困人口精准识别工作，分别从识别前、识别中和识别后三个层面进行有效推进，以全面保障贫困人口精准识别的精准性。2015年10月，广西民族地区全面启动精准识别工作。首先，对全区2.5万名领导干部和贫困村第一书记、扶贫工作队队长等坚守在精准扶贫第一线的工作人员进行了专题培训，提高了各级领导干部对精准识别的认识，在思想上为精准识别提供了保障。随即由广西民族地区各县（市、区）党委、政府牵头组建精准识别工作队，主要包括抽调的自治区和市、县、乡干部、第一书记、驻村工作队队员，从上到下、从宏观到具体地为精准识别工作的开展配备了工作人员，对精准识别贫困户工作中存在的问题进行追责，从而在识别前就在认识、监督、领导等方面对精准性提供了保障。由于前期部署与规划工作到位，广西民族地区开展了"史上最严"的贫困户精准识别工作。在识别过程中，精准扶贫队采用"一进二看三算四比五议"识别法，按照"两入户、两评议、两审核、两公示、一公告"程序深入细致地开展工作，不仅关注贫困情况，更重视致贫原因。其中，仅用来打分的评估表就涉及 100 多项具体指标，识别工作队 3 个多月入户调查 488 万户，采集了 2 000 万群众的信息。同时，为了进一步提高精准性，精准扶贫队又进一步通过对获取到的大量数据进行对比分析，得出符合"8 个一票否决"条件的农户 50 万户、有大额财产农户家庭成员 62.5 万人。此外，为保证精准性，既不漏掉一户一人，也不让任何人浑水摸鱼，工作人员重复开展入户核查工作，最终剔除了 20 万户不符合标准的"贫困户"。这一系列工作的开展有效保证了精准扶贫识别结果的精准度、可信度。此外，在识别信息录入自治区系统后，广西民族地区还及时将有问题的数据信息返还各县核改、补漏。经反复核对，导入自治区系统的数据有 417.53 万户、1 847.29 万人，有力保证了信息的精准。③在精准识别的基础上，对旅游扶贫工作情况进行精准识别。2015 年，全区上下一致，共同努力，为民族地区的新一轮精准识别工作画上了圆满句号。2016 年，为了进一步促进旅游扶贫的精准识别，广西民族地区在 2015 年全区精准识别工作的基础上，进一步分析了贫困村的区位条件、旅游资源条件、交通条件、区域旅游产业发展和村民开发意愿等实际情况，选取 550 个贫困村实施旅游产业扶贫，使贫困对象识别更加精准、扶贫工作更易于开展。2018 年，广西以深度贫困地区为重点，以旅游脱贫攻坚作风建设年和旅游扶贫干部培训年活动为抓手，打好"五场硬仗"，确保旅游资源富集区农村贫困人口减少 115 万人，使 1 450 个贫困村和 14 个贫困县通过旅游业发展实现脱贫摘帽。2019 年，广西召开年度精准帮扶"一户一册一卡"工作电视电话会，强调要重点做好"一册一卡"发放和登记工作，抓好精准帮扶工作，尤其是旅游脱贫攻坚工作，不断激发贫困群众的内生动力，巩固脱贫成果，防止返贫。

三、旅游扶贫机制逐步健全

旅游扶贫的开展离不开机制的保障。近年来，广西民族地区通过不断努力，始终坚持理论与实践相结合，不断探索适合自身发展特色的旅游扶贫机制。

第一，进一步完善了旅游扶贫精准识别机制。为了进一步促进精准扶贫，广西民族地区不断创新，成立了由自治区、市、县、乡等多级别、多层次成员组成的识别队，并且建立可溯责任追查机制，按照谁调查、谁登记、谁审核、谁负责的工作原则，进一步完善了已建立起来的旅游扶贫精准识别机制，并通过识别前的培训、识别中的监督、识别后的反馈，全程确保精准性，使旅游扶贫精准识别机制不断完善。

第二，建立了精准帮扶机制。一方面是建立干部帮扶机制，派遣第一书记入驻每个贫困村，并将帮扶责任落实到人，确保"村村有人帮，户户有人扶"；另一方面是坚持以"因地制宜、分类指导"的精准扶贫观念为民族地区制订具有针对性的产业帮扶计划，同时加强监管扶贫项目的进展情况，通过产业与农户的联结帮助贫困户实现持续性的收入。

第三，进一步完善了旅游扶贫资金管理机制。首先，在旅游资金的筹集方面，广西民族地区开拓了扶贫发展资金、旅游专项资金、县级财政资金和信贷资金等多种方式，并对资金的使用限定范围，如财政专项资金可用不超过50%的资金投入小型公共基础设施建设项目，不得用于发放奖金津贴、支付人工费用等，将资金分配与使用效果相联结，并对扶贫资金实施严密的监督管理，确保专款专用，实现旅游扶贫资金的精准化配置。

第四，建立了较为科学、合理的旅游扶贫绩效考核机制。2016年，广西壮族自治区人民政府正式印发《关于脱贫攻坚旅游业发展实施方案》，该方案提出，将持续实施乡村旅游奖励政策，对新创建、带动贫困人口脱贫成效显著的五星级乡村旅游区奖励100万元，四星级乡村旅游区奖励50万元，五星级农家乐奖励20万元，四星级农家乐奖励10万元，对录用贫困户劳动力的旅游企业按照相关政策给予扶持。此外，该计划还将乡村旅游扶贫列入年度绩效考评范围，以此为契机，广西壮族自治区旅发委、发改委、扶贫办等部门还联合制定了相应的考核、评估标准，对民族地区中的自治区、市、县各级机构及相关人员旅游扶贫工作的具体落实情况进行了检查验收——对其中成绩较为突出的项目给予旅游扶贫项目倾斜支持；而对旅游扶贫工作推进缓慢，工作态度消极的人员、机构和项目，进行通报批评并责令限期整改，情节严重的追究相关责任人的责任。通过推广和实施这一系列有效举措，广西民族地区逐渐建立了科学、合理、有效的旅游扶贫绩效考核机制。

四、旅游扶贫模式更加丰富

在旅游扶贫实践过程中，其模式也得到了不断发展。在广西民族地区旅游扶贫事业得到长足发展的同时，自治区政府也不断总结、探索，归纳出了具有较强普适性的旅游扶贫模式，如政府引导模式、景区帮扶模式、亦农亦旅模式、异地安置模式和城企相助模式等，这些模式是广西民族地区旅游扶贫成效显著、发展迅速的重要原因。除这些普适性旅游扶贫模式之外，本书总结出了具有广西民族地区特色的一些旅游扶贫模式，其中比较具有代表性的有社区参与模式、产业融合模式、扶贫搬迁+景区开发模式、农企合作模式、项目带动模式、企业带动+村寨联盟模式、亦农亦旅+景区帮扶+易地搬迁模式、能人带头模式等（表2-1）。

表2-1　广西民族地区主要旅游扶贫模式

地　区	旅游扶贫模式
德保县	社区参与模式
柳城县	旅游与文化产业融合模式
凌云县	扶贫搬迁+景区开发模式
融水苗族自治县	公司+农场+农户模式
富川瑶族自治县	项目带动模式
龙胜各族自治县	企业带动+村寨联盟模式
金秀瑶族自治县	亦农亦旅+景区帮扶+易地搬迁模式
三江侗族自治县	能人带头模式

第一，社区参与模式。该模式是在政府引导模式的基础上发展而来的。这种模式的特点在于旅游开发主体的多元化，一般由政府牵头，企业经营、社区参与，注重当地居民的参.与和受益。例如，德保县那温村的旅游扶贫开发就是由政府投资制订规划、引导成立合作社，让社员以土地等入股参与管理和分红，这种模式既发挥了政府的统筹协调职能、企业的专业运营能力，又调动了社区居民的积极性。

第二，产业融合模式。该模式是在亦农亦旅模式的基础上发展起来的，不再局限于旅游业和农业的结合，而是以一种创新方式促进旅游与各产业的融合，如旅游与文化产业、旅游与体育产业、旅游与林业等的融合。这种扶贫模式不仅能调动民众的积极性、创造性，还能促进旅游扶贫的全面发展。例如，柳城县旅游与文化产业融合，打造了"禅韵丝缘"景区，2017年该景区作为柳城县第七届蜜桔文化旅游节的主会场，聚集区内外游客6万余人，带动直接消费上千万元。

第三，扶贫搬迁+景区开发模式。该模式是旅投公司采取租赁群众土地、林地等资源进行开发利用，实施易地扶贫搬迁旅游开发项目，按资源占比每年支付租金的方式，使景区及其周边农户通过土地出租获利。例如，凌云县参与扶贫移民搬迁的民众将原有房屋、土地、宅基地交由县旅投公司经营，获取入股分红。此种依托旅游投资公司进行经营分红返利给民众的模式，拓宽了民众收入渠道，真正让民众在家门口吃上"旅游饭"。

第四，农企合作模式。过去的城企相助模式依赖于城市和企业的帮助，如今，随着对旅游扶贫认识的深入，贫困区居民发展旅游的积极性高涨，与旅游公司合作的模式逐渐发展起来，包括"公司＋农场＋农户""公司＋协会""公司＋基地＋农户""协会＋农户""公司＋农户""公司＋合作社＋农户"等各种方式，虽然在各地名称有所不同，但都是公司与农户的直接合作，从而发展出了农企合作模式，农户通过参与公司旅游服务和入股分红等，直接享受旅游发展的红利。例如，融水县苗族自治县、融安县沙子乡石岩屯、三江侗族自治县丹洲古镇、鹿寨县导江乡，已成为乡村旅游脱贫的典范。

第五，在景区帮扶模式的成功示范下，逐渐发展出项目带动模式。这种模式具有"大项目带动大投入，大投入促进大扶贫"的特点，目前在全区范围内已经得到了广泛开展。例如，富川瑶族自治县国际慢城项目建设不仅提高了关注度、知名度，而且盘活了整个县城的旅游资源，极大地提高了政府和村民对旅游扶贫的积极性。

第六，企业带动＋村寨联盟模式。"企业带动"：通过龙头企业对旅游景区进行统一运营，由民众享受景区收益分红、地租收益和劳务收益。"村寨联盟"：地理位置相对集中的村寨组成旅游联合体，形成"一村一品"、统一宣传促销的旅游格局。例如，桂林龙胜各族自治县泗水乡周家村的布尼梯田景区，通过整体打造四季花海梯田，让村民通过出租土地、参与经营、种植花卉、自办旅馆等途径获得收益。另外，五星级乡村旅游区的排坊、细门、三门等区域内6个特色民族村寨的群众，通过依托龙胜至温泉旅游线，开创了农家乐，推出凤鸡翠鸭美食、杨梅枇杷采摘、民族演艺体验和刺绣产品展示等旅游产品，赢得了游客的青睐，也使民众在旅游业发展的过程中提升了自身的收入水平。

第七，亦农亦旅＋景区帮扶＋易地搬迁模式。"亦农亦旅"，即通过农旅结合，以发展现代农业为抓手，因地制宜，大力发展生态观光和体验式农业，形成亦农亦旅良好发展格局；"景区帮扶"，即在实施旅游扶贫中，让农民通过景区发展的带动帮扶，学会技术、学会经营，实现由"输血式"扶贫向"造血式"旅游扶贫过渡；"易地搬迁"，即将居住在不宜居住地方的贫困群众搬迁安置到其他区域，通过改善安置区的生产生活条件、调整经济结构和拓展增收渠道，帮助搬迁人口逐步脱贫致富。例如，金秀瑶族自治县通过"亦旅亦农""景区帮扶""公司帮扶"等乡村旅游开发模式，全面推进了贫困村的旅游精准扶贫工作。同时，鼓励群众将特色种养业、特色餐饮、瑶医药与旅游业联动发展，既延伸了乡村旅游产业链，又丰富了特色旅游产品，增加了贫困民众的收入。2016年，全县共接待游客354.1万人次，旅游总消费26.1亿元；2017年，全县接待游客352.7万人次，旅游总消费28.8亿元。

第八，能人带头模式。例如，柳州通过"十大旅游扶贫带头人"评选和"旅游嘉年华旅游扶贫推介活动"，发挥乡村旅游能人、第一书记示范引领作用。例如，三江侗族自治县高友村、融水苗族自治县七彩农场示范区，通过能人带头模式发展旅游脱贫，其中融水苗族自治县七彩农场创造就业岗位近100个，带动37户贫困户脱贫。

五、旅游扶贫资金投入增多

旅游扶贫离不开资金的投入。为了深入开展旅游扶贫，近年来广西民族地区通过以下途径积极争取扶贫资金投入。

一是持续增加广西民族地区旅游发展专项资金的投入。2011—2014年，自治区旅游发展委员会安排了约2.7亿元专项资金用于民族地区旅游公共服务设施建设；2015—2016年，安排旅游发展专项资金近3亿元扶持重点乡村旅游区和旅游点的发展。同时，为了营造有利于扶贫工作开展的良好发展环境，促进旅游扶贫的深入发展，2014年广西民族地区开展了旅游扶贫合作试点工作。三江侗族自治县、龙胜各族自治县、巴马瑶族自治县、金秀瑶族自治县等10个少数民族聚居县被确定为广西民族地区旅游扶贫合作试点，每个县获财政专项扶贫资金200万元，用于整体推进全县旅游产业发展。2015年，广西民族地区又安排了1.75亿元支持上林、三江、巴马等25个贫困县的38个旅游项目的建设。2016年，自治区旅游发展委员会从旅游发展资金中安排近1.77亿元用于54个贫困县旅游公共服务设施建设。2017年，广西在旅游发展专项资金中安排2.894亿元，用于支持54个贫困县推进旅游扶贫开发；同时安排2 000万元，奖励新创建的广西星级乡村旅游区。2018年，广西壮族自治区财政厅提前下达2018年自治区旅游发展专项资金3.6亿元，其中安排旅游扶贫资金2.4亿元，主攻旅游扶贫重点区域、重大项目、定点扶贫、年度脱贫县和摘帽贫困村等5个方向。2019年，文化和旅游厅重点关注革命老区、边境地区、石漠化地区以及4个极度贫困县和20个深度贫困县，全年共投入文化事业经费 2.7 亿元和旅游发展专项资金 2.2 亿元，以全力开展文化和旅游脱贫攻坚战。

二是不断争取中央财政有关扶贫资金支持。近年来，广西民族地区在不断加大旅游专项扶贫资金支持的同时，还从多方面筹集资金，在资金投入实现主体多元化之外，不断争取外来资金投入。例如，2016 年自治区发改委争取中央专项资金约 4.3 亿元，用于支持民族地区旅游景点基础设施建设。2018 年，国家发展改革委拟在"三区三州"等深度贫困地区增补一批旅游基础设施和公共服务设施建设项目纳入"十三五"时期文化旅游提升工程实施方案项目储备库，而广西共有 14 个县增补纳入国家旅游基础设施和公共服务设施"十三五"规划中，列入了国家旅游基础设施和公共服务设施增补县名单，这些县在"十三五"期间获得了数亿元中央预算内资金支持，以提升旅游接待能力和服务水平，带动当地居民就业增收和脱贫致富。2019 年，广西争取国家旅游发展基金 2 500 万元，支持贫困地区建设旅游厕所 323 座。

三是基层旅游扶贫财政资金不断增多，每年各市县按照自治区旅游扶贫资金的投放比例不断加大投入力度。近年来，广西民族地区发展旅游扶贫，不断以重大项目为依托。据不完全统计，2015 年广西共保障 59 个自治区领导联系推进旅游重大项目用地 1 490.73 公顷，安排近 2 亿元旅游发展专项资金支持旅游重大项目建设，累计完成投资 155.96 亿元，有力促进了广西民族地区旅游转型升级和旅游扶贫深入开展。2016 年，6 个广西特色旅游名县（全域旅游示范区创建县）推进 90 个旅游项目建设，完成投资达 39.07 亿元；20 个创建县，推进 345 个旅游项目建设，完成投资 334.4 亿元。其中，南丹县取得了较为瞩目的成绩，该县自 2013 年以来投资 4 亿多元实施旅游扶贫富民工程，直接带动 780 多个贫困户 4 000 多人脱贫。2016 年年底，自治区财政厅会同自治区旅游发展委员会下拨 2016 年贫困村旅游扶贫规划公益行动专项资金 300 万元，用于支持广西 150 个具有发展乡村旅游基础、有一定示范带动作用的贫困村借助政府及专业机构的力量，编制乡村旅游规划，规范有序地开展乡村旅游。2017 年，广西旅游全面实施"十三五"规划，加大旅游扶贫力度，安排自治区旅游发展专项资金 2 亿元，以创建特色旅游名县和国家全域旅游示范区为抓手，重点推动桂东、桂东南、桂西南、桂西、桂北、环首府等六大片区旅游扶贫开发，打造多条乡村旅游精品线路，促进 54 个贫困县通过旅游开发实现脱贫增收。

四是开展小额贷款。自治区每年从旅游发展专项资金中安排资金扶持贫困村旅游扶贫项目建设，鼓励贫困村旅游开发经营户开展小额融资，对符合条件的建档立卡贫困户给予 5 万元以下、3 年以内，免担保、免抵押的生产性贷款，按人民银行基准利率全额贴息。2016年，为了破解资金难题，贺州市推进小额信贷工作，全市完成评级授信贫困户6.4万户，累计放款13.5亿元，为民族地区的贫困户发展乡村旅游提供了资金支持。截至2017年，全区扶贫小额信贷发放量新增32.17亿元，户均贷款4.58万元，全区扶贫小额信贷的发放量和获贷率均处于全国"第一梯队"。

五是农民入股。近年来，随着旅游扶贫的开展，农民的积极性高涨，纷纷通过旅游合作社、土地入股、资金入股等多种方式参与旅游开发，促进了民族地区旅游扶贫资金投入的增多。例如，王尚屯白裤瑶生态旅游农民专业合作社由南丹县歌娅思谷景区内王尚屯群众注册成立。合作社以王尚屯白裤瑶民族村寨、民族工艺传承基地及民俗演艺等资源入股当地旅游景区，共同开发旅游资源，实现了脱贫致富。王尚屯贫困村村民通过旅游就业，人均年收入从2012年的2 880元提高到2015年的1.7万元，实现92户375人脱贫，脱贫率达98%。2017年，广西龙州县推出贫困户以扶贫小额贷款或产业以奖代补形式，扶持资金入股旅游小商品企业，有效促进了贫困地区旅游扶贫效益范围的扩大。

六、旅游脱贫人口日益增加

经过多年努力，广西贫困人口显著下降。"十二五"期间，全区的扶贫开发事业取得显著进展，全区贫困人口从2010年年底的1 012万人减少到2015年的452万人，5年共减少了560万人。2016年，111万贫困人口达到自治区脱贫认定的"八有一超"标准，摘掉了"贫困帽"，使自治区脱贫人口比上年增加23万人，减贫速度（减贫人口占上年贫困人口的比重）比上年提高9个百分点。凭借111万脱贫人口，广西成为2016年全国脱贫人数最多的省份。2017年，广西减少贫困人口95万人，减贫速度27.8%，同比加快2.8%，贫困发生率5.7%，同比下降2.2%，实现了1 056个贫困村出列。2018年，广西全区实现了116万建档立卡贫困人口脱贫、1 452个贫困村出列。2019年是打赢脱贫攻坚战、全面建成小康社会的决定性之年，广西完成了105万建档立卡贫困人口脱贫、1 150个贫困村出列、21个贫困县摘帽的总目标。这是广西扶贫取得的重大成就，其中不乏民族地区旅游扶贫起到的巨大推动作用。

近年来，广西民族地区以政府主导推动、市场主体开发、全民主动参与及产业融合"四位一体"的旅游扶贫开发工作模式，将潜在的发展优势转化为经济优势。据国家统计局广西调查总队的调查，2015年11月，南宁、柳州、桂林、河池、百色、来宾、崇左7市51个民族地区的乡村旅游扶贫重点村的

3.35万户中，从事乡村旅游的有3 740户，户均旅游收益3.67万元，带动了广西2015年2.92万户11.7万贫困人口脱贫，获得了国家领导人和全国政协旅游扶贫重点提案跟踪督办调研组的肯定。另据统计，"十二五"期间，广西民族地区通过旅游扶贫的乘数效应实现脱贫的人数总计近73.32万，约占全区脱贫人口的13%。在"十三五"期间，广西创建休闲农业与乡村旅游示范点263家，其中，114家在贫困县。5年来，广西全区乡村旅游共接待游客12.99亿人次，实现旅游消费8 620.74亿元。现今，广西已取得脱贫攻坚胜利的重大成果。

七、旅游扶贫综合效益明显

广西民族地区大力开展的旅游扶贫工作综合效益显著，不仅有效促进了广西地方经济的繁荣发展，为广西人民提供了大量就业机会，帮助大量贫困人口实现脱贫致富的目标，还有效带动了其他产业的发展，促进了社会进步和人民思想认识水平的提高，综合效益明显。其主要表现在以下5个方面：

在旅游经济收益方面，根据世界旅游组织相关研究结论，旅游直接收入能够有效增加当地的经济总量，有效提升人均收入，广西民族地区旅游扶贫工作也不例外。2011—2015年，广西民族地区大力发展乡村旅游和发展旅游扶贫，使1 000余万农民直接和间接受益，人年均增收达576元。

在乡村旅游游客接待数量方面（图2-1和图2-2），2015年全区乡村旅游接待游客约1.39亿人次，占全区接待游客量的42.98%；乡村旅游总消费约803.15亿元，占全区旅游总消费25.8%。2016年全区乡村旅游接待游客约1.56亿人次，占全区接待游客量的43.17%；乡村旅游消费约1 036亿元，约占全区旅游总消费的25.9%；乡村旅游接待游客和乡村旅游消费同比分别增加约0.17亿人次、232.85亿元，同比分别增长12.2%、29%。2017年全区乡村旅游接待游客约2.35亿人次；乡村旅游消费约1 506.70亿元，约占全区旅游总消费的27%。同时，广西通过乡村旅游扶贫辐射带动142个旅游扶贫村脱贫摘帽，带动约3.3万户14.71万贫困人口脱贫。2018年，广西乡村旅游接待游客约3.08亿人次，同比增长约31%；乡村旅游消费约2 064.17亿元，同比增长约37%。贫困人口越来越多地享受到旅游快速发展带来的红利。

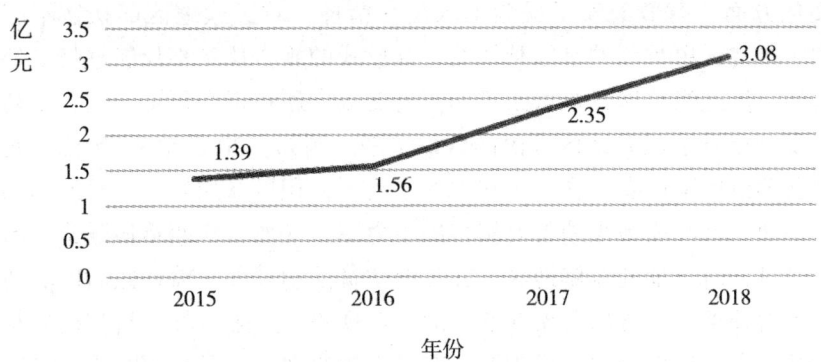

图 2-1 2015—2018 年广西乡村旅游游客接待数量（单位：亿人次）

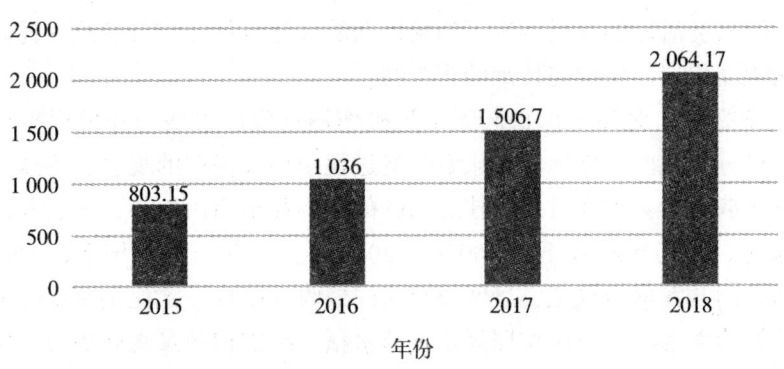

图 2-2 2015—2018 年广西乡村旅游消费情况（单位：亿元）

在旅游设施建设及人民就业增收方面，"十三五"以来，广西成功创建全国乡村旅游重点村 40 个，四星级以上乡村旅游区（农家乐）667 家，自治区级以上森林康养基地 35 个，自治区级以上田园综合体 7 个，全区乡村旅游共接待游客约 12.99 亿人次，乡村旅游消费约 8 620.74 亿元。阳朔通过大力引导景区因地制宜开设扶贫车间 12 家，吸纳贫困户就业 137 人，实现贫困户人均年收入 3 万元；积极探索共享模式，组织发动 23 个贫困村入股漓江景区、遇龙河景区等经济实体，2020 年实现 23 个贫困村集体收入平均超过 10 万元。另外，贺州市 2020 年通过线路引客推动乡村旅游高质量发展，带动三县两区 3 650 户、1.26 万人脱贫致富。乐业县大石围景区 2020 年带动 200 多位贫困人口就业，每人每年增收约 1.2 万元。在景区入股的 470 户贫困户共获得红利资金 607 万元，随着创建国家"5A"级景区工作不断推进，后续还将提供 200 个就业岗位。

在文化方面，有效充实了民族地区民众精神。对民族地区的扶贫不应仅仅关注物质扶贫，更重要的是精神扶贫。开放式的旅游扶贫不仅能够带来外界的最新消息，促进当地居民与旅游者的沟通交流，还在很大程度上契合了精神扶贫的需要，提升了民族地区人民的认识水平。例如，20世纪90年代的龙胜各族自治县黄洛瑶寨妇女，在旅游扶贫的带动下，积极参加妇女扫盲班和妇女成人夜校，如今已经成为当地旅游接待的主力军。又如，广西恭城瑶族自治县莲花镇红岩村，由于地处偏僻地区，在旅游扶贫活动开展之前社区居民的精神文化生活较为匮乏，时常出现聚众赌博的不良现象；后来，红岩村积极参与到旅游扶贫开发中，村里的文化风貌开始有了大幅改观，乡风日渐文明，村民之间的相处变得融洽，村里还自发组织了自己的文艺宣传队，编排具有瑶族特色的文化歌，不仅扩大了当地少数民族文化的影响力，也增强了当地居民的文化自信。旅游扶贫活动的开展激发了当地民众的文化自信心和自豪感，提高了他们对本民族文化遗产保护与传承的积极性。

在生态方面，对环境保护起到了积极作用。旅游发展与环境保护相互依存、密不可分。广西民族地区在旅游扶贫过程中环境保护的观念也逐渐得到加强。龙胜各族自治县大寨村地处桂北山区的高山和半高山地带，过去种田是唯一收入来源，人均年收入不足700元。2003年，在政府的引导下，大寨村与旅游公司共同开发梯田景区，景区每年从门票收入中按一定比例拿出资金作为梯田维护费给大寨村，村民按照规定种植水稻，维护梯田景观和周边的生态环境。2015年，大寨村游客接待量突破46万人次，村民人均年收入达到7 800元。2016年，大寨村民年终旅游分红共500万元，最多的一户领到4.35万元，村民的收入发生了翻天覆地的变化。随着旅游业的深入发展，在村民的收入持续增加的同时，其生态环境保护意识也不断得到增强，切身体会到了"绿水青山就是金山银山"的真正内涵。在社会各界的不断努力下，广西民族地区2014年新增国家生态旅游示范区1家、自治区级生态旅游示范区7家、森林人家15个，推进了旅游和生态保护的结合。2018年，广西柳州等地区通过升级现代农业生态旅游示范区，使旅游扶贫产业融合效益得到凸显。旅游扶贫作为一项扶贫产业，在开展的过程中也促进了其他产业的发展与融合，如观赏园、采摘园等的发展带动了种植业的发展，湿地生态环境观光、垂钓和捕捞等带动了水产畜牧业的发展，这些都充分体现了旅游扶贫的生态综合效益。

八、居民思想认识逐渐提升

旅游扶贫能实现对民族地区旅游资源进行系统、科学、合理的开发利用这一目标，进而带动民族地区社会进步、经济发展，同时能有效促进当地居民思想认识水平的提升。社区居民思想认识水平提高，就有利于旅游扶贫的进一步深入与发展。

从广西民族地区旅游业发展的历史经验来看，广西经历过许多波折和坎坷。在20世纪末国内外旅游业快速发展阶段，广西在国家旅游发展战略的指导下，高度重视旅游业的生存与发展，大力发展旅游业，也开始在我国扶贫开发工作中初露峥嵘。但广西在旅游扶贫事业发展过程中，也曾经面临着诸多困难，其中遭遇的最大困难就是民众的思想认识问题。在早期旅游扶贫事业发展过程中，除了龙胜、融水等县积极把握机遇、大力发展旅游业外，许多民族地区、贫困人口对其持否定或观望态度，甚至觉得从事旅游业是不务正业的表现。然而，随着广西民族地区旅游扶贫事业的发展，扶贫效果初显，也产生了良好的辐射效果，各级政府和民族地区人民对旅游扶贫开始有了全新的认识。因此，在政府的指导下，旅游扶贫工作开始在全区范围内有组织、有规划地开展起来。随着旅游扶贫项目的发展，与以前"等、靠、要"政府资金扶持的单一模式相比，广西民族地区的贫困人口开始关注自身的能力建设，并希望获得更多的知识技能、就业信息、创业指导等有利于自身可持续脱贫的支持和帮助，这说明旅游扶贫极大地调动了民族地区脱贫致富的主观能动性，使农民不仅学习先进经验，主动发展旅游业，还学起了英语，以适应外国游客日益增多的需求。随着旅游扶贫的深入开展，贫困人口不仅积极参与，更主动发挥创造性，在这种发展态势下，广西区多地不断涌现旅游扶贫的成功案例。如表2-2所示，广西壮族自治区百色、河池、柳州、桂林、贺州、来宾等地的贫困居民在政府"精准扶贫"政策的推动下，其思想观念在转变前与转变后有较为明显的区别，思想转变后眼界更加开阔，对自身素质也有了更高的要求，有效促进了当地旅游扶贫成效的提升。

表2-2 广西民族地区贫困居民思想提升案例

地 区	贫困居民思想转变前	贫困居民思想转变后	思想提升后的扶贫成效
凌云县	不肯踏出旅游扶贫第一步，担心扶贫开发损失更大	不断创新扶贫开发思路，探索"精准扶贫、旅游富农"新模式	采用"扶贫搬迁＋景区开发"模式，实现当地旅游脱贫
都安瑶族自治县三只羊乡	"留守派"	"搬迁派"	实施易地搬迁，按规划、分年度、有计划地组织实施并配套多种政策措施，帮助贫困人口就业、发展产业

续表

地区	贫困居民思想转变前	贫困居民思想转变后	思想提升后的扶贫成效
凌云县浩坤村	"等政府带动""靠政府支持"的思想较严重	利用自身优势，自主发展旅游	全村农家乐、客栈、民宿等达40多家，35名当地群众进入旅游投资公司工作，如为公司开船、驾车、做环卫工人等，2017年全村人均纯收入达到6 615元
柳城县凤山镇	认为脱贫十分艰难，目前做的都是"无用功"	动脑子，动资源，行动起来，离致富越来越近	利用旅游资源推动当地脱贫，以桑蚕资源综合开发利用为主导产业，采用"公司+农场+农户"模式，打造集休闲娱乐、度假运动、探古寻幽和农业观光于一体的"禅韵丝缘"景区
桂林平乐县	扶贫工作难度较大，政府支持力量有限	扶贫先扶志，要有"志气"才能脱贫	采用"企业带动+村寨联盟""产业+就业"模式，改"输血"为"造血"
富川瑶族自治县	小农思想较为严重	不安于现状，希望通过旅游扶贫实现更高的生活收入和生活水平	采用"农旅结合+入股分红+乐活休闲"的旅游扶贫模式，带动当地旅游资源价值的发挥，为当地贫困户提供更多就业、创业的思路
金秀瑶族自治县	不肯进行易地搬迁	紧跟政府引导进行易地搬迁	采用"亦农亦旅+景区帮扶+易地搬迁"模式，实现当地农业资源与旅游资源的综合利用，带动就业

第二节 广西民族地区旅游扶贫存在的问题

一、民族地区旅游基础设施仍不完善

广西地处我国东南部，是众多少数民族聚居地，由于历史、地理等客观因素，经济发展相对落后，贫困面积相对较大，与发达地区相比，旅游基础设施建设仍然不完善。其主要体现在3个层面：一是交通设施较落后。民族地区复杂的地形条件，致使航空、铁路、水运、公路在民族地区的覆盖率较低。目前，缺乏立体的交通网络仍是制约民族地区旅游业快速发展的首要瓶颈。特别是罗城仫佬族自治县、那坡县、巴马瑶族自治县、都安瑶族自治县、大化瑶族自治县等偏远民族地区，地形结构复杂，山地崎岖，交通条件较差，铁路建设与公路建设的成本巨大，不利于旅游目的地立体交通网络的建设。例如，上林县"岭南状元村"景区，早期发展过程中只有一条二级公路通往该景区，没有其他交通可以替代，交通十分不便，遇上旅游高峰期时，交通几乎陷入瘫痪状态，对景区发展十分不利。二是民族地区水利设施建设较落后，水利工程规划不尽合理。由于地形地势及资金匮乏等原因，巴马瑶族自治县、田东县等地的部分贫困村尚未开通自来水服务，依旧沿用古老的水井供水，延缓了生活基础设施发展的步伐，不利于旅游业的发展。三是旅游目的地的基础配套设施不完善问题比较突出。一般来说，旅游目的地应具备包括吃、住、行、游、购、娱在内的服务体系，而民族地区由于开发程度低、资金匮乏，大部分地区的网络、环卫、住宿、餐饮等公共服务设施配套仍有待完善，加之旅游服务专业人才短缺，严重削弱了当地的旅游接待能力，导致旅游服务质量不高，严重影响了民族地区旅游业的可持续发展。

二、旅游扶贫资金使用效率较低

长期以来，广西民族地区扶贫资金普遍难以形成合力，资金使用效率较低，存在扶贫项目审批程序复杂的情况，甚至出现资金错用、浪费等现象。旅游扶贫资金需精准利用才能达到扶贫效果。第一，旅游扶贫项目审批往往需要半年或更长的时间，加上旅游扶贫项目实施周期较长，且项目从立项到资金到位所需的时间也比较长，导致资金使用效率低下。第二，广西部分民族地区虽投入了开发资金，但由于决策失误、开发不力，致使贫困面貌依旧。例如，广西马山县将扶贫资金用到了"扶富"上，造成旅游扶贫资金浪费，使扶贫资金没有发挥应有的效用。因此，科学的资金使用效率评估是将旅游扶贫资金用到刀刃上的关键。第三，政府部门重视程度不足，政府作为精准扶贫工作的主导者，应重视扶贫资金的使用效率，确保扶贫资金发挥其实际效用。目前，虽然政府部门和金融部门已向民族地区输入旅游扶贫资金，但某些民族地区信息闭塞，难以准确把握市场发展趋势，导致资金使用效果并不明显。第四，旅游扶贫资金监管不到位。例如，马山县扶贫资金使用不当，甚至出现扶贫专款浪费的现象，也是由地方监管不到位、资金使用程序不透明导致的。因此，加强扶贫资金使用效率的评估，有利于各级政府主管部门正确掌握扶贫资金用到哪、怎么用、效果如何等情况，从而有利于对扶贫资金进行有效的监督和管理，及时发现问题，提高扶贫资金使用效率。

三、旅游扶贫理念与目标不够明确

旅游扶贫的终极目标是使贫困人口共享旅游业发展效益并实现民族地区经济的可持续发展，其是一种借助旅游经济增强民族地区"造血"功能的开发式扶贫。民族地区丰富的旅游资源是旅游开发的重要载体，要想写好精准扶贫新篇章，民族地区需重新审视和明确扶贫理念与目标。当前，广西对扶贫的理念与目标还缺乏统筹的概念。一方面，政府的宏观引导存在一定偏差。贫困人口参与旅游扶贫是实现旅游扶贫目标的前提，让贫困人口受益是旅游扶贫的实质意义；不少民族地区仅具备要发展旅游业的理念，却缺乏扶贫行动"从民做起"、扶贫成果"共享于民"的理念。各市、县以多种形式发展旅游，对民族地区的农家乐、休闲村、"长寿乡"等投入大量资金，虽取得了一定的成效，但缺乏合理的民众参与机制和利益分配机制，贫困人口自主脱贫的理念尚未深入民心，加之贫困人口从旅游项目中获益较少，因而未能从根本上扶贫。另一方面，政府片面追求经济，忽视了经济、社会和环境三者的协调统一。广西民族地区旅游扶贫应以带动当地群众脱贫致富、持续提高民族地区人民生活水平为宗旨。一些地区片面追求经济指标，加上受利益驱使，在旅游扶贫实际操作过程中，较少涉及环境保护、社会和谐等方面的内容；一些民族地区在旅游开发中搞各种各样的旅游规划，兴修多种多样的度假建筑，对环境的保护不够重视。可见，如果对民族地区生态环境承载力欠缺考虑，一味追求经济发展，最终将出现不可持续的经济发展，甚至导致民族地区更加贫穷。所以，民族地区必须重新审视和明确扶贫的理念与目标，统筹经济、环境和社会发展三要素，让扶贫成果惠及民众，让旅游扶贫走可持续发展之路，促进民族地区旅游扶贫通过"量"的增长来实现旅游富民"质"的飞跃。

四、旅游扶贫的渠道与模式缺乏创新

旅游扶贫的渠道与模式确定主要取决于政府的支持力度和非政府参与意愿等，但旅游扶贫模式的有效与否关键在于能否让民族地区贫困人口从中受益，促进民族地区经济的可持续发展。目前，广西缺乏有效的旅游扶贫渠道与模式，旅游扶贫效果有待进一步提升，这主要体现在以下几个方面：

第一，广西民族地区现有的旅游扶贫渠道和模式侧重对资源的包装和宣传，缺乏对民族文化价值的深入挖掘。部分民族地区旅游扶贫集中在对现有的饮食、服饰、建筑等资源进行二次开发，缺乏民众参与度强、特色鲜明、产品创新性高的旅游扶贫模式和渠道。例如，广西巴马的长寿仁寿源民俗村景区在旅游扶贫过程中，注重对当地房屋的外在造型进行改造，以农家乐、仁寿餐馆等大众形式为游客提供服务；部分民众为吸引游客，通过出租瑶族服饰拍纪念照赚取一定的费用，但这些模式仅仅流于表面，缺乏对瑶族文化内涵的充分挖掘，难以吸引回头客，经济收益逐渐下降，削减了当地村民参与旅游事业的积极性，不利于旅游扶贫的可持续发展。

第二，民族地区旅游扶贫主要采取自上而下的政府主导模式，缺少自下而上的利益表达机制。贫困人口是最了解当地情况的主体，旅游扶贫开发渠道和模式的设计应当多尊重民众的意愿，只有尊重民众意愿，才会使旅游扶贫渠道和模式更加切实可行。而部分贫困地区贫困人口权益未得到社会重视，导致旅游扶贫社会合力较弱，扶贫模式和渠道相对传统。

第三，旅游扶贫渠道和模式的"克隆"现象屡见不鲜。广西一些民族地区的旅游扶贫简单复制其他旅游景区模式，如打造休闲度假村、修建农家乐园等，缺乏对当地特色资源的充分利用及文化内涵的挖掘，当地村民参与的互动性不强。

从总体来看，旅游扶贫的开发模式与渠道是基于扶贫理念和目标而设定的，不仅要从体制上创新，更应充分挖掘民族地区的旅游资源，在发展多元化旅游扶贫模式的基础上重视旅游扶贫的可持续发展，从根本上带动贫困人口脱贫致富。

五、群众的自我发展与"造血"能力亟待提升

从根本上讲，旅游扶贫应通过"素质扶贫"提升民族地区贫困人口在思想、文化、技能等方面的知识和能力，从思想上提高贫困人口自我脱贫的主观能动性，培养一批民族地区经济发展的能动主体，这样才能提升民族地区群众的自我发展与"造血"功能。

目前，广西壮族自治区在贫困群众的自我发展和自身"造血"能力仍有待提升。首先，民族地区部分贫困群众的素质较低。在民族地区旅游扶贫过程中需要大量服务型人才，特别是熟悉当地民俗文化的旅游专业人才。但民族地区部分群众受教育程度较低，管理知识与技能欠缺，加上长期生活在当地，缺乏开阔的视野和广泛的旅游发展经验，未能参与旅游扶贫事业，无法充分发

挥群众自身的优势作用，这使得政府难以构建民族地区的旅游产业链，阻碍了"旅农"互动发展。其次，部分贫困群众通过旅游开发自我脱贫的意识淡薄，对政府的依赖性较大。贫困人口落后的思想观念使旅游业总体上处于落后状态。长期以来，国家在这些地区投入了大量的人力、物力和财力进行扶贫，但成效并不显著。由于民族地区部分贫困人口尚未完全建立自我脱贫的意识，"等、靠、要"观念依旧存在，旅游项目开发的抗风险能力较弱，完全依赖政府扶持，不敢迈出"自我脱贫"的关键一步。例如，广西上林县虽长期以来都受到国家的扶贫资助，但当地贫困人口自我发展的主观能动性较弱，对于旅游项目的开发存在过多的顾虑，因而索性等待政府安排，致使旅游业发展长期处于"发展滞缓，效益低下"的发展态势，制约了民族地区旅游业的发展。最后，政府对群众"造血"式脱贫的引导仍需加强。要想让贫困人口真正从旅游扶贫中受益，政府应当发挥主导作用，加强对贫困人口知识、技能等素质的培训，并不断完善利益分配机制，以更好地促进民族地区的旅游扶贫取得实质性进展。

六、"运动式"旅游扶贫现象仍然存在

长远的政治目标和持续的政策执行力是实现民族地区旅游扶贫可持续发展的关键。我国旅游扶贫经历了20多年的发展，"运动式"旅游扶贫现象依然存在，因此旅游扶贫面临着新的挑战。

在广西民族地区，"运动式"旅游扶贫主要体现在两方面：一方面，旅游扶贫效果不长久，返贫现象依然存在。目前，旅游扶贫在政府主导下取得了一定成效，但大部分地区仍然依赖政府的监管，政府监督及时效果就明显，"自上而下"的扶贫形式较为突出，个别地区为应付上级检查而人为地制造一些"扶贫形象工程"，导致民众的自主参与性不高。例如，2012年广西巴马瑶族自治县在政府的支持下大力发展以休闲养老为主题的旅游项目，如长寿水晶宫、巴马长寿村等，虽然景区附近的贫困人口有了一定的旅游收入，生活水平有所提高，但片面强调旅游指标而忽略社会及环境效益的做法引发了环境污染、景区秩序混乱、旅游人数下降等问题，贫困问题依然存在。另一方面，旅游扶贫不系统，产业带动效应不佳。这主要表现在以下层面：一是扶贫产业不系统，民族地区旅游扶贫大都依托地区资源发展特色旅游项目，往往忽视了从上到下踏踏实实搞扶贫的系统组织，加之项目建设过程中仅仅注重某项目的建设，未将与旅游项目相关的人力资源、产品加工、服务设施、环境治理等加以系统考虑，忽略了产业联动效应，以至于旅游项目搞起来了，游客数量却没

有上升，扶贫效果并不明显；二是扶贫地区不系统，政府扶贫本应从市、县、镇、乡、村、屯层层落实，步步到位，但实际过程中，一些地方政府的监管机制尚未完善，扶贫工作不全面，疏忽了某些村屯的旅游扶贫工作。因此，广西亟须采取行动纠正此类"运动式"旅游扶贫，切实加强政府的主导和从上至下的组织合力，同时统筹行业联动，激发从下至上的扶贫向心力，达成旅游与扶贫的良性互动循环。

第三节　广西民族地区旅游扶贫深入推进的制约因素

广西地处祖国西南边陲，经济发展相对滞后，贫困人口较多，贫困区域较广，因此在全面打赢脱贫攻坚战后，巩固脱贫成果的任务仍非常艰巨。根据对广西民族地区旅游扶贫的实地调研、现状调查与综合分析，笔者将导致旅游扶贫工作难以深入推进的主要因素概括为以下5个方面。

一、旅游扶贫发展意识缺乏

广西民族地区旅游扶贫工作的重点区域主要是广大农村地区，而农村地区的旅游业起步较晚，政府主导占大部分，村民自我性与功利性较强，缺乏一定的公共服务意识、大局意识，不利于统一服务标准和产业综合水平的提升。一些贫困群众缺乏自我管理和自我发展能力，文化素质有待提高，观念有待更新；许多民族地区的特色民族文化旅游资源优势未能充分体现，区域民族文化旅游产业还没有做大做强。

从调研的结果来看，广西民族地区旅游扶贫工作主要以桂西、桂西南、桂北、桂东、桂东南和环南宁六大旅游扶贫片区为重点，旨在通过强化各区域间的开发，实现连片特困地区旅游扶贫和地区社会经济发展。但通过与该区域内各级政府、企业与民众的接触、交流等实地调研过程来看，其中仍存在一些问题：一是存在较强的小农意识、自我意识和功利意识，安于现状和追求短期利益等现象还比较严重。笔者在某贫困县实地调研中，问某县负责旅游发展的一位官员"你们是否考虑把旅游业的发展作为贫困户脱贫的有效途径？"时，他认为旅游业发展投入资金大、发展时间长，成效难以在短时间内体现。二是贫困人口参与程度较低、参与主动性不强。旅游扶贫的具体实践和运作更多的是针对扶贫项目的运作要求和完成上级政府下达的硬性指标，而贫困人口由于技术、资金、观念和相关知识的缺乏，在参与旅游扶贫项目的过程中往往成为被动接受的主体，缺乏主观能动性的发挥和真实意愿的表达。笔者在一些县区贫困村开展实地调研时，对多名贫困人员进行访谈发现，仍有一些贫困人员表示不知道旅游扶贫是什么，并认为跟他们好像没有太大关系。此外，政府在旅游项目开发过程中没有充分利用民众的力量和智慧，没有给贫困民众提供一个良好的展现自身才华的平台，未能让贫困群众意识到自己才是扶贫开发的主体，导致贫困民众参与旅游扶贫的意识缺乏，旅游扶贫工作开展难度不言而喻。

二、旅游扶贫管理体制制约

一方面，旅游管理体制改革给广西民族地区旅游扶贫管理体制带来了一定的影响。从实地调查过程和结果来看，随着国家加快行政管理体制改革，广西旅游管理体制也出现合并的新变化，许多市、县的旅游管理部门因行政体制改革而被合并在其他部门，专门从事旅游管理的在编人员极其有限，致使旅游行政职能被弱化和边缘化，无法对各相关区域的旅游业实施有效管理。一些县（区）旅游管理部门与文化、体育、广播电视、新闻出版等部门合并为一个部门，甚至还有旅游管理部门被弱化为产业办公室等，导致市级、县级、乡镇级的旅游管理、服务与行政部门直接受到多个上级部门的领导，不仅管理运行成本增加，而且旅游管理职能大幅度弱化。因此，旅游管理体制不顺、机制不灵活，一定程度上制约了广西民族地区旅游扶贫工作的健康快速发展。

另一方面，扶贫管理体制不协调给旅游扶贫管理体制带来了一定的影响。毫无疑问，扶贫是广西壮族自治区政府责无旁贷的任务。通常情况下，广西壮族自治区政府在广西民族地区旅游扶贫市场主导、宏观调控、区域引导、人才管理等方面扮演着重要的角色。但是在广西民族地区旅游扶贫工作中，政府主导太多、权力太大，并且缺乏相应的监督制衡机制，弱化了市场及其他社会力量的作用，因此政府要从长期居于"主导"的地位转变为"向导（引导）""指导（疏导）""督导"与"辅导"地位。另外，广西民族地区旅游扶贫工作往往涉及多个管理部门和多个行业，已经远超出了单个部门的协调能力和权限，这为管理方面带来了许多问题，如决策管理主体多元、权力配置相互交叉等，某种程度上会导致政府部门政务公开不透明、旅游扶贫缺乏群众监督问题的出现。

此外，旅游扶贫参与机制的不完整制约着广西民族地区旅游扶贫管理体制的建设。从广西民族地区旅游扶贫的实际情况可以看出，旅游扶贫是一项庞大的、系统性的社会工程，其目标的实现离不开广西社会各阶层的共同参与，尤其离不开广西的各级政府、贫困人口、旅游企业及社会团体等参与主体的共同努力。但广西民族地区旅游扶贫参与的实际情况却存在一些问题：第一，旅游扶贫贫困人口参与程度不高。其具体表现为部分贫困县贫困人口被排斥在当地旅游扶贫项目外，旅游扶贫招商与项目选择并非基于贫困村、户、人口利益诉求，贫困人口在旅游扶贫过程中并未受到区别对待，缺乏话语权，有关旅游扶贫项目的决策、实施、验收等环节缺乏贫困人口参与，从而无法保证决策的公平、公正和实施过程的公开、透明及旅游扶贫工作的高效。在调研过程中，笔者发现在一些民族地区，旅游扶贫项目被当作政府部门追求政绩的手段，旅游扶贫资源偏离了原有轨道，这不但会对贫困人口的广泛参与造成影响，而且不利于贫困信息的真实反馈。第二，社会团体在广西民族地区旅游扶贫过程中的参与程度不高。由于目前广西缺乏横向的社会参与机制、相应的法律规范及制度保障，各类社会团体未能广泛参与旅游扶贫，旅游扶贫难以有效调动社会各界的力量，因此势单力薄、资源不足。

三、旅游扶贫基础与服务设施建设薄弱

旅游扶贫是"造血式"扶贫，是带动范围、参与范围最为广泛的扶贫方式。广西实行旅游扶贫战略的贫困县、村大部分都属于国家和自治区级贫困县、贫困村，这些民族地区基础设施相对落后，特别是交通不便，游客可进入性差，交通安全性差，旅游资源难以开发利用，严重制约旅游扶贫产业的发展，这是该区域旅游发展的首要障碍。近年来，虽然在国家、自治区的大力资助和扶持下，广西不断加大对农村公路建设的投入力度，农村交通状况得到极大改善，有利于这些地区开展旅游活动，使游客可以"进得去、出得来、散得开"，为实现旅游扶贫开发提供了有利条件，但由于广西整体经济发展相对较缓慢，贫困区域还比较广，尽管部分市、县、村旅游基础设施得到了一定的改善，但还有许多县、村、旅游景区的连接主干交通的条件还相对较差，交通设施级别还相对较低，尤其是一些贫困乡、镇、村的主要交通道路情况比较差，甚至一些旅游景区还没有完全做到道路畅通，更别说达到道路宽敞、交通便利和服务完善等标准。因此，交通基础设施较为薄弱仍然是制约广西民族地区旅游扶贫发展的最大"瓶颈"。

此外，广西还有许多区域与旅游发展相配套的公共服务设施不够健全。部分旅游扶贫区域的水、电、气、环卫等公共服务设施还不够完善，相应的管网布置、管理与维护不科学、不合理或根本就没有；许多贫困县、乡镇、村的商业、公寓、娱乐以及服务设施配套比较缺乏，相关管理比较落后，综合公

共服务水平偏低；广西现有许多旅游扶贫区域的旅游景区的食、住、行、游、购、娱等公共服务配套设施还比较缺乏、服务水平较低，这些现象严重影响该区域旅游业的进一步发展，对旅游扶贫工作的开展造成了一定影响。

四、旅游扶贫产业发展存在局限

尽管广西全面贯彻落实党中央、国务院扶贫开发工作的战略部署，高度重视旅游扶贫相关工作，把旅游业作为全区扶贫富民的重要抓手，并取得了显著成绩，但从目前广西各地开展旅游扶贫的情况来看，大多数地区的旅游扶贫位于图 2-3 中的第 I 或第 IV 象限，少数地区甚至位于第 III 象限，即大部分贫困县、乡镇、村的旅游扶贫产业要么经济创造能力不强，要么旅游扶贫能力不强，有极少数地区旅游扶贫产业甚至存在经济创造能力、旅游扶贫能力均不理想的情况。

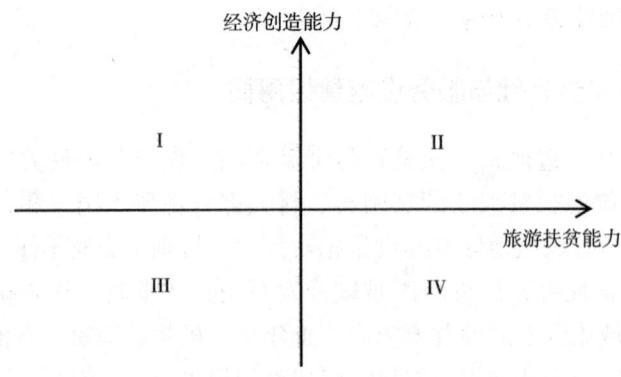

图 2-3　广西民族地区旅游扶贫产业发展问题识别象限图

根据笔者及研究团队的实地调研与实证分析的情况，广西民族地区旅游扶贫产业发展存在的问题主要表现在以下几个方面：

（1）高经济附加值的旅游扶贫产业环节较为薄弱。在旅游扶贫产品发展的各个产业环节中，其每一处产业环节都是旅游经济价值创造的环节，但在广西民族地区旅游扶贫产业发展过程中，并非所有贫困县、乡镇、村都能在每个产业环节中创造出等量的价值，实际上只有在某些特定产业环节才能创造出更高的经济附加值。在旅游产业结构中，食、住、行、游这四大要素是其基本要素或基本消费，只要有旅游行为，那么这四大要素缺一不可，且属于旅游扶贫产业链中没有弹性或弹性较小的环节。而纵览广西民族地区旅游扶贫产业发展现状，许多旅游扶贫区域的旅游扶贫产业链不完整，仅在低附加值的基础要素或基本要素上具有一定的集聚效应，甚至某些旅游扶贫地区在这些基础要素或基本要素上都缺乏一定的基础，而具有高经济附加值、弹性大的非基本消费产业环节十分薄弱甚至缺失。

（2）部分旅游扶贫区域的核心旅游扶贫企业带动力不足。毫无疑问，旅游扶贫产业发展需以核心旅游扶贫企业为基础。由于广西民族地区旅游发展条件的限制，部分旅游扶贫区域并未形成核心旅游扶贫企业，具体表现为旅游扶贫的大多数企业实力较弱，规模不大，市场开拓能力不足，品牌意识淡薄，造成旅游扶贫开发后劲不足；区域内旅游扶贫企业间的合作意识淡薄，过分注重与产业链上下游企业的竞争，严重阻碍旅游扶贫企业做大做强；缺乏扩大再生产的资金及旅游人才，制约旅游扶贫的深度开发。上述情况的存在，直接导致广西部分民族地区旅游竞争力不强和旅游扶贫产业带动力及经济创造力不足。

（3）旅游扶贫区域、产业与行业之间相互协作不够。旅游业是一个关联性和综合性很强的行业，强调跨产业和跨区域间的合作交流。在产业关联方面，旅游扶贫产业关联到旅游六大要素，即"吃、住、行、游、购、娱"，并与旅游扶贫区域当地的农、工、商有着广泛的关联。然而笔者在实地调研中发现，广西民族地区旅游扶贫产业与相关产业间的关联较弱，这客观上对广西民族地区旅游扶贫功能的发挥有一定的制约作用。而在地域合作上，广西民族地区旅游扶贫产业横向合作较少，融合度低，旅游资源的整合力度不够，许多旅游景区仍处在单打独斗的层次，未充分发挥相互合作、优势互补的功能。此外，旅游扶贫目的地与其客源地之间互动较少，旅游宣传面窄、影响小，宣传方式单一，渠道较狭窄，信息网、客源网尚未健全，致使资源共享难以实现。

（4）旅游扶贫产业功能单一，产业链短。广西大部分旅游扶贫地区主要依靠丰富的旅游资源来发展旅游产业，采取的是资源导向型旅游扶贫发展模式。第一，广西民族地区旅游扶贫产业仍处于发展的初级阶段，过于看重其经济功能，而对旅游发展的社会、文化及生态功能关注不够，一定程度上制约了旅游扶贫产业的可持续发展。第二，广西民族地区旅游扶贫产业链条相对较短，与其他相关产业的关联度低。例如，乡村旅游作为广西民族地区旅游扶贫最主要的形式，还只停留在对初级农产品的利用，乡村旅游产业链短，产业的关联度不高，一、二、三产业没有进行关联性的整合。

（5）旅游扶贫产业发展的本地化程度略显不足。广西许多旅游扶贫区域的旅游扶贫产业链构建较多依靠外部资源，包括经济、文化、旅游产品、原材料及旅游从业人员，致使区域旅游收益漏损比重过大，社区居民参与旅游扶贫程度低，无法充分共享旅游发展带来的收益，旅游扶贫效应难以充分发挥。

五、高素质旅游从业人才缺乏

由于广西民族地区旅游扶贫区域的旅游业起步相对较晚，所以高素质的旅游专业人才较为缺乏，而本土化的高素质相关人才更是凤毛麟角。笔者通过对广西民族地区旅游扶贫区域、产业与人员的调研，发现民族地区旅游扶贫区域人才缺乏问题主要体现在以下3个方面：

（1）旅游从业人员业务水平不高。经过多次实地调研和访谈发现，目前，在广西大部分旅游扶贫区域，不管是旅游管理人员、酒店管理人员，还是翻译人员、导游，其学历水平普遍偏低，专业知识缺乏，服务水平不高，致使整个旅游产业的发展受到影响。旅游扶贫区域很多旅游企业管理者尚未形成先进的管理观念，管理方法单一，管理水平不高，甚至部分旅游企业仍在固守多年不变的人力资源管理制度和管理手段，企业管理缺乏创新，导致当地的很多旅游资源产业化开发和扶贫效应的提高大受影响。

（2）可参与旅游产业发展的高素质人才流失。调研发现，目前在广西民族地区旅游扶贫工作实施和产业建设过程中，高素质人才流失是制约旅游扶贫产业发展的重要因素。

（3）旅游扶贫人才培育和开发略显不足。该问题主要体现在3个方面：一是缺乏对广西民族地区旅游扶贫人才培养培训的扶持。没有培养一批高水平的旅游扶贫专业人员，尤其在整合各类旅游教育培训资源，依托广西区内相关旅游高校及教育科研机构等方面略显不足。二是缺乏对参与旅游扶贫的贫困人口的实用技能培训和劳动力转移培训。没有进一步完善旅游扶贫人才管理体制，在旅游扶贫分类教育培训工作方面做得不够好，尤其缺乏对参与旅游扶贫的贫困人口开展相关培训工作。具体培训可结合农民实用技能培训和劳动力转移培训，开展服务技能、设施管理和家庭经营等内容的培训，加强贫困人口自我发展能力。三是高层次旅游人才的引进工作不力。充实旅游扶贫服务管理团队，逐步形成一支素质优良、结构合理的高素质旅游扶贫人才队伍，是广西民族地区旅游扶贫工作顺利开展和高效推进的最有效措施。

第四节 广西民族地区旅游扶贫的主要经验

自全面启动旅游扶贫工作以来，广西民族地区坚决贯彻执行党中央和国务院关于打赢脱贫攻坚战的决定，全面落实了国家、自治区关于脱贫攻坚的各项政策法规，通过各种途径，不断推进旅游扶贫工作，创新旅游扶贫模式，并使当地旅游扶贫取得了良好效果。

一、政府主导，全力推动

（一）政府主导

旅游扶贫需要政府合理配置各方资源，充分发挥宏观调控职能，引导旅游扶贫的各项工作有序进行。早在2012年，国家已将广西民族地区旅游扶贫纳入重点提案并设立扶贫专项资金、建设旅游扶贫重大项目支持旅游扶贫。2014年，国家将广西33个县235个村纳入"乡村旅游富民工程"重点名单，从宏观层面引导广西民族地区旅游扶贫快速发展。在国家的带领下，广西积极响应号召。2015年，广西将"可持续发展"理念落实到地方层面，引导旅游企业、科研院所、高校等社会各界力量加入扶贫队伍，将企业资源、科技创意引入民族地区的旅游扶贫事业中，构建了"以政府主导为主、社会合力为辅"的扶贫新格局，进一步推动了广西旅游扶贫发展进程。2015年，广西各市督导各县开展旅游扶贫工作，通过"一县一书记"统筹各县扶贫工作，各县则贯彻落实国家及自治区的方针政策，将本县各村屯的旅游发展同农业、手工业、服务业等产业融合拓展，充分发挥"第一书记"在脱贫致富中的主体作用，领导各村屯广大贫困人口在旅游扶贫中转型。2016年，广西建立精准管理模式工作制，采用"主要负责+分级负责"的方式实施，主要负责的同志对该区域旅游扶贫模式进行精准管理，亲自部署、亲自过问、亲自督促；分级负责的同志负责旅游扶贫具体工作的落实，将精准管理模式的建立落实到具体的责任人身上，实现一级抓一级，层层实现旅游精准扶贫。2017年，广西对原有的建档立卡贫困户实施动态管理，即通过建立可实时更新的旅游精准扶贫台账，监测不同时期不同贫困户的脱贫数据，实行有进有出的动态管理，促进旅游精准脱贫工作进一步开展。2018年，中共广西壮族自治区委员会、广西壮族自治区人民政府出台了《关于打赢脱贫攻坚战三年行动的实施意见》，对广西壮族自治区旅游脱贫攻坚战的"可持续脱贫、精准脱贫"工作进行了详尽的指导。

（二）顶层设计

政府主导之余，"顶层设计"对广西民族地区旅游扶贫规划实施的指引是必不可少的。我国按照"国家—省区—市县"多层级的顶层设计为广西民族地区明确了旅游扶贫的目标及对策，为全区旅游扶贫指明了方向。

第一，2014年中央把"精准扶贫"摆在农村扶贫工作的核心位置，在坚持"创新、协调、绿色、开放、共享"五大发展理念的基础上，走"扶贫到户要准、扶贫目标对象要准、扶贫资源整合要准"的精准道路，把脱贫攻坚作为首要的民生工程。第二，广西以"攻坚五年、圆梦小康"作为顶层设计方向，以"村村有项目，共奔小康路"为具体目标，重点根据广西550个贫困村的具体情况制订了脱贫攻坚旅游发展方案，主要以乡村旅游区、农家乐、休闲农业旅游示范点为重点，再以这550个"点"带动全区整个"面"走旅游扶贫之路，指引民族地区通过发展旅游脱贫致富。第三，各市以54个贫困县的发展为抓手，深化民族地区特色旅游名县创建工作，依据《广西旅游业发展"十三五"规划》设计县域精品旅游路线，层层落实顶层设计目标。此外，为确保民族地区旅游扶贫工作的有序开展，广西壮族自治区第十二届人大常委会第三十二次会议表决通过了《广西壮族自治区扶贫开发条例》，针对旅游扶贫方面，从精准锁定扶贫对象、具体落实扶贫开发措施、合理分配扶贫开发资金和项目、精确管理扶贫开发工作等方面对扶贫开发工作进行详细指导，通过扶贫开发带动全区脱贫致富。2018年，广西响应国家号召，将全区三年内的脱贫目标进行细化，即2020年脱贫52万人，摘帽贫困村401个，摘帽贫困县9个，以实现2020年确保现行标准下全区农村贫困人口全部脱贫，贫困村和贫困县全部摘帽。

（三）组织有力

较强的组织执行力是政府宏观调控得以有效运行的重要保障。在旅游扶贫过程中，政府出色地发挥了组织的协同作用，为广西民族地区旅游扶贫提供了切实有效的行动力量。从国家层面，政府为监督扶贫工作进程，建立国家乡村旅游扶贫观测中心和观测点，健全旅游扶贫工程统计监测网络体系，自治区、市、县三级运用网络监测体系进行统筹，各观测点负责落实工作，为旅游扶贫提供政治保障。从自治区层面，广西各市（县）建立扶贫工作中心，引导工会、共青团、科协等群团组织参与旅游扶贫工作，并将扶贫指标纳入干部绩效考核体系，使各层级任务具体化、责任明确化。在市、县级层面，市（县）

级政府依照2016年国家旅游局、国家发展改革委等12个部门联合印发的《乡村旅游扶贫工程行动方案》在民族地区各个乡（镇）设立扶贫工作站，配备相应的扶贫经费，并分配相应的年轻干部、创业先锋、企业经理、退伍军人、高校毕业生等各界人士到贫困村工作，推动扶贫工作落到实处。

（四）全面统筹

在强有力的组织力量支持下，广西加大统筹力度，对民族地区旅游扶贫的整体发展方向进行了全面的统筹规划。

首先，国家为实现747万贫困人口在"十三五"期间通过乡村旅游发展实现脱贫目标，特定将乡村旅游扶贫工程行动方案落实到各省区具体单位。其次，2016年广西壮族自治区人民政府印发了《关于脱贫攻坚旅游业发展实施方案》，该方案对未来五年旅游扶贫工作进行了具体统筹安排，计划将桂北、桂西北、桂西南、桂东、桂东南、环南宁等六大重点旅游扶贫片区，20个重点旅游扶贫县和550个旅游扶贫村分批次、分阶段进行旅游开发。此项工程具体由自治区旅发委、扶贫办、财政局等部门统筹形成合力，因地制宜地培育一批创新性强、体验性高、影响力大的乡村特色旅游产品，通过乡村旅游产品的集聚效应打造多条乡村旅游带，发挥其产业联动效应。最后，各市（县）发改委、扶贫办、旅游管理部门等结合贫困村资源实施统筹推进，紧跟全国"奔小康"的步伐，领导贫困村第一书记、乡村干部等共同推进民族地区旅游扶贫取得实质性进展。

二、精准识别、重点带动

（一）精准识别

"精准识别"是"精准扶贫"奏效的重要前提。2014年，广西建立创新机制，以"实地调研"为基础，以"建档立卡"为手段，对广西民族地区贫困村、贫困户以及贫困个人进行全面核查，精准识别，筛选出真实有效的贫困人口名单，建立精准识别数据库，并在此后不断完善、管理，形成了全区扶贫数据动态管理平台。除此之外，各市、县进一步落实精准扶贫行动，在"建档立卡"的基础上，对贫困数据库的贫困村进行实地考察，识别出民族地区发展旅游业的优势条件，同时进行民意调查，在尊重民意的基础上规划出了合理的旅游扶贫开发模式。通过"精准识别"的专项行动保障了脱贫攻坚的有效性，深化了精准扶贫的实际内涵，真正达到了"准确识贫，精准扶贫"的目的。

（二）精准到户

在精准识别的基础上，广西壮族自治区政府开展了大量区内对口帮扶活动，旨在组织各方帮扶力量，加大帮扶力度，有效促进民族地区精准扶贫工作落到实处。其主要做法是引导干部充分发挥模范作用，采取"干部包户"工作责任制，从三方面落实执行：一是精准落实到户政策。政府依据各民族地区实际情况制定帮扶机制，再根据贫困户不同贫困程度进行分类，每户分配相应干部进行针对性帮扶，实现干部普遍帮扶。二是精准扶持到户产业。具体由当地政府对建档立卡的贫困户在从事旅游开发、接待服务和旅游商品加工等方面进行指导，使贫困户基本实现产业脱贫。三是精准帮扶到户监管。帮扶干部依托"建档立卡"的大数据管理平台，参与实地调查、采集贫困户信息、开展民主评议等，成立精准扶贫督导小组，全面到户核实动态调整全过程，实现精准扶贫。

（三）责任到人

精准到户的帮扶政策不仅需要明确扶贫对象，还需将帮扶目标及责任明确到单位及个人，进一步增强旅游扶贫的政治保障性。第一，中央要求在广西精准扶贫工作中要结对精准，也就是一位帮扶干部负责一个贫困户或者多个贫困户的扶贫工作，确保"户户有人帮"，做到责任落实到"人"、措施落实到"位"。第二，各贫困县（村）设立第一书记，明确第一书记的工作范畴，并通过扶贫效果监督其履行职责，在部分村建立科技特派员驻村制度，指导该村产业发展等。第三，各乡（镇）实施到户帮扶责任制，即每个贫困户有一位"第一责任人"，负责根据该户的具体情况，实行责任承包制，确保每个贫困户按计划脱贫。"责任到人"将旅游扶贫工作细化到具体的"人"，使民族地区旅游扶贫能更加有效地推进。

（四）重点突破

在精准识别、重点带动的旅游扶贫策略中，广西民族地区旅游扶贫以特困连片区为着眼点，以打造广西特色旅游名县为突破口，统筹推进旅游扶贫工作。一是对特色旅游名县的打造。政府通过打造特色旅游名县，凝聚民众共识，建立深厚的群众基础，随之加大资金扶持力度，对重大旅游项目实施贷款优惠政策，吸引更多投资，重点建设一批集旅游集散地、服务中心等设施为一体的特色旅游名县。政府要求广西民族地区特色旅游名县创建县、备选县中的自治区扶贫开发工作重点县，必须按旅游脱贫人数占贫困总人数的 20% 的比例完成旅游扶贫目标；国家旅游扶贫示范区创建县，则需按25%的比例完成旅游扶贫目标。二是对特困连片区的突破。广西民族地区旅游扶贫通过对广西中西部地区、桂北民族地区的特困区特色旅游资源的挖掘，发展差异化的乡村旅游业，同时解决贫困人口创业、就业等问题，让贫困人口共享旅游发展红利。例如，龙胜根据龙脊镇梯田自然资源，开发"龙脊梯田"特色景观度假区，带动当地人口就业，将"绿水青山"化为"金山银山"，总计带动2.5万贫困人口脱贫。再如，贺州依托古镇资源发展特色小镇。目前，黄姚古镇建起农家乐40家，民宿旅馆106间，床位数近3 000张，年接待游客200万人次，实现旅游收入15亿元；部分民众开设了"黄姚印象"民俗旅店，收入大大提高，实现了广西民族地区旅游扶贫工作的新突破。

（五）以点带面

突破重点是以点带面的基础，以点带面是旅游扶贫的延伸，大致可分为两方面：一是通过发展示范性旅游项目带动相关产业的发展，二是通过旅游扶贫示范点带动民族地区旅游业发展。目前，广西以点带面取得的成效相当显著。其一，以"旅游点"带动"相关产业"。各市、县引导特色旅游项目建设，刺激了食品业、加工业、建筑业等产业的发展，带动了贫困人口创业、就业脱贫。以上林县为例，上林依托当地特色景观资源创建一批星级农家乐，由此带动当地服务业、建筑业等产业的发展，为村民提供了大量就业机会；上林乡村直接从业人员1 000人，带动5 000名农民从农家乐中获得明显的经济利益，农户经营收入达到5 000万元以上，实现了旅游产业发展和群众增收的良性循环，有效引领了贫困片区产业联动发展。其二，以"旅游区"带动"旅游业"。广西尤其重视民族地区旅游名镇名村示范区建设，自治区政府通过向国家争取旅游扶贫专项资金，首先解决资金匮乏的后顾之忧，然后利用名村名镇的模范作用，引导周边乃至全区旅游业的发展。例如，目前河池市宜州区刘三姐镇、阳朔县兴坪镇等均作为乡村旅游的示范引擎，在全区带动贫困村脱贫成果显著。

三、因地制宜，模式驱动

一直以来，广西民族地区始终严格遵守国家关于旅游扶贫的工作要求，按照全区统一部署，因地制宜、因人而异，精准施策，确保扶贫成效。

（一）旅游资金扶贫

2016—2020年广西乡村旅游发展"十三五"重大项目投资预算表和旅游

产业精准扶贫资金规划表，如表2-3和表2-4所示。

表2-3 广西乡村旅游发展"十三五"重大项目投资预算表（2016—2020年）

项目地点		"十三五"期间旅游投资额（亿元）	总投资（亿元）
桂东北山水田园乡村旅游片区	桂林	123.3	156.2
	贺州	31.7	36.2
桂中民族村寨乡村旅游片区	柳州	17	70
	来宾	11.1	14.4
北部湾山海联动乡村旅游片区	南宁	40.4	94.5
	钦州	13.3	15.4
	防城港	15.5	22.5
	北海	1	1
桂西南边关风情乡村旅游片区	崇左	12.2	23.2
桂西北健康养生乡村旅游片区	百色	48	52.4
	河池	7.8	10.2
桂东休闲田园乡村旅游片区	梧州	0	0
	玉林	45.9	48.3
	贵港	5.2	5.7
合计		372.4	550

数据来源：《广西壮族自治区旅游业发展"十三五"规划》。

表2-4　旅游产业精准扶贫资金规划表（2016—2020年）

地　区	投资估算(万元)	地　区	投资估算(万元)	地　区	投资估算(万元)
马山县	4 360	东兰县	34 400	大化瑶族自治县	4 950
龙胜各族自治县	25 250	凤山县	3 070	金秀县	8 000
德保县	8 500	环江毛南自治县	12 000	融安县	395 300
昭平县	1 850	资源县	1 800	百色市右江区	73 000
河池市金城江区	3 000	藤县	73 800	贺州市平桂区	1 000
天峨县	1 900	陆川县	100 000	钟山县	2 220
合计			754 400		

数据来源：广西壮族自治区旅游发展委员会等编制的《广西"十三五"产业精准扶贫规划》。

从以上两表可以看出，广西壮族自治区乡村旅游发展"十三五"规划中，中央对广西连片特困地区旅游投资372.4亿元，占总投资比重的67.7%。在旅游产业精准扶贫资金预算中，对广西马山县、东兰县、龙胜各族自治县等18个少数民族聚居的贫困县投资规划75.44亿元，其中对融安县、陆川县等重点贫困县的投资力度更大。龙胜各族自治县近年来先后安排1.5亿元旅游发展专项资金，拉动社会投资旅游业25亿元，直接和间接带动2.5万贫困人口实现脱贫。此外，河池市"十二五"期间大力发展旅游产业，旅游带动脱贫人数7.16万人，占同期全市脱贫人数的7.59%。由此可见，政府在民族地区旅游扶贫开发过程中较好地运用行政手段引导各类企业、社会团体、个人等各类资金流入民族地区支持旅游业的发展。除投入资金进行重点项目建设以外，自治区政府还采用财政贴息、贷款优惠等政策对民族地区进行旅游资金扶贫。

（二）旅游市场扶贫

旅游资金投放到市场、发挥"造血"功能才能体现资金扶贫的最大效益，而坚持以市场为导向提高旅游产业效益是旅游市场扶贫的关键路径。在市场扶贫过程中，广西民族地区坚持市场导向，依托乡村特色旅游资源，主要从乡村旅游品牌创设、乡村旅游宣传、乡村旅游业态策划等方面入手，提升旅游产业效益，为贫困村带来了实实在在的经济收益。第一，广西民族地区地方政府在乡村旅游品牌创设方面着手，从政策和资金上鼓励各村镇依托自身特色旅游资源，开发出诸如上林"霞客桃源"、龙脊梯田、巴马长寿乡一类的特色乡村旅游产品，并产生了一定的品牌效应。第二，旅游管理部门在乡村旅游宣传上充分利用广西电视台国际频道、旅游官方网站等媒介，制作《你好广西》《美丽广西》等乡村旅游产品宣传片，扩大了乡村旅游品牌知名度，并利用微信、微博等平台，积极宣传推广乡村旅游。2016年11月，广西壮族自治区旅游发展委员会联合广东南方卫视组织开展了"情系广西"——粤港澳百名企业家、媒体旅游扶贫采风活动。由100名粤港澳企业家、慈善家及投资人士、媒体记者组成的采风考察团深入考察广西民族地区旅游资源与发展潜力，通过有关媒体宣传，有效提升了广西旅游资源的影响力。

此外，广西民族地区还通过举办各类民俗文化节庆活动、"非遗"文化节等进一步提高乡村旅游产品影响力。市场管理部门重视乡村旅游业态的策划，根据当地市场和资源特点，设计各类农家客栈、农家庄园、农副产品种植体验园等乡村旅游业态，如五彩田园、明仕田园、乡村大世界、荷美覃塘、水库鱼坊、阳朔农庄等，通过一系列有关市场的扶助活动，推动了民族地区旅游的进一步发展。

（三）旅游人才扶贫

人才队伍建设是旅游扶贫工作顺利完成的重要影响因素。因此，旅游扶贫人才培养（表2-5）也是广西民族地区旅游扶贫工作的主要内容之一。

表2-5　2016年广西乡村旅游人才培训统计表

培训时间	主办单位	培训主题	培训对象	培训人数
3月21日—25日	自治区党委组织部	广西旅游扶贫专题培训班	贫困村党组织第一书记、乡镇领导和村支书、主任等	103
3月27日—30日	自治区旅游发展委员会	乡村旅游经营管理实操	广西各市、县乡村旅游、农家乐经营业主和管理人员	125

续 表

培训时间	主办单位	培训主题	培训对象	培训人数
4月—5月	自治区旅游发展委员会	休闲农业与乡村旅游专题培训班（第一、二、三期）	贫困村第一书记、贫困村民众	112
5月—6月	自治区旅游发展委员会	广西旅游企业战略发展专题讲座（第一、二期）	广西各市、县相关旅游企业经营管理人员	93
5月30日—6月3日	自治区旅游发展委员会	崇左市旅游产业发展专题培训班	崇左市旅游企事业单位经营管理人员	46
8月29日—9月2日	自治区旅游发展委员会	全区旅游扶贫村（屯）致富带头人业务技能培训班（百色）	百色市乡村旅游骨干人员	80
9月4日—9日	自治区旅游发展委员会	广西乡村旅游发展与创新专题研修班	广西乡村旅游经营管理人员	48
9月4日—9日	自治区旅游发展委员会	全区旅游扶贫村（屯）致富带头人业务技能培训班（巴马）	巴马县乡村旅游骨干人员	42
9月19日—23日	自治区旅游发展委员会	全区旅游扶贫村（屯）致富带头人业务技能培训班（河池）	河池市乡村旅游骨干人员	83
9月24日—29日	自治区旅游发展委员会	全区旅游扶贫村（屯）致富带头人业务技能培训班（南宁、崇左）	南宁、崇左市乡村旅游骨干人员	103
10月17日—21日	自治区旅游发展委员会	全区旅游扶贫村（屯）致富带头人业务技能培训班（北海、防城港、钦州）	北海、防城港、钦州市乡村旅游骨干人员	79
11月7日—11日	自治区旅游发展委员会	全区旅游扶贫村（屯）致富带头人业务技能培训班（桂林）	桂林市乡村旅游骨干人员	76

续 表

培训时间	主办单位	培训主题	培训对象	培训人数
11月14日—18日	自治区旅游发展委员会	全区旅游扶贫村（屯）致富带头人业务技能培训班（柳州、来宾）	柳州、来宾市乡村旅游骨干人员	61
11月28日—12月2日	自治区旅游发展委员会	全区旅游扶贫村（屯）致富带头人业务技能培训班（玉林、贵港）	玉林、贵港市乡村旅游骨干人员	47
12月12日—16日	自治区旅游发展委员会	全区旅游扶贫村（屯）致富带头人业务技能培训班（梧州、贺州）	梧州、贺州市乡村旅游骨干人员	55

资料来源：广西旅游扶贫2016年工作总结及2017年工作计划（内部资料）。

从表2-5可以看出，近年来广西壮族自治区旅游发展委员会积极响应国家旅游人才扶贫号召，联合有关部门针对广西乡村旅游人才进行梯队式培养，取得了较好成绩。2016年，面向贫困乡镇的第一书记、村干部和旅游从业民众开展了全区旅游扶贫专题培训班、休闲农业与乡村旅游专题培训班、全区旅游扶贫村（屯）致富带头人业务技能培训班，累计培养900多名基层实干型人才，从根本上提高了乡村旅游相关人员从业人员的质量；面向全区13个市的乡村旅游区的经营业主和管理人员进行乡村旅游经营管理实操培训、旅游企业战略发展专题培训、乡村旅游发展与创新专题培训，累计培养200多名中层管理型人才，提高了旅游专业管理人才的综合素质；对全区20个旅游扶贫重点县（区）旅游扶贫分管领导、旅游部门分管领导进行乡村旅游扶贫高层次战略型人才专业培训，致力打造一支高素质、综合性的旅游企业家队伍。截至2016年12月，自治区旅游发展委员会牵头组织举办乡村旅游与旅游扶贫培训班累计15期，培训人员1 153人次。此外，全区14市累计举办各类旅游扶贫培训班20期，行业协会举办培训班3期，培训人员达2 000人次，全面发力投入旅游人才扶贫。

（四）旅游项目扶贫

按照自治区统一部署，2016年4月自治区旅游发展委员会组织编制了《广西旅游扶贫规划纲要》，其中明确提出通过旅游大项目开发建设带动帮扶脱贫一批以及通过鼓励自主创业参与旅游服务帮扶脱贫一批。通过统筹规划指导旅游项目扶贫，深入挖掘贫困村旅游资源，策划和打造旅游产品，支持旅游项目建设，着力激发民族地区贫困村产业发展的内生动力。

旅游项目扶贫是旅游扶贫中具体化的旅游扶贫模式，该模式主要以民族地区知名度较高、影响力较大的旅游资源或品牌为依托，通过旅游项目的招商引资、政府财政支持或贷款优惠政策等方式对旅游项目进行扶贫。近年来，广西不断投入财政专项资金对乡村旅游项目进行建设。如表2-6所示，旅游扶贫重点项目主要包括景区（线路）依托型重点村（140个）、城市郊区型重点村（22个）、特色村庄型重点村（73个）三种类型，此三种类型分别根据乡村资源特色不同而打造不同的旅游项目。通过旅游项目扶贫，广西大部分民族地区基本可实现旅游联动发展，贫困人口收入有所提高。

表2-6 广西乡村旅游重点项目扶贫统计表（2015—2020年）

重点项目类型	个 数	特 点	举 例
景区（线路）依托型重点村	140	深度契合依托景区品牌理念，作为依托景区服务的延伸或文化诠释的补充，具备自己的主题特色	阳朔农家乐、荷美覃塘、黄姚古镇、龙脊梯田、宾阳漫城（蔡氏古宅旅游文化体验区）等
城市郊区型重点村	22	集生态保护、现代农业、观光游憩、休闲娱乐、度假体验于一体的都市居民城郊休闲地	马山县西山庄园绿色农业度假区、上林鼓鸣寨养生旅游度假基地、富川下湾村生态新村健康养生旅游区等
特色村庄型重点村	73	突出传统村寨自身特色和民族风格，兼顾保护与发展目标，建设集古建筑群落、民俗文化、传统技艺于一体的村庄	武鸣"三月三"歌圩、龙胜各族自治县潘内国家红瑶文化遗产旅游建设项目、宁明花山特色民族民俗村整治改造项目等

（五）旅游文化扶贫

旅游文化扶贫是旅游项目可持续发展的基础，是旅游产品创新的根基。早在2015年，国家就已将可持续发展理念引入旅游扶贫发展规划。随着城市化发展，文化活态传承逐渐被纳入旅游文化扶贫发展纲要，其注重文化内涵的深入挖掘，打造"品质创新、内涵丰富"的乡村旅游特色项目，逐渐为当代旅游者所青睐。近年来，政府加大了对民族地区文化资源的开发力度，尤其在挖掘乡村文化遗产、非物质文化遗产内涵方面，各地纷纷以节庆展演、民俗活动、特色会展、文化园区等多元化模式将乡村文化内涵展现在旅游者面前，既活态保护文化遗产、非物质文化遗产，又弘扬与传承文化精神。同时，自治区政府与地方政府联合旅游企业，通过整合现有的文化旅游资源，设计出独具文化内涵的文化旅游路线，形成特色文化旅游片区，如柳州、河池、来宾三地结合地区文化资源，将三江侗族多耶节、融水芦笙斗马节、壮族布伢文化节、金秀盘王节、河池铜鼓山歌艺术节、宜州刘三姐文化旅游节、罗城仫佬族依饭节等民俗文化节庆活动，融合打造成桂中地区文化旅游精品路线，每年吸引大量游客，推动了当地经济发展。

（六）旅游电商扶贫

旅游电商扶贫也是广西民族地区旅游扶贫工作的重要内容之一。2016年7月以来，自治区党委宣传部举办了"党旗领航·电商扶贫2016年'七一红色购物季'"旅游电商扶贫活动。自治区旅游发展委员会组织了全国乐村淘村镇电商平台、携程网、去哪儿网等全国知名旅游电商，以"贫困村农家饭（票）"为载体，集中宣传推介贫困村乡村旅游产品、商品，力争为实现旅游电商定向销售搭建平台、提供渠道，后续活动覆盖全区重点旅游扶贫村。2017—2019年，广西连续举办乡村旅游电商扶贫大型宣传推介会，宣传乡村旅游景区景点，以进一步提升乡村旅游品质，推进文旅融合，辐射带动贫困群众增收，助力脱贫攻坚和乡村振兴（表2-7）。

表2-7　广西旅游电商扶贫情况一览表

地　区	电商扶贫模式	平台运营
广西全区	建立互联网旅游信息咨询系统	通过互联网为旅游扶贫村提供咨询和有形服务相结合的旅游服务，便于各县、乡、村的旅游服务智慧化、便捷化
广西全区	建立和完善旅游扶贫村信息网络支撑系统	通过建立和完善旅游微信、旅游微博、旅游App模块等，推广乡村旅游景区、景点的宣传，提高旅游景区的运营效率
全区旅游扶贫村	推动旅游扶贫村互联网化建设	在旅游扶贫村建设网点，引进阿里巴巴、淘宝、天猫等电子商务平台，为更多优质农副土特产品提供电子商务交易平台，提升扶贫村旅游管理运营水平

续 表

地 区	电商扶贫模式	平台运营
全区旅游扶贫村	开展旅游接待设施信息化建设	运用互联网技术在农家乐、乡村酒店等接待设施上建立客房预订系统和餐饮信息化管理系统，保障旅游接待设施实现预订、排房、住宿、结算、市场对比的全自动化
广西全区	加强旅游网络营销	利用互联网开展旅游电商大会、旅游推介会、旅游交流会等营销活动，吸引旅游扶贫村及游客参与旅游电商活动，为旅游扶贫村的旅游特色产品开拓市场
靖西市	"赶街网"牵头成立电子商务行业协会	提供业务培训、流通协调、产品控制、电商经营业务咨询等服务，使电商业主与贫困户结对帮扶，帮助贫困户利用电商平台销售旅游产品
河池市金城江区	电商扶贫服务站、农村淘宝	电商扶贫服务站由"河池乡味网"打造，整合乡村旅游资源，重点突出农特产品展示、旅游景点体验、农家饭（票）特色、网上购物四大功能，同时提供在线展示、预订、支付、反馈、咨询等技术和信息服务；农村淘宝则实现"网货下乡"和"农产品进城"的双向流通功能
东兰县	成立电子商务有限公司、"旅游+电商"	东兰风物好电商平台将辐射整个东兰、巴马、凤山区域，向外销售三地的农副产品、工艺品、景区套票及跨境商品、深加工农副土特产品等，将给贫困村带来可观的经济效益
龙胜各族自治县	"党旗领航·电商扶贫""旅游管家"	2016年年初启动，电商业主走访农村、电商知识技能培训、特色物产网络促销、扶持能人触网创业、微助公益爱心扶贫等五大行动整体推进，以最快捷、最精准、最大限度整合资源的方式帮助农民增收致富
河池市	农特产品O2O推介会	来自河池市11个县的80多家企业参会，各企业就电商扶贫农特产品生产、流通、销售等进行意向签约，签约额达5 000多万元

随着互联网应用的推广，旅游扶贫模式逐渐多元化，开展旅游电商扶贫也逐渐成为旅游扶贫覆盖全区乃至全球的重要方式。广西民族地区各市（县）积极推动旅游扶贫村互联网化建设，如靖西市通过成立电子商务行业协会，使电商业主与贫困户结对帮扶，为民族地区提供旅游业务、产品、经营等方面的服务，并以此开拓市场。而河池市金城江区、东兰县、龙胜各族自治县等则

通过建立电商扶贫服务站、成立电子商务公司、引进"旅游管家"等模式进行电商扶贫，运用互联网平台促进民族地区和旅游市场对接，为旅客提供智慧型旅游服务。广西通过旅游电商扶贫实现民族地区电子商务交易额年均增长20%以上，到2020年，民族地区已基本实现"城城有电商中心，镇镇有电商站，村村有电商点"的格局，为民族地区旅游电商化奠定了基础。

（七）旅游就业扶贫

旅游就业扶贫是判断旅游扶贫工作是否成功的重要标准。旅游就业扶贫能有效帮助民族地区扩大就业，从而实现贫困村、贫困人口通过旅游产业发展就业和增收这一目标，进而充分开辟旅游精准扶贫新途径。广西民族地区在旅游就业扶贫过程中采用多种形式对民族地区进行就业扶贫，如宁明县通过公共就业专项服务，为当地贫困人口提供380多个就业岗位，新增就业人数多达4 963人。河池市借助旅游技能培训，提高贫困人口的就业素质，带动3 000多人实现就业等。此外，政府还尽力为民族地区提供"造血式"旅游就业扶贫，如政府投入资金在上林县建设重大旅游项目"三湖一寨一江一园"，项目建设需长期劳工1 200多人，项目建成后可新增3 000多个就业岗位，能够解决当地大部分贫困人口的就业问题。一些民营中小型景区的开发运营，也有效带动了当地贫困人口脱贫。巴马仁寿山庄2015年吸纳44名村民就业，其中贫困人口35人，其人均年收入从2010年的2 000元提高到2015年的1.5万元。可见，旅游就业扶贫不仅能够充分利用民族地区旅游资源，还能带动当地贫困人口创业或就业，发挥扶贫"造血"的真正效益。

四、全面整合，多方联动

（一）整合资源，形成产业合力

乡村旅游作为旅游扶贫的重要突破口，其发展需凝聚各产业优势，形成产业合力。广西民族地区在整合产业资源融合发展方面注重产业融合纵深发展与横向融合，借助产业合力推动广西民族地区旅游扶贫发展进程。一方面，政府整合各产业资源，横向扩展产业范围，以产业联动带动旅游扶贫村的综合发展，提升扶贫村的综合实力。广西民族地区各市、县为促进农林牧渔等乡村产业发展，将农业、手工业、加工业等产业融入旅游业的发展，引导"工业+旅游""农业+旅游""体育+旅游""文化+旅游"等方式深化各行业和旅游业的横向融合发展，为乡村旅游发展创设良好的发展环境。另一方面，各县（镇）通过多渠道合力推进乡村旅游纵深发展。以自治区政府办公厅印发的《关于促进旅游与相关产业融合发展的意见》为推动力，加强旅游业与农业、林业、住建等部门联合推进特色旅游名镇（村）、乡村旅游示范县、农家乐、养生馆等旅游项目建设，合理布局产业，实现资源共享和产业联动。

（二）整合部门，形成部门合力

除借助产业合力推动旅游扶贫外，广西壮族自治区政府还坚持部门协作，依靠部门合力共同促进民族地区旅游扶贫发展。第一，旅游主管部门作为主要发起者和协调者，整合各行业管理部门力量，支持乡村旅游扶贫开发，如旅发委与住建部沟通协作，加强乡村旅游特色建筑建设，完善一批旅游村屯的客栈规划建设。第二，政府加大各部门资金的整合力度，对发改委、旅游、扶贫、水利、交通、林业、农业等部门的资金进行有效整合，形成部门资金合力，根据贫困村的实际情况，按旅游项目级别发放标准分配扶贫资金，确保资金利用精准有效。第三，自治区引导旅发委、发改委、住建厅、林业厅、农业农村厅等部门密切协作，建立乡村旅游合作发展工作机制，签署合作框架协议，着力推进各部门的资源与扶贫开发相结合，形成人、财、物的扶贫合力，使旅游扶贫规模进一步扩大，多领域、多渠道合力推进旅游扶贫发展。此外，在2016年的广西旅游工作会议上，广西旅发委与14个地市旅发委签订旅游脱贫攻坚责任书，将旅游扶贫工作纳入各地旅发委年终绩效考核内容，并提出了大力推进民族地区乡村旅游和旅游精准扶贫的10项具体措施。

（三）整合企业，形成市场合力

企业市场合力在旅游扶贫中也十分关键。一方面，广西壮族自治区政府以"村企共建"形式积极引导国有企业、民营企业尤其是旅游企业到民族地区参与旅游脱贫攻坚，带动550个重点旅游贫困村脱贫致富。另一方面，政府加强广西入境旅游市场、出境旅游市场和边境旅游市场三者融合建设，形成庞大的市场合力。目前，广西已经开通了十几条从南宁、桂林到东盟的航线，使东盟国家到广西的入境游客增多了23%左右，还利用广西对接东盟的区位交通优势，积极引导区内居民前往东盟和其他东南亚国家旅游。同时，借助边境游、自驾游的热潮，自治区政府与越南边境城市共同举办一些旅游节庆活动，通过民间外交拓展边境旅游市场。总之，广西通过引导企业资源流入民族地区，加强出境、入境和边境市场的构建，形成了旅游扶贫的市场合力，有利于民族地区旅游扶贫发展。

（四）整合民心，形成社会合力

贫困人口能否享受到旅游扶贫带来的利益是旅游扶贫成功与否的关键，而贫困人口积极参与旅游扶贫工作是其利益能够得到合理分配的前提。2012年，广西壮族自治区政府印发《关于广泛动员社会力量参与扶贫开发工作方案的通知》，号召广大群众积极参与到扶贫开发工作当中，全力配合政府工作，共同面对脱贫攻坚战。2016年，自治区旅游发展委员会积极响应国家旅游局号召，发起自治区层面的贫困村"旅游规划公益行动"，组织发动区内外19家旅游扶贫规划单位，承接了66个贫困村的旅游规划。另外，自治区旅游发展委员会广泛采纳社会建议，积极探索建立健全旅游扶贫的政策措施，动员公司、社区、农户等社会力量参与民族地区旅游精准扶贫工作，让更多农户以恰当的方式参与旅游发展，带动民族地区旅游设施、人力资源和商品加工等方面的发展。自治区政府通过凝聚民心，引导各方力量参与旅游扶贫建设，构建旅游扶贫发展的内生动力，最终实现民族地区贫困人口的脱贫致富和可持续发展。

第三章　全域旅游视阈下广西民族地区包容性旅游扶贫驱动机制研究

"贫困问题"是一个世界性难题,消除贫困是人类面临的共同任务。20世纪80年代以来,旅游作为扶贫的一种方式,开始受到国内外旅游学术界和业界的关注。1999年,英国国际发展部(DFID)提出了"旅游扶贫"(pro-poor tourism)的概念,将其定义为有利于贫困人口获利和发展的旅游。2002年,联合国世界旅游组织(UNWTO)在世界可持续发展首脑会议上正式制订了"可持续旅游消除贫困(ST-EP)"计划。我国旅游扶贫研究兴起于20世纪90年代,1991年全国旅游局长会议上提出了"旅游扶贫"口号,随后陆续出台了《国家八七扶贫攻坚计划》《中国农村扶贫开发纲要(2001—2010年)》《扶贫开发整村推进"十二五"规划》《关于创新机制扎实推进农村扶贫开发工作的意见》《关于实施乡村旅游富民工程推进旅游扶贫工作的通知》等一系列政策。2011年,中共中央国务院印发的《中国农村扶贫开发纲要(2011—2020年)》中提出"大力推进旅游扶贫",首次将旅游扶贫作为产业扶贫的形式之一写进政府扶贫纲领性文件,并对民族地区、边疆地区和革命老区加大扶持力度,在全国共划分了滇桂黔石漠化区、武陵山区、秦巴山区等11个集中连片特困地区,再加上已明确实施特殊扶持政策的西藏、四省藏区、新疆南疆三地州,共14个片区。广西地处祖国西南边陲,"老、少、边、山、穷"是其真实写照,贫困人口多,贫困区域广,是全国脱贫攻坚的主战场之一,扶贫开发任务艰巨。广西旅游资源丰富,近年来深入实施旅游脱贫攻坚,出台了一系列旅游扶贫政策法规,取得了较好成绩,但同时其旅游扶贫还存在诸多问题。如何通过旅游业带动广西民族地区脱贫致富,促进经济、文化、生态可持续发展,实现社会共建共享是当前亟待解决的问题。

"驱动"一词具有"驭使""推动"之意。从管理学的角度来看,"驱动"一词是指主体的活动对目标实现的推动作用。而"机制"一词源于希腊语,原意为机械、机械装置、机械构造及其运行原理,后被广泛运用于自然科学和社会科学中，泛指系统的内部结构、运行工作原理和内在规律。通过上述对词语的解释可以了解到，"驱动机制"是事物发生、发展动因的构成要素，以及这些要素的内在运行机制。但需要注意的是，驱动机制与驱动因素、驱动系统不能混为一谈，三者的范畴不同。驱动因素是事物发展动因的集合，驱动系统是由各驱动因素构成，而驱动机制不仅包括一系列驱动因素以及各驱动因素的作用力和相互关系，还包括这些驱动因素组成的驱动系统、驱动系统工作的原理和动态过程。本章内容，首先要理清全域旅游视阈下广西民族地区包容性旅游扶贫的驱动因素，进而根据各驱动因素之间的相互关系，构建旅游扶贫的驱动系统，剖析驱动系统的特征、结构、各子系统之间的相互关系及作用机理，以探明全域旅游视阈下广西民族地区包容性旅游扶贫的驱动机制。

第一节　全域旅游视阈下广西民族地区包容性旅游扶贫驱动因素选取的原则

选取旅游扶贫驱动因素要考虑许多因素，以便后续调研中获得相关的资料和进行数据的处理。旅游扶贫驱动因素选取的原则有以下几条。

一、简明可行性原则

在强调各驱动因素间有机联系的同时，应避免因素之间的交叉和重复，否则缺乏实用性；驱动因素数量也不宜过多，应尽可能简单、明了，要能充分反映所研究的问题。

二、科学系统性原则

系统性原则要求人们把对象和过程看成是一个相互联系、相互作用的整体。旅游扶贫系统是一个由多个子系统构成的复合系统，各子系统在内涵和范畴上存在较大的差别，是由众多驱动因素构成的。因此，驱动因素必须能全面、科学地反映全域旅游视阈下广西民族地区包容性旅游扶贫的各个方面。应用系统的观点分析包容性旅游扶贫的驱动因素，把握各因素之间的系统关系，进而构建旅游扶贫的动力系统。

三、动态引导性原则

全域旅游视阈下广西民族地区包容性旅游扶贫驱动系统是一个具有动态特征的系统，各子系统及构成其的驱动因素是不断变化的。同时，旅游扶贫系统具有很强的地域性，不同地区的旅游扶贫具有较大的地域差异。因此，作为反映系统特征的驱动因素也应因地制宜地反映系统的这种动态性，以引导旅游扶贫工作的顺利开展。

第二节　全域旅游视阈下广西民族地区包容性旅游扶贫驱动因素的确定

旅游扶贫是对民族地区旅游资源的一种特殊利用方式。事实证明，它也是民族地区摆脱贫困、发展经济的一种有效途径。当前，关于全域旅游视阈下广西民族地区包容性旅游扶贫驱动因素的研究较少，因此，本书在参考和借鉴国内外相关研究成果的基础上，综合运用理论遴选、专家咨询等方法，经过三轮分析，最终确定了全域旅游视阈下广西民族地区包容性旅游扶贫的驱动因素。

一、第一轮驱动因素的确定

随着国内外对旅游扶贫重视程度的提高，与之相关的研究成果不断涌现。当前的研究成果主要集中在旅游扶贫现状和对策、旅游扶贫模式、旅游扶贫效应、旅游扶贫的保障机制等方面，而关于旅游扶贫驱动机制的研究成果相对较少，涉及全域旅游视阈下的包容性旅游扶贫驱动机制的相关研究更为少见。为给全域旅游视阈下广西民族地区包容性旅游扶贫驱动因素的甄选提供理论参考，现将学者们从不同角度对旅游扶贫驱动因素或动力机制开展的研究进行梳理分析，具体如表3-1所示。

表3-1　包容性旅游扶贫驱动因素代表性研究成果

作　者	研究对象	动力系统/驱动因素
徐胜兰	广西凤山岩溶国家地质公园旅游扶贫体系	运营系统——政府主导、多方经营、社区参与、产业共建； 保护系统——地质遗迹保护、生态环境保护、乡土文化保护； 支撑系统——制度设计、资金扶持、优化分配、教育培训

续 表

作 者	研究对象	动力系统/驱动因素
王丽	喀斯特地区旅游扶贫的动力机制	供给系统：主体吸引、辅助吸引、中介因素；需求系统：旅游者主观需求、旅游者客观需求；社区参与系统：参与旅游发展决策、设计、营销、服务、分配；扶持系统：政策扶持、资金支持、技术支持；中介系统：协调冲突、开发服务、销售中介、宣传引导
王浪	民族社区参与旅游发展的动力机制	经济效益驱动、民主自治保障、特色精品拉动、区域产业联动、内外借力并举、政府调控引导、社区发展牵引、资源保护优先
徐平	喀斯特地区旅游扶贫的动力机制/动力模型	旅游产品的供给驱动、旅游产业链的整体驱动、剩余劳动力的转移驱动；旅游者构成的需求动力、旅游企业构成的供给动力、居民构成的社区参与动力、政府构成的扶持动力、中介组织构成的中介动力
王超、王志章	西部民族地区旅游包容性发展动力模式	基础设施建设、科学旅游规划、民族文化挖掘、生态环境保护、社会公益活动、话语表达权利、市场营销推广、社会舆论监督
王兆峰	民族地区旅游扶贫	动力要素——政府、旅游供给、旅游需求、社区居民、非政府组织、国际扶贫机构；内源动力机制——民族地区旅游资源的丰富性和独特性，旅游者对异域、异质自然景观和民族文化消费的渴求，民族地区居民求富、求发展的心理，旅游业的乘数效应与关联效应，旅游业投入少、效益好、返贫率低以及劳动密集型特征；外源动力机制——良好的国际国内环境与发展机遇、国家政策和资金倾斜、国内旅游市场逐步成熟
李国平	立体化旅游扶贫模式	非营利性外援"扶"力、旅游效益驱动力、贫困系统脱贫内释力、主客观负面阻力
谢小庆	乡村地区旅游扶贫机制及其效应	政府——资金、人才、技术、政策支持，营造旅游大环境；公司——投入资金、技术、人才，开发旅游线路、旅游商品等；村民——具有脱困需求、提供吸引物、提供劳动力；游客——旅游需求
刘丽梅	旅游扶贫发展的本质及其影响因素	丰富的旅游资源、较好的交通条件、可靠的城市依托、国家政策的倾向、一定的筹资能力、良好的人才机制

续 表

作 者	研究对象	动力系统/驱动因素
赵世钊、吕宛青	民族地区旅游扶贫机制的协同学	源动力系统——民族地区和贫困人口的发展权利和利益需求；内生动力系统——扶贫对象系统内部支撑旅游发展的各种资源，包括贫困人口发展能力和素质、旅游资源、乡村民间组织、村支两委组织等；外援动力系统——贫困人口系统外部各种推动其发展的物质、能量、技术等，主要有政策、资金、旅游景区带动、旅游企业开发、个人或团体智力支持、旅游客源市场等
耿宝江等	四川藏区旅游精准扶贫驱动机制与微观机理	贫困人口的利益诉求及其理性行为；政府、当地社区、企业、非政府组织等扶贫主体的行为驱动
王晴	民族地区旅游扶贫机制性选择与绩效评价	供给系统——旅游企业和社区参与为旅游业的发展提供了旅游产品；需求系统——旅游者追求的差异化旅游带来的精神需求和满足；支持系统——政府对基础设施建设、资金、人才、技术和政策的保障
朱晶晶等	旅游扶贫支持系统和开发模式	旅游扶贫支持系统要素包括政府推动、资金保障、人力资源保障、产业配套、精神扶贫
王凯等	旅游扶贫效率网络结构演化及其驱动机制	片区协作机制、交通工具革新机制、经济要素集聚与扩散机制、旅游发展机制

在简明可行性、科学系统性、动态引导性等原则的指导下，结合本书的研究对象，笔者对其驱动因素开展第一轮的理论遴选。根据目前关于旅游扶贫驱动机制的研究成果，选取使用频率较高的因素，同时结合全域旅游、包容性旅游、旅游扶贫等相关概念的内涵、特征、基本要素特点，最终选取了34项因素作为全域旅游视阈下广西民族地区包容性旅游扶贫的驱动因素，组成了第一轮驱动因素 $X^{(1)}$，如表3-2所示。

表3-2 全域旅游视阈下广西民族地区包容性旅游扶贫的第一轮驱动因素$X^{(1)}$

序 号	驱动因素	序 号	驱动因素
1	民族地区经济发展的需要	18	旅游市场需求
2	相关产业的融合发展	19	旅游资源供给
3	旅游客源市场	20	区域资源的有机整合
4	民族地区人口自身发展的需要	21	资本资源
5	市场支持	22	区域联动发展
6	技能培训支持	23	乡村民间组织
7	非政府组织	24	人力资本
8	基础设施建设	25	生态环境的保护
9	贫困人口的发展能力和素质	26	社区居民均等参与旅游发展的权利和机会
10	区位条件	27	民族地区人口的发展权利和利益需求
11	媒体传播	28	旅游者
12	政府政策法规	29	社区居民参与
13	旅游企业	30	旅游产品供给
14	国际扶贫机构	31	广告宣传
15	旅游环境的优化	32	旅游业发展水平
16	地方资源保护和发展的需要	33	和谐社会的构建
17	社区发展牵引	34	信息支持

经过理论遴选得到的全域旅游视阈下广西民族地区包容性旅游扶贫的第一轮驱动因素 $X^{(1)}$ 能够集中反映出目前专家学者关注的焦点，但所选取的驱动因素具有较强的主观色彩，且各因素之间可能存在重复、相互包含等关系，其系统性、逻辑性仍有待增强。因此，有必要运用专家咨询法对其进行进一步修正，以丰富和完善相关内容，并提高驱动因素的科学性、合理性和有效性。

二、第二轮驱动因素的确定

笔者将第一轮驱动因素 X[1] 制成调查问卷（附录1），邀请了30位专家作为调查对象，这些专家或是长期从事旅游扶贫、全域旅游等方面研究的专家学者，或是广西旅游部门、扶贫办等相关政府部门人员，均对旅游扶贫有较为丰富的理论或实践经验。所采用的调查问卷共分为两部分：第一部分运用李克特量表法，将各驱动因素的重要程度分为"重要""较重要""一般""较不重要""不重要"5个程度，并分别赋予9、7、5、3、1的分值，请专家对第一轮的34项驱动因素进行重要性打分；第二部分则请专家就所甄选的第一轮驱动因素提出认为还需进行修改的具体建议，以开放的形式进行填写。本轮共发放专家问卷30份，回收问卷26份且全部有效，有效回收率为86.67%。

笔者运用SPSS20.0对调查结果进行数据处理，得到各驱动因素的均值、标准差与变异系数。其中，各驱动因素得分的均值表示专家认为的重要程度，均值越高，表明专家认为该驱动因素越重要；标准差表示专家意见的离散程度，标准系数越大，表明专家的意见离散程度越大；变异系数是标准差和均值的比值，表示专家意见的协调程度，即"意见协调度"，变异系数越大，表明专家意见的协调性越低，存在分歧越大。

假设 X_{ij} 表示第 i 个专家对第 j 个指标的打分，共有 n 个专家：

$$S_j = \sqrt{\frac{1}{n-1}\sum_{i=1}^{n}(X_{ij}-M_j)^2} \qquad (3-1)$$

$$M_j = \frac{1}{n}\sum_{i=1}^{n}X_n \qquad (3-2)$$

$$V_j = S_j/M_j \qquad (3-3)$$

式中：V_j 越小，j 指标的专家意见协调度越高；M_j 为 n 个专家对 j 指标评分的均值；S_j 为 n 个专家对 j 指标评分的标准差；V_j 为全部专家对 j 指标评价的变异系数。

笔者利用SPSS20.0对所收集到的数据进行处理，对第一轮驱动因素的"重要程度"和"意见协调度"进行了筛选，如表3-3所示。

表3-3 第一轮驱动因素筛选结果

序 号	驱动因素	M_j	V_j
1	民族地区经济发展的需要	6.462	0.214
2	旅游市场需求	8.308	0.125
3	相关产业的融合发展	7.154	0.264
4	旅游资源供给	8.077	0.136
5	旅游客源市场	5.154	0.181
6	区域资源的有机整合	6.462	0.146
7	民族地区人口自身发展的需要	6.077	0.172
8	资本资源	8.462	0.127
9	市场支持	5.231	0.164
10	区域联动发展	7.462	0.176
11	技能培训支持	7.692	0.169
12	乡村民间组织	5.692	0.163
13	非政府组织	6.538	0.177
14	人力资本	7.692	0.153
15	基础设施建设	6.769	0.171
16	生态环境的保护	6.692	0.165
17	贫困人口的发展能力和素质	7.077	0.223
18	社区居民均等参与旅游发展的权利和机会	6.846	0.206
19	区位条件	7.308	0.152
20	民族地区人口的发展权利和利益需求	6.846	0.118
21	媒体传播	6.615	0.142
22	旅游者	6.923	0.167
23	政府政策法规	7.385	0.121
24	社区居民参与	8.231	0.159

续　表

序　号	驱动因素	M_j	V_j
25	旅游企业	7.615	0.135
26	旅游产品供给	5.846	0.178
27	国际扶贫机构	6.769	0.147
28	广告宣传	5.538	0.158
29	旅游环境的优化	6.308	0.236
30	旅游业发展水平	6.385	0.148
31	地方资源保护和发展的需要	6.154	0.157
32	和谐社会的构建	7.230	0.162
33	社区发展牵引	6.231	0.193
34	信息支持	5.923	0.186

根据表 3-3 以及专家的意见反馈，笔者以 6.0 为临界值，剔除掉 $M_j \leqslant 6.0$ 的 6 个驱动因素，同时，少数驱动因素的变异系数较大，如"民族地区经济发展的需要""相关产业的融合发展""贫困人口的发展能力和素质""社区居民均等参与旅游发展的权利和机会""旅游环境的优化"等 5 项因素的变异系数分别为 0.214、0.264、0.223、0.206、0.236，这说明专家对上述 5 项驱动因素重要性有着不同见解，尚未达成较一致的意见。根据数据处理结果及整合专家所提的具体修改意见，现对第一轮驱动因素进行如下修改：

（1）剔除了"旅游客源市场""市场支持""乡村民间组织""旅游产品供给""广告宣传""信息支持"等重要性程度低的 6 项驱动因素。

（2）对专家意见分歧较大的驱动因素进行调整。例如，有些专家认为"民族地区经济发展的需要"内涵较窄，旅游扶贫不仅是民族地区经济发展的需要，经济的发展也为旅游扶贫奠定了坚实的基础，建议将这一驱动因素改为"区域经济发展水平"；一些专家认为"相关产业的融合发展"的外延过大，针对旅游扶贫而言，将其改为"旅游产业融合发展"更为恰当；部分专家认为"贫困人口的发展能力和素质""社区居民均等参与旅游发展的权利和机会"这两项驱动因素与"社区居民参与"的内涵重复，"社区居民参与"已包含社区居民参与意愿、参与能力、参与权利和机会等多个方面,建议将上述两项并入"社区居民参与"这一因素之中;部分专家认为"旅游环境的优化"这一驱动因素针对性不强,外延较窄,旅游扶贫不仅需要优化旅游环境,还需要较好的扶贫环境,建议将其修改为"旅游扶贫环境的优化"。

(3)此外,部分专家还从全域旅游、包容性旅游扶贫的概念、特征、要素等方面出发,建议增加"生产性就业岗位增加的需要""利益共享的驱动""社会重视程度""旅游扶贫主管部门""精准扶贫的要求""旅游业的关联带动性""学术研究""旅游服务设施建设"这8项驱动因素。

在综合考虑专家的意见以及对数据分析处理的基础上,笔者对第一轮驱动因素进行了相应的修正,最终确定了全域旅游视阈下广西民族地区包容性旅游扶贫的第二轮驱动因素 $X^{(2)}$,共包括34项驱动因素,如表3-4所示。

表3-4 全域旅游视阈下广西民族地区包容性旅游扶贫的第二轮驱动因素$X^{(2)}$

序号	驱动因素	序号	驱动因素
1	区域经济发展水平	18	旅游市场需求
2	旅游产业融合发展	19	旅游资源供给
3	区域资源的有机整合	20	民族地区人口自身发展的需要
4	资本资源	21	区域联动发展
5	技能培训支持	22	非政府组织
6	基础设施建设	23	人力资本
7	生态环境的保护	24	区位条件
8	民族地区人口的发展权利和利益需求	25	媒体传播
9	17.旅游者	26	政府政策法规
10	社区居民参与	27	旅游企业
11	国际扶贫机构	28	旅游扶贫环境的优化
12	旅游业发展水平	29	地方资源保护和发展的需要
13	和谐社会的构建	30	社区发展牵引
14	生产性就业岗位增加的需要	31	利益共享的驱动

续 表

序 号	驱动因素	序 号	驱动因素
15	社会重视程度	32	旅游扶贫主管部门
16	精准扶贫的要求	33	旅游业的关联带动性
17	学术研究	34	旅游服务设施建设

三、第三轮驱动因素的确定

为保证修正后所确定的全域旅游视阈下广西民族地区包容性旅游扶贫第二轮驱动因素的科学性及严谨性，将第二轮筛选确定的驱动因素再次编制成专家调查问卷（附录2），并交予上一轮驱动因素筛选中进行问卷调查反馈的专家，邀请他们对调整后的驱动因素的重要性进行打分。本轮专家问卷共发放26份，回收24份，有效回收率92.3%，具体分析结果如表3-5所示。

表3-5 第二轮驱动因素筛选结果

序 号	驱动因素	M_j	V_j
1	区域经济发展水平	7.583	0.138
2	旅游市场需求	8.250	0.127
3	旅游产业融合发展	7.333	0.163
4	旅游资源供给	7.833	0.142
5	区域资源的有机整合	5.833	0.135
6	民族地区人口自身发展的需要	6.167	0.247
7	资本资源	8.333	0.118
8	区域联动发展	7.417	0.173
9	技能培训支持	7.667	0.234
10	非政府组织	6.667	0.182
11	人力资本	7.167	0.217

续 表

序号	驱动因素	M_j	V_j
12	基础设施建设	7.500	0.125
13	生态环境的保护	6.833	0.138
14	区位条件	7.083	0.153
15	民族地区人口的发展权利和利益需求	6.250	0.213
16	媒体传播	6.750	0.171
17	旅游者	6.917	0.139
18	政府政策法规	7.750	0.148
19	社区居民参与	8.167	0.136
20	旅游企业	6.500	0.118
21	国际扶贫机构	6.083	0.122
22	旅游扶贫环境的优化	6.583	0.134
23	旅游业发展水平	5.750	0.129
24	地方资源保护和发展的需要	5.917	0.157
25	和谐社会的构建	7.000	0.253
26	社区发展牵引	6.667	0.192
27	生产性就业岗位增加的需要	7.167	0.147
28	利益共享的驱动	7.917	0.179
29	社会重视程度	6.750	0.171
30	旅游扶贫主管部门	6.333	0.158
31	精准扶贫的要求	8.083	0.184
32	旅游业的关联带动性	8.417	0.128
33	学术研究	6.250	0.155
34	旅游服务设施建设	7.333	0.167

第三章 全域旅游视阈下广西民族地区包容性旅游扶贫驱动机制研究

由表 3-5 可知，绝大部分驱动因素的重要性评价均值大于 6，且变异系数小于 0.2，即专家意见协调程度较高，表明大部分驱动因素获得了专家的认可。但仍有"区域资源的有机整合""旅游业发展水平""地方资源保护和发展的需要" 3 项指标的重要性评价均值低于 6。为此，笔者 6.0 为临界值，剔除 $M_j \leqslant 6.0$ 的 3 项驱动因素，并在保留意见集中度 $M_j > 6.0$ 的 31 项驱动因素基础上，进一步结合变异系数较大的驱动因素，如"民族地区人口自身发展的需要""技能培训支持""人力资本""民族地区人口的发展权利和利益需求""和谐社会的构建"等 5 项驱动因素，对第二轮驱动因素进行如下修改：

（1）部分专家认为"民族地区人口自身发展的需要""民族地区人口的发展权利和利益需求"内涵存在重叠，建议将其合并修改为"社区居民自身发展和利益诉求"。

（2）部分专家认为"和谐社会的构建"是我国社会发展战略目标，外延较广，建议将其改为"全面小康社会建设"更为恰当。

（3）部分专家对"技能培训支持"和"人力资本"存在疑义，认为技能培训只是增强旅游扶贫人力资本的一种方式，"人力资本"的外延更广，能更好地发挥在其旅游扶贫中的作用，因此建议删掉"技能培训支持"这一因素。

综合上述计算结果和专家意见，笔者在全域旅游视阈下广西民族地区包容性旅游扶贫第二轮驱动因素的基础上，最终确定了旅游扶贫的第三轮驱动因素 $X^{(3)}$，共包括 29 项驱动因素，如表 3-6 所示。

表3-6 全域旅游视阈下广西民族地区包容性旅游扶贫的第三轮驱动因素 $X^{(3)}$

序 号	驱动因素	序 号	驱动因素
1	区域经济发展水平	16	旅游市场需求
2	旅游产业融合发展	17	旅游资源供给
3	资本资源	18	区域联动发展
4	非政府组织	19	基础设施建设
5	人力资本	20	生态环境的保护
6	区位条件	21	社区居民自身发展和利益诉求
7	媒体传播	22	旅游者
8	政府政策法规	23	社区居民参与

续表

序　号	驱动因素	序　号	驱动因素
9	旅游企业	24	国际扶贫机构
10	旅游扶贫环境的优化	25	全面小康社会建设
11	社区发展牵引	26	生产性就业岗位增加的需要
12	利益共享的驱动	27	社会重视程度
13	旅游扶贫主管部门	28	精准扶贫的要求
14	旅游业的关联带动性	29	学术研究
15	旅游服务设施建设		

第三节　全域旅游视阈下广西民族地区包容性旅游扶贫的动力系统分析

系统动力学（system dynamics，SD）是研究社会系统中有关"动态性复杂问题"的理论，由美国麻省理工学院 J. W. Forrester 教授于1956年创立。系统动力学理论通过动态性思考，分析了解因果反馈关系，借此对动态复杂问题进行定性描述，并对其信息传递、运作流程与组织边界进行定义，通过电脑模拟的方式，建立量化模型，分析真实社会系统，学习系统内部所隐含的因果反馈关系，以寻求问题的解决。系统动力学模型可以灵活地把与某一策略相关的各种因素综合起来研究。旅游扶贫动力系统是指在旅游扶贫过程中，各种要素在一定空间范围内所组成的相互联系、相互作用并具有特定功能和结构的有机整体。目前，全域旅游视阈下广西民族地区包容性旅游扶贫受到区域经济发展水平、旅游市场需求、旅游产业融合发展、旅游资源供给、资本资源、区域联动发展、人力资本、非政府组织、基础设施建设、生态环境的保护、区位条件、媒体传播等多方面因素的影响，这些因素又按照一定的关联性构成一个个子系统。同时，各个子系统之间又存在相互关联与作用，从而共同构成了全域旅游视阈下广西民族地区包容性旅游扶贫的动力系统。

根据系统动力学以及"推—拉"等相关理论，结合上一节所确定的驱动

第三章 全域旅游视阈下广西民族地区包容性旅游扶贫驱动机制研究

因素，再根据各驱动因素之间的相互关系，笔者将驱动全域旅游视阈下广西民族地区包容性旅游扶贫的动力归纳为推力、拉力、支持力和中介力四种力量。其中，推力对全域旅游视阈下广西民族地区包容性旅游扶贫起着推动作用，主要包括区域经济发展水平、旅游市场需求、社会重视程度、旅游产业融合发展、生产性就业岗位增加的需要、区域联动发展、生态环境的保护、社区居民自身发展和利益诉求、全面小康社会建设以及精准扶贫的要求等10个因素；拉力是吸引区域进行包容性旅游扶贫的因素，主要包括旅游资源供给、区位条件、旅游业的关联带动性、利益共享的驱动、社区居民参与、旅游扶贫环境的优化、社区发展牵引等7个因素；支持力是在旅游扶贫中起辅助支撑作用的因素，主要包括基础设施建设、旅游服务设施建设、政府政策法规、资本资源、人力资本、学术研究等6个因素；中介力在包容性旅游扶贫进展中起媒介桥梁的作用，主要包括旅游企业、媒体传播、非政府组织、旅游扶贫主管部门、旅游者和国际扶贫机构等6个因素。据此，构建出由推力系统、拉力系统、支持系统和中介系统组成的全域旅游视阈下广西民族地区包容性旅游扶贫的动力系统（图3-1）。

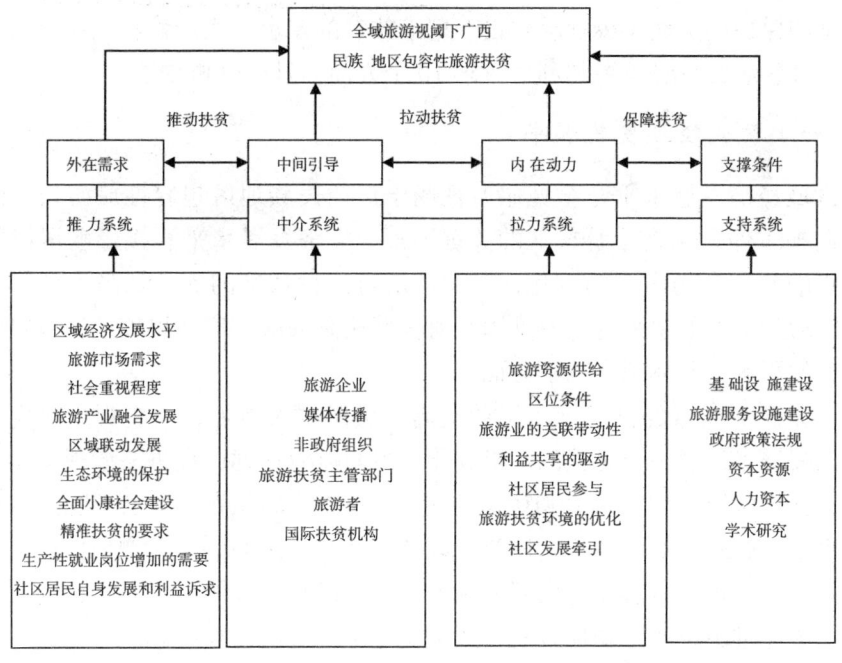

图3-1 全域旅游视阈下广西民族地区包容性旅游扶贫的动力系统模型

图3-1概括了全域旅游视阈下广西民族地区包容性旅游扶贫动力系统的

构成。从这个系统中可以看出，广西民族地区包容性旅游扶贫的顺利开展是多种力量共同作用的结果，可以将这些力量称为旅游扶贫的驱动因素，而全域旅游视阈下广西民族地区包容性旅游扶贫的动力系统是各驱动因素的有机结合，这些因素按照各自的关联性构成一个个子系统。全域旅游视阈下广西民族地区包容性旅游扶贫的动力系统包括4个子系统，其中推力系统是旅游扶贫的原动力，也是旅游扶贫的外在助推力；拉力系统是旅游扶贫的诱发力和内驱力，通过相关驱动要素综合作用吸引其进行旅游扶贫；而推力系统和拉力系统又通过中介系统联系起来从而发挥作用；支持系统是旅游扶贫的支撑和保障，以保证其有效地进行旅游扶贫。这4个方面的子系统相互作用，共同促进全域旅游视阈下广西民族地区包容性旅游扶贫的顺利开展。

一、推力系统

推力系统是全域旅游视阈下广西民族地区包容性旅游扶贫的助推力，也是促进需求和供给产生的系统。本书所确定的推力系统主要包括区域经济发展水平、旅游市场需求、社会重视程度、旅游产业融合发展、区域联动发展、生态环境的保护、全面小康社会建设、精准扶贫的要求、生产性就业岗位增加的需要、社区居民自身发展和利益诉求10个方面，具体分析如下。

（一）区域经济发展水平

区域经济发展水平是全域旅游视阈下广西民族地区包容性旅游扶贫的基础和前提条件，也是旅游扶贫的关键因素。经济发展水平直接影响居民的收入，影响旅游市场需求的变化，影响政府对旅游扶贫的支持保障力度等。当前，区域经济发展水平这一驱动因素对全域旅游视阈下广西民族地区包容性旅游扶贫的影响主要体现在以下方面：

一是随着区域经济发展水平的提高，居民收入增加，消费观念改变，再加上闲暇增多，居民有更强的动机和能力参与旅游活动，促进旅游现实需求的产生，促进旅游者旅游观念和认识的转变——原本的观光旅游已不能满足旅游者的需求，旅游者对个性化、体验性服务以及文化产品的需求增加，这就需要市场提供个性化、具有文化内涵的旅游产品，满足游客的市场需求，这在一定程度上为通过旅游业带动地区脱贫致富奠定了良好的市场基础。

二是经济发展水平直接影响当地政府对旅游扶贫的支持力度。在经济快速发展的背景下，当地政府财政收入的稳步增加，可以为民族地区基础设施建设、旅游服务设施建设、学术研究等提供资金支持，以推动旅游扶贫工作的开展。从表3-7可知，2007—2018年广西地区生产总值、人均国内生产总值以及财政收入都呈逐年增长的趋势，经济发展水平有了较大幅度的提升。据统计，2016年，广西全区生产总值为18 245.07亿元，全区经济全年增长7.3%，增速高于全国0.6个百分点。不断增长的经济水平为广西民族地区包容性旅游扶贫提供了强有力的经济后盾，为包容性旅游扶贫的顺利开展创造了良好的条件。

表3-7　2007—2018年广西壮族自治区主要经济指标

年　份	地区生产总值（GDP）		人均GDP	财政收入
	绝对数（亿元）	在全国排名	绝对数（元）	绝对数（亿元）
2007	5 823.41	18	11 417	703.88
2008	7 021.00	17	14 966	843.30
2009	7 759.16	18	15 923	966.88
2010	9 569.85	18	20 219	1 228.61
2011	11 720.87	18	25 451	1 542.23
2012	13 035.10	17	27 951	1 810.14
2013	14 449.90	18	30 741	2 001.26
2014	15 672.89	19	33 090	2 162.54
2015	16 803.12	17	35 345	2 332.96
2016	18 245.07	17	37 876	2 454.05
2017	20 396.25	17	41 955	2 604.21
2018	20 352.51	18	41 489	2 790.35

资料来源：2008—2019年《广西统计年鉴》。

（二）旅游市场需求

随着经济的快速发展，居民的生活水平不断提高，人们的旅游需求日渐增长。此外，随着体验经济时代的到来，越来越多的旅游者开始注重旅游过程中的自然和文化体验，尤其是随着旅游活动的丰富，人们更加重视深层次的文化体验。目前，社会对文化单一化的倾向有着内在的抵触力，向往有别于主流文化的异域风情和民族文化体验。广西作为一个以壮族为主、多民族聚居的少数民族自治区，其境内有汉族、壮族、瑶族、苗族、侗族、仫佬族、毛南族、回族、京族、彝族、水族、仡佬族等12个世居民族，另有满族、蒙古族、朝鲜族、白族、藏族、土家族等其他民族44个，民俗风情浓郁，文化底蕴深厚，且自然旅游资源丰富、独特，契合了人们对于边缘、异族、异域、异质文化的渴求。

近年来，凭借资源优势，广西旅游热度不断上升，吸引了越来越多的游客。广西2012—2018年旅游人次和旅游收入如表3-8所示。以2016年为例，据统计，全年全区入境过夜游客482.52万人次，比上年增长7.2%；国际旅游消费21.64亿美元，增长12.9%；接待国内旅客40 400万人次，增长20.02%；国内旅游消费4 047.65亿元，增长29.1%；旅游总收入4 191.36亿元，增长28.8%。由此可见，广西正成为我国重要的旅游目的地，旅游客源市场的日渐增长为广西民族地区利用其优势旅游资源进行旅游扶贫创造了良好的机遇。同时，在闲暇方面，自2014年起，广西在"壮族三月三"期间，自治区全体居民放假2天，这为居民外出旅游提供了更多的闲暇时间，拉动了旅游需求的产生。居民可自由支配收入的增加以及闲暇的增多，为其出游提供了保证，也进一步刺激了广西民族地区通过旅游业带动当地经济发展，实现脱贫致富。

表3-8 广西2012—2018年旅游人次和旅游收入

年份	入境旅游人次（万人次）	国际旅游收入（亿美元）	国内旅游人次（万人次）	国内旅游收入（亿元）	旅游总收入（亿元）	旅游总人次（万人次）
2012	350.27	12.79	20 777.58	1 578.94	1 659.72	21 127.82
2013	391.54	15.47	24 263.92	1 961.32	2 057.14	24 644.46
2014	421.18	17.28	28 564.93	2 494.99	2 601.99	28 986.11
2015	450.06	19.17	33 661.37	3 136.39	3 254.18	34 111.43
2016	482.52	21.64	40 400.00	4 047.65	4 191.36	40 882.52
2017	512.44	23.96	51 812.00	5 418.61	5 580.36	52 324.44
2018	562.33	27.78	67 767.00	7 436.08	7 619.90	68 329.33

资料来源：2012—2018年《广西国民经济与社会发展统计公报》。

（三）社会重视程度

社会各界的重视程度对旅游扶贫的顺利开展同样起着举足轻重的作用。在政府方面，中央和地方政府陆续批复实施了《滇桂黔石漠化片区区域发展与脱贫攻坚规划》《左右江革命老区振兴规划》等政策；2014年国家发展改革委等七部委联合下发《关于实施乡村旅游富民工程推进旅游扶贫工作的通知》，确定了全国乡村旅游扶贫重点村分省名单，对扶贫工作进行了总体安排和全面部署，并指导地方开展扶贫工作。在国家的大力支持和推动下，广西也深入实施旅游脱贫攻坚，先后出台《广西壮族自治区旅游业发展"十二五"规划》《广西扶贫开发整村推进"十二五"规划》以及《关于实施我区新一轮扶贫开发攻坚战的决定》等政策。此外，政府还在资金、技术培训等各个方面对旅游扶贫予以大力支持，并且广泛动员社会力量参与全区旅游扶贫工作，积极引导国有企业、民营企业尤其是旅游企业到民族地区参与旅游扶贫。除政府对旅游扶贫的支持外，商界、学术界、媒体等对旅游扶贫的重视程度都日益提高。在商界，旅游企业积极投入资金和人才资源，借助旅游项目为民族地区提供就业岗位，拉动当地经济的发展。2012年，在第九届中国—东盟博览会举行的柳州招商分会上，三江侗族自治县依托民族文化旅游和城镇化实施异地扶贫安置暨石漠化片区脱贫攻坚示范性项目合作框架性协议签约，该项目由广西八桂投资集团、广西汉军房地产开发有限责任公司和广西苏城投资置业公司投资26亿元开发建设，建成后可实现年接待游客总数600万人次以上，新增就业岗位5 000个以上。在学术界，广西高等院校（如广西大学、桂林理工大学、广西师范大学、桂林旅游学院、广西师范学院等）通过申报国家级、省部级课题对旅游扶贫进行研究，近几年广西高校共承担旅游扶贫有关省部级以上课题30多项；同时积极为广西民族地区旅游规划出谋划策，开办旅游扶贫培训班等，为地区旅游扶贫提供智力支持。在媒体方面，通过报纸、杂志、电视、网络等媒介对旅游扶贫进行推介。例如，在中国旅游新闻网站上设有专门的旅游扶贫栏目，包括扶贫文件、扶贫动态、扶贫协作、扶贫成果、扶贫项目、扶贫沙龙、扶贫政策、扶贫研究、扶贫论坛等内容。社会各界对旅游扶贫工作的重视进一步推动了广西民族地区旅游扶贫工作的开展。

（四）旅游产业融合发展

旅游扶贫的开展离不开相关产业融合推动。广西壮族自治区文化和旅游厅非常重视产业融合工作，积极推动乡村旅游扶贫融合发展，与农业、住建、林业、水利等部门加强合作，签署合作框架协议，建立乡村旅游合作发展工作机制，明确合作重点任务，从大环境上为乡村旅游发展创造条件；与农业、林业、住建等部门联合开展特色景观旅游名镇（村）、休闲农业与乡村旅游示范县和示范点、生态旅游示范区、乡村旅游示范点以及农家乐、渔家乐、森林人家等创建活动，规范化、标准化、多领域、多渠道合力推进乡村旅游发展。南宁市深入推进旅游产业融合，其中兴宁区逐步形成了以昆仑大道为主轴的全域旅游大框架，推进"旅游+"产业融合，助力精准脱贫；充分挖掘民族中医药特色，开展国家中医药旅游示范区创建工作；加快建设南宁合众人寿健康社区、太和"自在城"等养老项目；相关部门还在南宁园博园田园风光区规划范围内建设了5个市级生态综合示范村；马山县古零镇三甲屯举办了中国—东盟山地户外体育旅游大会暨体育扶贫公益行动，吸引了国内大量攀岩精英参加，为当地经济发展带来了新动力。由此可见，广西旅游产业融合发展呈现出"旅游+生态""旅游+健康""旅游+农业""旅游+文化""旅游+体育"等新业态，这将惠及更多的贫困人口，积极助力广西民族地区脱贫致富。

（五）区域联动发展

全域旅游要求以旅游为导向整合地域范围内的全部吸引物要素，将整个地域作为一个旅游目的地来打造，对区域内旅游资源、相关产业、生态环境、公共服务、体制机制、政策法规、文明素质等进行全方位、系统化的优化提升，最终实现区域资源的有机整合、产业融合发展、社会共建共享。区域联动发展对广西民族地区包容性旅游扶贫的开展具有极大的推动作用，具体表现如下：第一，通过区域联动发展可以实现民族地区联合开发，以旅游资源优势地区带动旅游资源较为弱势地区的发展，以热点带动温点、以重点带动全面，突出当地旅游产品的个性和文化内涵，把各地最具特色和吸引力的部分呈现给游客。第二，开展联合营销，形成区域旅游规模效应，打造整体旅游品牌。但在开展旅游扶贫过程中，区域联动发展要充分认识到各地区的差异性、互补性，尽量避免开发同质化的旅游产品，减小竞争，增加合作，共同开拓客源市场。第三，有助于科学设计销售，串联不同的精品旅游线路，满足不同的市场需求。第四，可以在信息、人才、技术等方面实现共享。

广西为推进旅游扶贫工作，积极加强与周边省市的合作。2016年12月，组织深圳旅游协会、主要旅游企业到百色、河池市实地考察，对接旅游扶贫协作工作。有关旅游龙头企业重新拟定赴广西的旅游专线，在深圳及珠三角市场全面推广。同时，结合深圳各区与百色、河池各贫困县结对协作关系，组织推进各区旅游企业组团到各贫困县旅游的专线旅游活动。2017年3月28日，在南宁召开了2017年度粤桂旅游扶贫协作工作座谈会,双方围绕强化旅游扶贫项目招商引资、区域旅游交流协作、旅游宣传推广、乡村旅游扶贫培训、旅游扶贫协作经费保障等5类28项工作计划开展了广泛协商和确定;围绕创新深圳市帮扶百色、河池两市"一对一"精准帮扶模式提出了许多建设性建议,进一步明确了分工安排、措施办法和资金保障等事项。2017年6月,滇黔桂三省区旅游发展委员会在南宁举办2017滇黔桂民族文化旅游示范区旅游工作研讨班,签署了《滇黔桂三省区民族文化旅游示范区建设南宁共识》。会议达成了包括建立更紧密的滇黔桂民族文化旅游示范区推进工作机制、推动三省区政府就打造滇黔桂民族文化旅游示范区达成战略合作框架协议、组织编制《中国滇黔桂民族文化旅游示范区规划》、积极推动交通共建共享、联合打造滇黔桂民族文化旅游品牌、共推滇黔桂高铁旅游带建设、共同打造跨省区特色精品旅游线路、保护和传承传统医药、促进传统医药与健康旅游融合发展、携手脱贫攻坚、加强信息共享、共推人才共建共享等12个方面的共识。

(六)生态环境的保护

广西民族地区大多地理位置较为偏僻,交通不便,且广西喀斯特地貌范围广,生态环境较为脆弱。旅游扶贫具有产业链长、带动效果好的特点,既能改变当地贫困落后的面貌,也能在一定程度上影响和改变民族地区的生态环境。一般而言,在旅游扶贫初期,旅游业发展水平不高,对生态环境造成的压力也不大。当旅游扶贫蓬勃发展起来时,资源消耗增多,旅游污染趋重,对生态环境造成的压力随之增大,旅游扶贫与生态保护之间的矛盾就会逐渐显现。随着旅游扶贫的深入开展,区域经济状况得到改善,人们的生态保护意识逐渐增强,生态保护受到重视,生态环境趋于改善,旅游扶贫与生态保护就会从矛盾冲突逐渐走向和谐协调。因此,旅游扶贫系统与生态保护系统存在相互约束、交互促进的耦合关系。

从广西当前的旅游扶贫现状来看,民族地区的生态环境得到了一定的保护。从2005年到2016年的11年,全区石漠化面积累计净减84.6万公顷,石漠化地区森林覆盖率从2005年起以年均1个多百分点的速度提升,是全国石漠化面积减少最多的省份,片区森林覆盖率达67.8%,比全区平均水平高6个百分点。2016年,广西开展"兴水利、种好树、优民生、惠民生"主题活动,掀起了冬春水利建设和植树绿化新高潮,政府积极落实,将主题活动与旅游扶贫工作相结合,向贫困村捐赠"美丽广西·生态乡村"清洁物资,整治村内环境卫生。合山市是工矿城市,为发展旅游业,对矿区遗址进行加固和保护等治理工作，在此基础上挖掘现有资源，发展工业旅游，打造了独具特色的 28 号铁轨·十里花廊景区。隆安县将精准扶贫与生态乡村建设相结合，依托布泉河、龙虎山、定典屯等景区发展旅游经济、打造示范村，生态旅游声名鹊起，各地游客纷至沓来，越来越多的贫困户吃上了"旅游饭"。但在旅游扶贫之前，当地村民为了生计，不惜在布泉河里电鱼、毒鱼甚至炸鱼，生态环境遭到了一定程度的破坏。当地生态旅游的发展让村民认识到，破坏环境就是砸自己的"饭碗"，保护环境就是保护自己的财源，如此促进了旅游扶贫与生态环境保护的协调发展。

（七）全面小康社会建设

全面建成小康社会是党和国家到 2020 年的奋斗目标。20 世纪 70 年代末 80 年代初，邓小平在规划中国经济社会发展蓝图时提出了"小康社会"的战略构想；党的十五届五中全会提出，从 21 世纪开始，我国进入全面建成小康社会、加快推进社会主义现代化的新的发展阶段；党的十六大报告《全面建设小康社会，开创中国特色社会主义事业新局面》提出了全面建成小康社会的基本标准，包括人均国内生产总值、城镇居民人均可支配收入、农村居民家庭人均纯收入、恩格尔系数等方面。随着我国社会经济的发展，党和国家对全面建成小康社会提出了新的目标和要求。2017 年 7 月 26 日，习近平在省部级主要领导干部"学习习近平总书记重要讲话精神，迎接党的十九大"专题研讨班上，明确了全面建成小康社会的检验标准：一是得到人民认可，二是经得起历史检验。在这方面，旅游业具有覆盖面大、关联度高、拉动力强、综合性能突出等特点，而旅游扶贫具有独特优势，门槛低、投资少、就业容量大、见效快，完全能够在脱贫攻坚中大有作为：一方面，能让民族地区的贫困人口增加收入，实现脱贫致富；另一方面，可使不少位于民族地区内高品质的风景区被陆续开发出来，丰富我国的旅游产品市场。由此可见，旅游扶贫是促进民族地区脱贫的重要方式和手段，也是全面小康社会建设的重要途径。

（八）精准扶贫的要求

精准扶贫是指针对不同贫困区域、不同贫困农户状况，运用科学有效的程序对扶贫对象实施精确识别、精确帮扶、精确管理的治贫方式。精准扶贫是针对我国扶贫实践工作长期存在的"扶贫对象不明、贫困原因不清、扶强不扶弱、旅游漏损严重、扶贫资金和项目指向不准、扶贫措施针对性不强"等问题总结出来的经验。"精准扶贫"这一重要思想最早在 2013 年 11 月习近平到湖南湘西考察时首次作出"实事求是、因地制宜、分类指导、精准扶贫"的重要指示中体现的。2014年1月，党中央详细规制了精准扶贫工作模式的顶层设计，以推动"精准扶贫"思想落地。2014年3月，习近平参加两会代表团审议时强调要实施精准扶贫，瞄准扶贫对象，进行重点施策，进一步阐释了精准扶贫理念。自提出精准扶贫思想以来，习近平在各地调研时多次提及这一理念，并于2015年6月在贵州提出：扶贫工作要做到"切实落实领导责任、切实做到精准扶贫、切实强化社会合力、切实加强基层组织"，并将精准扶贫思想概括为"扶持对象精准、项目安排精准、资金使用精准、措施到户精准、因村派人精准、脱贫成效精准"。面临进入脱贫攻坚新阶段，广西对旅游扶贫的重视程度不断加深，积极响应中央提出的精准扶贫新机制，提出《中共广西壮族自治区委员会关于贯彻落实中央扶贫开发工作重大决策部署坚决打赢"十三五"脱贫攻坚战的决定》及有关行动方案，紧紧围绕精准扶贫的核心目标，全面推进旅游精准扶贫有效实施，推动旅游扶贫工作再上新台阶。而包容性旅游扶贫强调通过发展旅游产业增加生产性就业岗位，为贫困人口创造更多的就业机会；通过旅游发展提升贫困人口的就业能力，让他们在均等的发展机会中通过劳动改变贫困状况，实现经济和政治上的可持续性；通过旅游经济成果的收入分配政策减少因旅游经济带来的社会贫富差距，保障社会公平正义。从概念上来看，包容性旅游扶贫与精准扶贫在一定程度上存在共通之处，都要求给贫困人口均等参与旅游扶贫的机会，使其共同分享旅游扶贫所带来的经济成果。因此，从一定程度上来说，开展包容性旅游扶贫是现阶段实施精准扶贫工作的要求。

（九）生产性就业岗位增加的需要

文化水平低下、思想僵化、地理位置偏僻、交通不便、缺乏资金和技术、生态环境脆弱等是造成之前很多民族地区贫困的原因。很多村民为谋生选择外出务工，由于没有技术、文化水平低，只能从事底层的体力劳动，获得的收入非常少。很多贫困村的青壮年劳动力少，村里大多为留守儿童和老人。由于种田收入微薄，当地也没有较好的就业岗位，导致大批青壮年选择背井离乡。大量留守儿童由于监管不力、受教育程度不高，很多又跟随其父母的步伐外出务工，成为"农民工二代"，形成恶性循环。因此，当前民族地区能否就地解决贫困人口的就业问题成为扶贫工作的重点。

包容性旅游扶贫是一种发展理念，是一种借助发展旅游摆脱贫困的方式。基于包容性增长的要求，包容性旅游扶贫强调3个方面：一是通过旅游产业促进生产性就业岗位的增加，为贫困人口创造更多就业机会；二是通过发展旅游产业来提升贫困人口的劳动技能，让其在均等机会中充分就业，改变经济状况，实现经济和政治上的可持续发展；三是通过制定旅游经济成果的收入分配政策，缩小旅游经济带来的社会贫富差距，实现社会公平正义。[①] 由此可见，包容性旅游扶贫可以充分发挥包容性发展和旅游产业的优势，为民族地区提供更多的就业机会，从而解决民族地区的富余劳动力问题，盘活地方经济。旅游业作为劳动密集型产业，通过一个景区或一个旅游项目的建设，可以为当地带来较多的就业机会。以广西龙胜各族自治县为例，其采取"公司+景点+农户"的经营模式运营，各担责任，合作共赢。政府及公司负责景区基础设施建设，农户以祖辈留下的梯田作为资产入股，按门票收入的10%提取梯田维护费返还给村民（旅游分红）。2016年，其旅游分红达500多万元，最多一户分得4.35万元，最少的也超过万元。同时，景区主动吸纳当地和周边贫困农户参与梯田维护、抬轿背包、民俗歌舞表演、旅游接待等服务，使贫困人口能够从多方面获取收益。此外，家庭旅馆、餐饮和土特工艺品销售等均由当地村民自主经营，保障了村民参与旅游开发的权利，提高了其经营性收入。2019年，全县有20多个乡村旅游扶贫示范点，惠及2 600多户8 000多贫困人口，35%以上的贫困人口依托旅游实现稳固脱贫，旅游扶贫已成为龙胜开展脱贫攻坚工作的重要途径。

（十）社区居民自身发展和利益诉求

改革开放以来，我国的传统扶贫主要有救济式扶贫、自救式扶贫、农牧业产业化扶贫等方式。传统的扶贫大多为"治标不治本"的"输血"式扶贫方式。民族地区部分人口素质较低，思想观念比较落后，缺乏与外界的信息交流，认为政府的资助理所当然，形成了一种"等、靠、要"的思想，导致有的地区越扶越贫，更谈不上经济的发展和贫困人口自身的发展。对民族地区贫困人口而言，传统扶贫与其自身发展与利益相关性均较小，致使其生产积极性较低，扶贫效果及效率较差。旅游业具有投资少、见效快、门槛低、返贫率低的优点，对民族地区开展包容性旅游扶贫不仅可以利用旅游业的关联性，带动农业、林业、工业等相关产业的发展，还能为当地居民提供就业岗位，促进居民自身能力的提升和发展，促使其从旅游扶贫中持续获利，形成发展自我与持续获利的良性循环。近年来，广西积极促进各地市旅游发展委员会与人社部门、

---

① 李柏槐. 四川旅游扶贫开发模式研究 [J]. 成都大学学报（教育科学版），2007（6）：86-89.

高等院校、旅游职业技校、旅游企业合作，举办 2016 春季旅游扶贫就业专题招聘活动，加强对贫困村从业人员培训，提高从业人员服务技能和经营管理水平，实施智力扶贫。重点培训贫困村周边一批乡村旅游经营户、旅游致富带头人、能工巧匠传承人和旅游扶贫重点村的村干部，着力培养一支较高素质的乡村旅游实用人才队伍，提升贫困村周边乡村旅游区、农家乐吸纳就业能力和贫困群众自我发展能力。贫困人口自身的能力得到提升，其参与旅游扶贫的广度和深度也会有所不同，从旅游中所获得的经济效益也会随之增加。

由此可见，区域经济发展水平、旅游市场需求、社会重视程度、旅游产业融合发展、区域联动发展、生态环境的保护、全面小康社会建设、精准扶贫的要求、生产性就业岗位增加的需要、社区居民自身发展和利益诉求等要素，共同推动了全域旅游视阈下广西民族地区包容性旅游扶贫工作的开展，这些要素紧密相连，它们之间相互影响、相互作用，共同构成了全域旅游视阈下广西民族地区包容性旅游扶贫的推力系统。由这 10 个要素组成的推力系统的作用机制可以用图 3-2 描述。

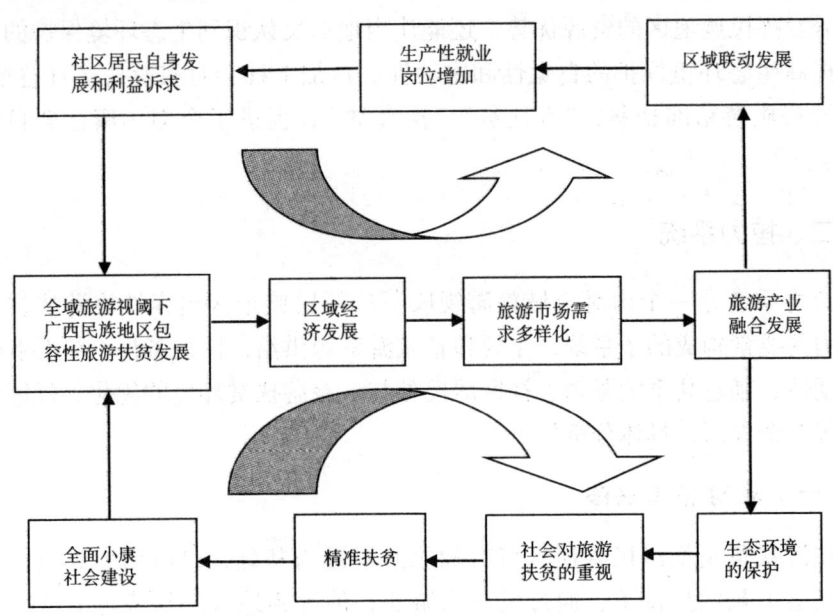

图 3-2　全域旅游视阈下广西民族地区包容性旅游扶贫的推力系统

由图 3-2 可知，全域旅游视阈下广西民族地区包容性旅游扶贫的推力系统中各驱动因素之间的关系反馈回路有两条：

（1）区域经济发展 — 旅游市场需求多样化 — 旅游产业融合发展 — 区域

联动发展 — 生产性就业岗位增加 — 社区居民自身发展和利益诉求 — 全域旅游视阈下广西民族地区包容性旅游扶贫发展 — 区域经济发展。这说明随着区域经济的发展，人们的生活水平不断提高，人们在物质生活得到满足的前提下对精神文化生活的消费需求日益增长，并提出了更高的要求，旅游市场需求呈现出多样化的趋势，这就需要旅游产业进行业态创新、融合，开发出对旅游者更具吸引力的旅游产品。旅游产业的融合发展要求将不同的资源进行有效整合，在一定程度上为区域联动发展创造条件，并可以进一步做大做强旅游业，推动当地生产性就业岗位的增加，进而促进社区居民自身得到发展并从中获得利益，实现脱贫致富。同时，旅游扶贫的发展又促进了当地经济的发展。

（2）区域经济发展 — 旅游市场需求多样化 — 旅游产业融合发展 — 生态环境的保护 — 社会对旅游扶贫的重视 — 精准扶贫 — 全面小康社会建设 — 全域旅游视阈下广西民族地区包容性旅游扶贫发展 — 区域经济发展。这条线表明随着区域经济的发展，旅游者对旅游产品的要求提高，旅游需求更加多样化，这就要求进行旅游产业融合。从当前旅游产业融合的实践来看，其不仅可以充分发挥民族地区的资源优势，还能让当地居民认识到生态环境保护的重要性，提高生态环境保护的自觉性和主动性。再加上社会对旅游扶贫日益重视，逐步开展旅游精准扶贫，"真扶贫""扶真贫"，促进了全面小康社会目标的实现。

二、拉力系统

拉力系统是一个由对全域旅游视阈下广西民族地区包容性旅游扶贫产生吸引力的要素构成的子系统，主要包括旅游资源供给、区位条件、旅游业的关联带动性、利益共享的驱动、社区居民参与、旅游扶贫环境的优化、社区发展牵引等7个方面，具体分析如下。

（一）旅游资源供给

旅游扶贫是指以民族地区特有的旅游资源为基础，以市场为导向，在政府和社会力量的扶持下，通过发展旅游业，使民族地区的经济走上可持续的良性发展道路，实现贫困人口的脱贫致富。由此可见，丰富的旅游资源是旅游扶贫发展的基础条件。旅游资源是指对旅游者具有吸引力的各种事物和因素的总称。在旅游活动的3个基本要素（旅游者、旅游资源、旅游业）中，旅游资源是旅游活动的客体，也是一个国家或地区旅游业赖以存在和发展的最基本的条件。如果没有旅游资源，旅游者便不会被吸引；没有旅游者的访问，缺乏需求市场，旅游业便会成为无米之炊，根本不可能生存，更谈不上发展。民族地区要在发展旅游业中脱贫致富，必须拥有丰富的旅游资源。实践证明，许多"老、少、边、穷"地区之所以能从发展旅游业中找到新的经济增长点、走出贫困，很大程度上有赖于其旅游资源的吸引力。

广西旅游资源丰富，是全国唯一一个同时具备生态、文化、临边、沿海四大优势的省份。据统计，截至2019年年底，广西共有A级景区529个，其中5A级景区6个；有世界遗产2项，世界地质公园1个，国家级非物质文化遗产50项，全国重点文物保护单位81处。广西具有世界级的自然山水风光、古朴浪漫的跨国滨海风情、世界级的长寿养生资源、壮美神秘的边境风情、生态多元的民俗风情以及灿烂独特的红色历史等吸引力强的旅游资源，还具有适宜旅游的气候环境和季节，这为广西开展旅游奠定了坚实的基础。旅游扶贫通过开发民族地区的旅游资源，兴办旅游经济实体，使旅游业形成区域性支柱产业，实现贫困人口和地方财政"双脱贫""双致富"，真正解决了民族地区的经济发展问题，并以旅游业带动工业、农业和第三产业的发展，促进了当地经济的发展。

（二）区位条件

区位条件是指区位本身所具有的条件、特点、属性和资质等，其构成要素主要包括资源、地理位置、交通区位、与客源地的距离以及与周边旅游景区之间的关系等。其中，地理位置、交通区位、与客源地的距离这几个要素决定了旅游地的可进入性，这直接影响到旅游者的潜在旅游需求能否变为现实旅游需求，而其与周边景区的关系也决定了竞争的激烈程度。如果是同质旅游资源，则会产生激烈的竞争；如果是不同类型的景区，则可以互补，产生聚集效应，吸引更多的旅游者。优越的区位条件可以使旅游资源得到充分的开发和利用，民族地区的区位条件优越与否直接影响其旅游资源能否得到充分开发，直接影响旅游扶贫的绩效高低。因此，优越的区位条件可以吸引更多的企业对其进行开发，对旅游者的吸引力也更大，可为旅游扶贫的顺利开展创造条件。

目前，广西部分适宜发展旅游业的贫困地区地处偏远山区，交通基础设施有待完善，可进入性差，普遍存在铁路干线和火车经停站点少、公路等级低且不成网络、水路不景气、空运不发达等问题，常使中外游客处于一种既向往这些地方自然美景和丰富深邃的人文景观，又畏惧却步的矛盾心理状态之中。此外，广西很多旅游产品存在同质化的情况，竞争激烈，对游客的吸引力不大，无法适应当前旅游业发展的需求。因此，为了使广西民族地区包容性旅游扶贫工作取得良好的成效，广西还需要投入大量资金进行升级改造，大力改善民族地区的交通条件，提高景区景点的可进入性；同时，应抓住当地的特色开发旅游产品，增强对游客的吸引力。

（三）旅游业的关联带动性

旅游产业是一个关联度强的综合性产业，不仅涉及吃、住、行、游、购、娱等要素的核心行业，还能带动农业、文化、加工制造业等行业发展。据研究，旅游业涉及国民经济的 109 个产业和 39 个部门，每增加 1 个就业岗位，可间接带动 7 人就业。此外，据世界旅游组织（UNWTO）统计，旅游业每直接投入 1 美元，相关行业就能增收 4.3 美元。旅游产业的发展需要其他行业的支撑，同时旅游业也对其他产业具有极大的关联带动作用。旅游业的高关联性特征还能带动市场需求，树立地区整体形象，带动物流、资金流、信息流等的发展，从而带动相关部门及整个地区经济的繁荣发展。因此，在旅游资源丰富的民族地区，发展旅游业能带动经济结构的调整和优化，促进区域经济的发展。广西的许多民族地区，如融水、龙胜、阳朔等都是利用自身的优势，把旅游作为扶贫开发的手段，通过旅游走上了致富道路。龙胜各族自治县已成为全国旅游扶贫示范县，"十二五"期间，龙胜各族自治县贫困人口从 7.635 0 万人降至 3.742 1 万人，90% 以上的脱贫人口和发展旅游产业有关，旅游扶贫效果显著，龙脊村、大寨村是其中最为典型的代表。

（四）利益共享的驱动

"利益相关者"（stakeholder）是一个管理学概念，该词最早是在 1963 年由斯坦福研究所的学者提出。弗里曼（R. Edward Freeman）在《战略管理——利益相关者方法》一书中把利益相关者定义为"任何影响组织目标的或被目标影响的群体和个人"。20 世纪 80 年代，利益相关者理论开始被引入旅游研究领域。旅游扶贫作为一种特殊的资源开发方式，也是一项系统工程，需要多方面的力量参与，其利益主体主要有当地政府、社区居民、旅游者、旅游企业等，他们是在旅游活动中对活动的目标和结构施加影响或被影响的群体或个人。不同的利益相关者有着不同的利益诉求。其中，当地政府作为旅游扶贫的监督者和管理者，其利益关注的焦点主要在于提高当地就业率、增加财政收入、保护当地的生态环境、促进当地经济的发展和实现贫困居民脱贫致富等；社区居民作为旅游扶贫的参与者和受益者，其利益关注的焦点在于就业机会的增加、收入的增加、提高生活水平以及保护当地传统环境和生态环境；旅游企业是旅游扶贫的合作者、参与者和受益者，其利益关注点主要在于能否从中获得经济效益；旅游者是旅游扶贫的参与者、体验者和实践者，其关注的焦点在于能否获得高品质的旅游产品、高质量的旅游服务、安全舒适的环境等。全域旅游和包容性旅游扶贫强调共建共享及成果的公平分配，广西通过包容性旅游扶贫可以实现各利益相关者共享旅游扶贫所带来的成果。

（五）社区居民参与

社区居民脱贫致富是包容性旅游扶贫开发研究的核心内容，社区居民的参与是实现旅游扶贫目标的有效途径之一。社区居民既是旅游扶贫的对象，也是旅游扶贫的出发点和归宿。社区居民作为旅游产业的生力军，通过对旅游开发和旅游经营活动的深度参与，在创造旅游价值的同时拥有享用其劳动价值的权益。但是，在旅游扶贫的实践中，社区居民的感知和利益需求却往往被忽视，造成"旅游飞地"现象。从旅游扶贫的现状来看，社区居民参与旅游扶贫的程度、参与的态度和意愿、参与的权利和机会等都会直接影响社区居民从旅游扶贫中获得的收益多少，并直接影响包容性旅游扶贫的效果。

（六）旅游扶贫环境的优化

全域旅游视阈下广西民族地区包容性旅游扶贫的开展受到经济、社会等外部因素，以及旅游产业等内部因素的影响。良好的环境是包容性旅游扶贫顺利开展的保证，旅游扶贫环境不断优化，可以吸引更多的社区居民、旅游企业、旅游者、非政府组织等参与旅游扶贫，并维护好旅游扶贫工作开展的正常秩序。政府为推进旅游扶贫工作，在政策、资金、技术、旅游规划等方面予以支持，为旅游扶贫提供了良好的政策环境；社会各界对旅游扶贫更加重视，如旅游企业加大了对民族地区的资金投入力度，为贫困居民提供技能和旅游服务培训等；媒体加大对旅游扶贫的宣传力度；当地贫困居民逐渐认识到发展旅游业对自身以及本地经济发展的好处，进而积极支持当地旅游开发。因此，随着旅游产业地位的不断提升以及政府、企业、社区居民、媒体等对旅游扶贫的支持，旅游扶贫环境不断优化，从而增强了民族地区通过旅游进行扶贫的吸引力。

（七）社区发展牵引

"社区"一词是社会学中一个基本概念，也是人类学的传统研究领域。旅游目的地社区包括与社区居民相关的所有个人与团体，主要指一般居民、从事旅游业的居民、当地的社区组织，本书所指的社区主要是以社区居民为群体的团体组织或经济组织等。包容性旅游扶贫工作的开展离不开当地社区的支持，同时当地社区的发展也为旅游扶贫提供较强的吸引力。首先，社区发展牵引体现在社区关系上，发展成熟的社区团体可在旅游扶贫中协调好当地社区居民与政府、旅游企业、旅游者等利益相关者之间的关系，为社区居民谋发展、谋福利。其次，社区发展牵引还体现在社区精神上，发展成熟的社区提倡有利于社会进步的伦理、道德和有利于促进共同利益的自觉认同，特别是团结互助精神、民主精神、社会公益精神等。再次，建立良好的社区内部人际关系，促进邻里和谐，也有利于旅游扶贫的开展。最后，社区牵引还体现在社区设施的建设上，社区提供功能良好的硬件设施，如交通、供水、供电设施以及超市、公共游乐场所等，这些设施可为当地旅游扶贫奠定良好的基础。

综上所述，旅游资源供给、区位条件、旅游业的关联带动性、利益共享的驱动、社区居民参与、旅游扶贫环境的优化、社区发展牵引等因素吸引了广西民族地区进行包容性旅游扶贫，而这些要素的相互作用又构成了旅游扶贫的拉力系统。由这7个因素构成的拉力系统的作用机制可以用图3-3说明。

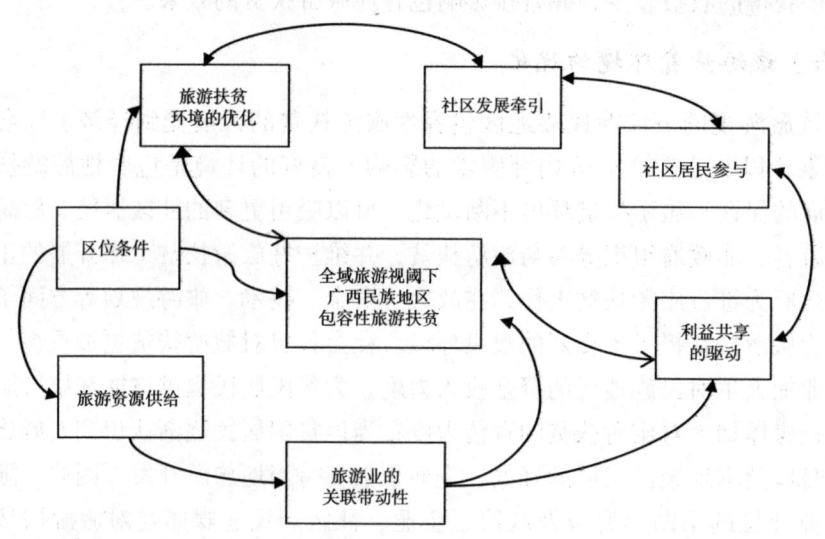

图3-3　全域旅游视阈下广西民族地区包容性旅游扶贫的拉力系统

从图3-3可知，全域旅游视阈下广西民族地区包容性旅游扶贫的拉力系统主要分为2个回路系统。

（1）区位条件—旅游资源供给—旅游业的关联带动性—全域旅游视阈下广西民族地区包容性旅游扶贫—旅游扶贫环境的优化—社区发展牵引—社区居民参与—利益共享的驱动。在这一回路中，特定的区位条件会造就不同的旅游资源，以高品质的旅游资源为载体，利用旅游业的关联带动性，开发出高质量的旅游产品，进而促进民族地区的旅游扶贫工作的开展，并进一步促进旅游扶贫环境的优化。扶贫环境的优化，可以增加政策、资金、技术等方面的支持，这在一定程度上有利于社区的发展，如社区基础设施建设、社区组织建设等，社区的完善和发展有利于吸引更多的社区居民参与旅游扶贫，这又将给居民、政府、旅游企业等带来利益，实现利益共享。此回路说明旅游资源是民族地区开展旅游扶贫的基础供给条件，是影响旅游扶贫效果的关键所在。同时，区位条件不同，对旅游扶贫也会有一定的影响。

（2）区位条件 — 旅游资源供给 — 旅游业的关联带动性 — 利益共享的驱动 — 社区居民参与 — 社区发展牵引 — 旅游扶贫环境的优化 — 全域旅游视阈下广西民族地区包容性旅游扶贫。在这一回路中，不仅强调区位条件、旅游资源以及旅游业的关联带动性对旅游扶贫的吸引力，也强调通过旅游业所带来的经济、文化和社会利益以及利益的共享，能吸引更多的贫困居民参与旅游扶贫，这又进一步促进了社区的发展，进而通过健全、完善的社区优化旅游扶贫的环境，最后促进包容性旅游扶贫的开展。

三、支持系统

支持系统是支持全域旅游视阈下广西民族地区包容性旅游扶贫的环境系统，对旅游扶贫具有很强的辅助、支撑作用。从物质形态来看，主要包括硬件环境支持和软件环境支持。其中，硬件环境支持主要体现在基础设施建设和旅游服务设施建设2个方面；软件环境支持主要体现在政府政策法规、资本资源、学术研究、人力资本4个方面，具体分析如下。

（一）基础设施建设

包容性旅游扶贫的基础设施主要包括道路交通设施、邮电通信网络设施、供水供电、园林绿化、环境保护、卫生事业、危房改造等。其中，道路交通设施直接影响民族地区的可进入性，是决定旅游扶贫效果的重要因素；邮电通信网络设施也是民族地区旅游扶贫所必不可少的，便捷的通信和网络可以保证与外界联系的通畅；水电设施是当地的供水和供电设施，这是满足居民生活的基本条件。完善的基础设施建设是广西民族地区包容性旅游扶贫的基础条件，如果当地社区居民和旅游者的基本生活都不能得到保障，扶贫便无从谈起。

广西民族地区大多属于"老、少、边、山、库"区，全区贫困人口70.8%分布在革命老区，59.6%在少数民族聚居区，48.4%在大石山区，7.3%在边境地区，8.5%在水库移民安置区。这些地方大多交通、水利、电力、通信等基础设施薄弱，不少地方缺水缺电，通信基础设施建设滞后，生态环境脆弱。随着旅游扶贫工作的推进，很多民族地区的基础设施得到了完善。例如，不断加大对农村公路建设投入力度，农村交通状况得到极大改善。2012年以来，广西投资逾百亿元实施"千村公路通畅工程"，到2014年全广西建制村通畅沥青（水泥）路率已接近90%，北海等市已率先实现公路"村村通"，一些基础较好、投入较大的县（区）则正向着"屯屯通"迈进。村（屯）良好的交通条件方便游客开展旅游活动，让游客可以"进得去、出得来、散得开"，为实现旅游扶贫开发提供了有利条件。2018年，全区新建和改扩建旅游厕所939座，建设11个高铁无轨站旅游集散中心，广西9张"创新名片"之一的全域旅游直通车平台上线试运行，整体旅游基础设施不断完善，公共服务水平不断提升。

（二）旅游服务设施建设

旅游服务设施是指为旅游者的旅游活动提供服务的设施条件，主要包括餐饮、住宿、娱乐、购物、旅游厕所、旅游服务中心、生态停车场、旅游标识等设施。旅游服务设施是旅游者顺利完成旅游活动的保障。广西民族地区包容性旅游扶贫是借助旅游业带动民族地区脱贫致富，而旅游业的发展离不开旅游服务设施的支持。为此，广西逐步加快旅游公共服务设施建设，全面提升服务质量和水平。2018年，广西坚持"补齐短板、融合共享、全域覆盖"，推动旅游公共服务转型升级；2019年，广西实施《全区旅游厕所建设管理新三年行动计划（2018—2020年）》，计划从2018—2020年，全部共创建、改扩建旅游厕所2 000座，其中新建1 411座，改扩建589座。继续推进全区旅游标识系统建设以及以高铁站、高速公路服务区为重点的县域旅游集散中心、旅游咨询服务中心等建设。

（三）政府政策法规

政府是整个旅游扶贫系统的主体，其制定的相关政策法规和管理体制，是旅游扶贫开展及其效应发挥的必要条件和重要因素。早在1996年，国家旅游部门和扶贫部门就专门组织部分专家学者研究旅游扶贫，以加强对旅游扶贫的指导，从而帮助民族地区景点建设，提高民族地区旅游企业的竞争力，提高旅游在扶贫中的作用。2011年，中共中央、国务院印发了《中国农村扶贫开发纲要（2011—2020年）》，首次在政府文件中将旅游扶贫作为扶贫的方式之一。2012年发布了《滇桂黔石漠化片区区域发展与脱贫攻坚规划》，明确了滇、桂、黔地区是我国石漠化问题最严重的地区，也是国家新一轮扶贫开发攻坚战主战场。2014年，国务院出台的《关于促进旅游业改革发展的若干意见》指出了旅游业发展在促进我国中西部协调发展、带动中西部民族地区经济发展方面的重大意义。同年，国家发展改革委等七部委联合下发《关于实施乡村旅游富民工程推进旅游扶贫工作的通知》，确定了全国乡村旅游扶贫重点村分省名单，对扶贫工作进行了总体安排和全面部署，并指导地方开展扶贫工作。2015年8月18日，全国乡村旅游提升与旅游扶贫推进会议在安徽黄山召开，会议贯彻《国务院办公厅关于进一步促进旅游投资和消费的若干意见》精神，强调要充分发挥乡村旅游在扶贫开发中的战略作用，着力将乡村旅游建设成美丽乡村的重要载体，实现到2020年通过发展乡村旅游带动全国17%贫困人口（约1 200万人）脱贫。这些政策都有力地推动了旅游扶贫进程，为我国扶贫工作提供了政策支持和保障。

广西地方政府对扶贫工作高度重视，制定了相关的政策法规加大对旅游扶贫的支持力度。自2011年启动新一轮扶贫开发以来，广西深入实施旅游脱贫攻坚，出台《广西壮族自治区旅游业发展"十二五"规划》《广西壮族自治区乡村旅游发展"十二五"规划纲要》《广西扶贫开发整村推进"十二五"规划》《关于加快旅游业跨越发展的决定》等相关规划和文件，指导全区开展旅游扶贫工作，加快旅游扶贫重点村脱贫致富的步伐。2014年，广西吹响了打好新一轮扶贫开发攻坚战的嘹亮号角，制定出台了《关于实施我区新一轮扶贫开发攻坚战的决定》以及28个配套文件，分派全区领导分赴贫困县，深入贫困村屯、贫困户开展调研，亲自参加劳动，带领干部群众投入到扶贫工作中，确保自治区党委、政府的决策部署落到实处。自治区党委政府还发布了《关于创新和加强扶贫开发工作的若干意见》，着重指出"发展特色旅游扶贫"的相关要求，加强对广西民族地区旅游扶贫工作的关注与重视。2015年，进入"十三五"脱贫攻坚阶段，自治区对旅游扶贫的重视程度不断加大，积极响应中央提出的精准扶贫新机制，紧紧围绕精准扶贫的核心目标，全面推进旅游精准扶贫有效实施，推动旅游扶贫工作再上新台阶。2016年以来，自治区还出台了一系列旅游扶贫的政策文件，如自治区旅游发展委员会组织编制《广西壮族自治区旅游扶贫规划纲要》《乡村振兴产业发展基础设施公共服务能力提升三年行动计划（2018—2020年）》《广西智慧旅游与旅游公共服务提升三年行动计划（2018—2020年）》等，这些政策法规的制定和实施，为广西民族地区包容性旅游扶贫提供了政策方面的有力支持。

（四）人力资本

从当前的扶贫实践中可知，贫困国家或民族地区经济落后的原因非常多，其中，人力资本的匮乏、劳动力自由流动受阻、缺乏具有专业知识和技能的高质量人力资本等问题是民族地区经济无法持续发展的关键。在生产日益现代化的环境下，人力资本代表着高生产率，只有在增加物质资本投资的同时，注重对人力资本的开发，将人力资本因素充分融入经济生产中，提高民族地区人口的知识、技能和素质，保证人力资本的质量，实现物质资本与人力资本的齐头并进，才能促进贫困人口进入劳动力市场，促进就业，增加收入，从而带动民族地区经济的良性发展，以达到缩小贫富差距、消除贫困的目的。因此，民族地区相关人才资源的数量和质量对于该地旅游扶贫有重要影响，是其在旅游扶贫中保持活力和竞争力的重要支持条件。旅游扶贫需要旅游行业经营管理人才、旅游扶贫专业人才、旅游服务人才、旅游规划人才等。当前，广西民族地区普遍存在人才缺乏的问题：一方面，虽然广西大部分高等院校开设了与旅游扶贫密切相关的旅游管理专业以及社会学专业，但旅游扶贫的复合型人才较少；另一方面，一些高校毕业生不愿意到民族地区工作，也缺乏旅游扶贫的实战经验。因此，目前政府、旅游业界、高等院校等为提高民族地区旅游扶贫人力资本的数量和质量，依托民族地区自身，举办了一系列人才培训活动，为旅游扶贫提供了智力支持。

（五）资本资源

在经济学意义上，资本指的是用于生产的基本生产要素，主要包括资金、设备、材料等，这里所说的资本资源主要是指资金。发展旅游扶贫需要各方面条件措施的配合，硬件方面如修建道路等基础设施，软件方面如培训专门人才，这些都需要大量的专项资金投入。因此，资本资源是旅游扶贫工作顺利开展的重要保障。

近年来，广西不断加大对民族地区旅游扶贫的资金投入力度。2019年，广西文化和旅游厅重点关注革命老区、边境地区、石漠化地区以及4个极度贫困县和20个深度贫困县，全年共投入旅游发展专项资金2.2亿元，全力开展旅游脱贫攻坚战。此外，广西积极实施项目带动，统筹全区各方资金，强力推动项目建设，助力旅游精准扶贫，积极推动金融产品和社会资本支持旅游扶贫。各地通过组织金融企业，推出扶贫小额贷款、政府贴息贷款等不同形式，不断加大旅游扶贫资金的投入。虽然目前广西对旅游扶贫的资金投入力度较大，但就全区而言还存在较大的资金缺口，很多偏远地区由于资金的缺乏旅游扶贫的开展受到制约。

（六）学术研究

包容性旅游扶贫方面的学术研究能够为旅游扶贫提供理论支持，使其在修正和创新中获得持续发展的能力。我国的旅游扶贫研究自20世纪90年代以来逐渐兴起。随着国家对旅游扶贫越来越重视，相关的研究成果也越来越多。2013—2019年国家社科课题申报中，与旅游扶贫研究相关的立项项目也逐步增加，如表3-9所示。其中，2016年获得立项最多，可谓掀起了"旅游精准扶贫"研究的热潮。学术研究的相关成果，不仅可以完善旅游扶贫的相关理论研究，还可以用于指导旅游扶贫的实践工作，具有一定的理论意义和现实意义。因此，学术研究是旅游扶贫的重要支撑力量。但是，目前针对全域旅游视阈下广西民族地区包容性旅游扶贫的研究成果还较少，缺乏系统深入研究，即在学术研究这方面还有待进一步加强。

表3-9　2013—2019年关于旅游扶贫国家社科项目统计表

年　份	项目立项名单
2013	"连片特困地区扶贫开发与滇西边境民族地区发展稳定调查研究""滇桂黔石漠化集中连片特困区旅游扶贫模式研究"等
2014	"连片特困地区旅游扶贫与生态保护耦合机制研究""民族村寨旅游扶贫的制度瓶颈与破解研究""我国乡村旅游扶贫的农户适应模式与制度设计研究""西南民族地区乡村旅游发展对农户生计模式变迁影响研究""燕山—太行山集中连片特困地区社区参与式旅游扶贫绩效综合评估模型及实证研究"等
2015	"连片特困地区精准扶贫的实践路径研究""互联网背景下西南特困山区扶贫产业发展的路径与机制研究""川滇连片特困藏区生态扶贫调查和制度创新研究""滇桂黔石漠化片区脱贫攻坚情况调查与对策研究""滇桂黔石漠化片区精准扶贫绩效提升机制研究"等
2016	"精准扶贫战略下旅游体验型农村社区营造及效应研究""新疆农牧区旅游精准扶贫研究""集中连片特困仡佬族地区旅游精准扶贫、精准脱贫研究""新疆南疆民族地区旅游精准扶贫识别、帮扶与机制创新研究""精准扶贫背景下西部地区民族传统节庆体育与旅游产业融合发展机理与路径研究""大别山连片特困区旅游精准扶贫研究""旅游精准扶贫中的知识转移与政府职能研究""包容性发展与精准扶贫的融合机制和实施路径研究""以贫困户生存空间拓展为指向的嵌入式旅游精准扶贫研究""南岭走廊民族特色村寨旅游扶贫效果评估研究""精准脱贫视角下滇桂黔石漠化集中连片特困地区旅游扶贫研究""中国旅游扶贫技术效率与反贫困路径依赖破解研究""三峡库区乡村旅游扶贫绩效研究""左右江革命老区乡村旅游扶贫中农民创业问题研究""增权视角下我国革命老区旅游精准扶贫的机制创新与路径优化研究"等

续表

年 份	项目立项名单
2017	"基于权利再分配的旅游精准扶贫机制研究""社会责任视角下乡村旅游小企业参与旅游精准扶贫机制研究""大别山地区户外运动旅游精准扶贫的实现路径研究""西南地区旅游精准扶贫与乡土文化传承的耦合机制研究""基于生计保障的桂滇边境民族地区贫困户旅游精准扶贫机制研究""西南少数民族地区公益性旅游精准扶贫现存问题与对策研究""云南人口较少民族的旅游精准扶贫研究""武陵山片区乡村旅游精准扶贫效益测度及益贫机制研究"等
2018	"滇桂黔石漠化片区旅游精准扶贫效果评价与提升路径研究""高原藏区旅游扶贫有效途径与贫困人口受益模式研究""旅游扶贫绩效动态评估及稳定脱贫长效机制构建研究""三峡库区旅游扶贫风险与返贫干预机制研究""西部地区旅游扶贫进程中农民创业绩效评价与政策研究"等
2019	"山地体育旅游扶贫效应及民族地区居民地方感的问题研究""湘鄂渝黔接壤贫困区旅游扶贫效益评价及提升机制研究"等

总之，全域旅游视阈下广西民族地区包容性旅游扶贫的支持系统与基础设施建设、旅游服务设施建设、政府政策法规、人力资本、资本资源和学术研究等因素密切相关。由这六大因素构成的支持系统的作用机制可以用图3-4表示。

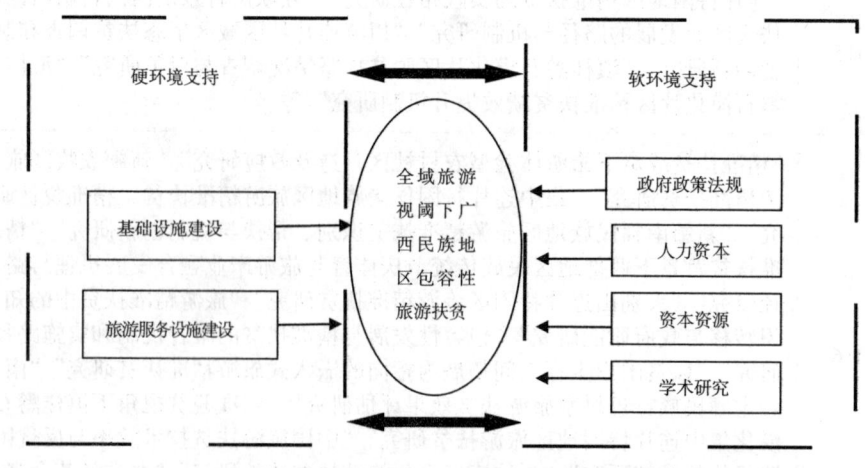

图3-4　全域旅游视阈下广西民族地区包容性旅游扶贫的支持系统

由图 3-4 可知，全域旅游视阈下广西民族地区包容性旅游扶贫的支持系统主要包括硬件环境支持和软件环境支持，两者既相互区别，又彼此促进，共同构成一个有机的整体，支撑着广西民族地区包容性旅游扶贫工作的有效开展。

四、中介系统

中介系统是全域旅游视阈下广西民族地区包容性旅游扶贫的中介和桥梁。一方面，通过中介宣传旅游扶贫的社会意义，能够将民族地区优秀的资源、文化对外进行推广，扩大其知名度和影响力，吸引旅游企业、政府等加大对旅游扶贫的支持和开发力度；另一方面，民族地区也需要通过一些中介组织加深对外界的了解，从而挑选合适的旅游项目、旅游企业以及相关扶贫机构。此外，民族地区的旅游产品也需要通过中介推向市场，促进旅游消费。因此，中介系统在旅游扶贫工作中起到了非常重要的作用。本书所研究的中介系统主要包括旅游企业、媒体传播、非政府组织、旅游扶贫主管部门、旅游者和国际扶贫机构 6 个因素，具体分析如下。

（一）旅游企业

旅游企业是指能够以旅游资源为依托，以有形的空间设备、资源和无形的服务效用为手段，在旅游消费服务领域中进行独立经营核算的经济单位。本书所指的旅游企业主要包括旅游扶贫开发中的旅游开发商、旅行社、酒店、餐馆、旅游商品销售商等。在旅游扶贫开发过程中，旅游企业起到纽带和桥梁的作用，将政府、社区居民、旅游者、非政府组织等利益相关者联系在一起，是旅游扶贫中介中不可或缺的一部分。旅游企业作为旅游扶贫的主体，扮演着参与者、合作者、受益者的角色。同时，旅游企业是旅游市场最具活力的主体，其通过对民族地区旅游资源进行开发，使民族地区优质的旅游资源转化为旅游产品，并将其投入市场，从而获得经济效益和社会效益。旅游企业在旅游扶贫过程中的帮扶作用主要体现在以下方面：通过对民族地区的投资，改善当地的基础设施建设，为当地贫困人口提供就业机会；在经营过程中，购买当地贫困人口提供的相关产品和服务，宣传和销售贫困人口的产品和服务；为贫困人口提供旅游技能培训，提高其参与旅游扶贫的技能等。旅行社、酒店、餐馆等旅游企业都是民族地区旅游扶贫的对外窗口，发挥着信息交流与传递的功能，通过旅游企业可以了解游客的需求，从而在推动民族地区旅游产品的销售推广方面具有一定的作用。同时，旅游企业也将旅游者和民族地区联系在一起，在旅游扶贫中起到了纽带作用。

目前，很多企业积极投入旅游扶贫，通过投资旅游项目，带动一方经济发展、脱贫致富。以广西南丹县为例，广西东谋旅游开发有限责任公司（简称东谋公司）采取"公司＋合作社＋农户"模式开展旅游扶贫，公司依托白裤瑶生态旅游农民专业合作社，吸纳农户以民族特色村寨和民俗演艺等资源入股，合作社以景区门票收入相应比例作为补偿金给入股农民分红。公司还通过引导农户在景区周边发展特色种养、开办农家乐、在景区务工和生产白裤瑶民族工艺品等增收致富。目前，在南丹白裤瑶民族工艺传承基地，由东谋公司统一组织白裤瑶族群众统一生产手工服饰以及陀螺、竹筒鼓、鸟笼等民族工艺品，使白裤瑶民族工艺品从散户经营走向规模化、产业化，产品远销东南亚等地。据介绍，目前有 312 户白裤瑶村民参与民族工艺商品生产，户年均收入 5 000 元以上。由此可见，旅游企业在旅游扶贫中发挥着重要作用，不仅可以为贫困人口提供就业岗位，还能推介当地旅游产品走出广西、走向世界，增加贫困人口的经济收入。虽然广西部分民族地区通过旅游企业开发与经营，实现了自身"资源优势"向"经济优势"的转化，但目前已经开发的旅游产品较为单一，文化内涵挖掘不够，在市场上缺乏竞争力。因此，旅游扶贫中还需要更多的企业加入以及增加资金、技术等方面的投入，挖掘更多的资源，深入开发，以巩固脱贫成果、真正实现民族地区致富。

（二）媒体传播

媒体是指以电视、广播、报纸等载体为主的传统媒体以及以网络载体为主的新媒体。旅游扶贫不能固守"酒香不怕巷子深"的传统观念，而应通过各种媒体资源对其进行宣传、推广，将各种相关信息推向社会，提高社会对旅游扶贫的关注度，进一步提升民族地区旅游产品的知名度和美誉度，为其营造良好的社会氛围。同时，利用媒体资源也可以了解消费者的多样化需求，有助于开发出既具有本地、民族特色，又满足市场需求的产品和服务，进而推动广西民族地区的资源优势向经济优势转化，创造良好的经济效益，提高贫困人口收入。可见，媒体传播是广西民族地区包容性旅游扶贫开展的重要平台。

目前，电视、报纸等传统媒体已逐步加强对广西民族地区旅游扶贫的宣传和报道。例如，《广西日报》发挥自身全媒体平台的巨大优势，大力开展新闻扶贫，积极支持定点帮扶贫困村推进各项扶贫工作。从 2016 年起，《广西日报》根据不同阶段的扶贫工作重心，适时策划推出《精准识别直击》《聚焦脱贫攻坚》《关爱困难群体》《榜样引领 同奔小康》《扶贫路上》等重点专栏。据不完全统计，仅2016年，《广西日报》累计刊发各类扶贫方面文章1 870篇，其中一版头条38篇，一版重要稿件189篇；《南国早报》《当代生活报》《南国今报》等子报刊发扶贫稿件500多篇，重点稿件70多篇，为扶贫工作营造了良好的舆论氛围。此外，广西卫视的《广西新闻》栏目长期对广西扶贫进行报道。在互联网新媒体方面，现有专门的扶贫网站——广西扶贫信息网，下设时政新闻、扶贫要闻、新闻发布会、脱贫攻坚、国际合作、行业社会扶贫、媒体聚焦、党的建设、政府信息公开、公示公告、扶贫人物、特色产业展示、网上办事等多个板块。截至2020年1月，在广西壮族自治区扶贫开发办公室网站以"旅游扶贫"为关键词进行检索，发现共有439条关于旅游扶贫的相关信息。但目前广西尚未建立专门的旅游扶贫官方网站，很多贫困山区的旅游扶贫仍然处于"养在深闺人未识"的状态，未能充分发挥媒体传播的作用。因此，广西要充分利用各种媒体资源，加大对广西民族地区旅游扶贫的推介力度，扩大民族地区旅游产品的知名度和影响力，以吸引更多的旅游企业、非政府组织、旅游者等的关注，能够助力民族地区早日实现脱贫致富。

（三）非政府组织

非政府组织（non-governmental organization，NGO）在我国官方通常被称为"民间组织"。它是由民间人士在自愿的基础上组成的，独立于政府之外的、具有特定目标的非营利性组织或团体。它通过接受来自社会各界及其成员的无偿资助捐赠维持日常运转与目标的实现，同时将资助经费使用于特定对象，以便反馈给社会有价值的信息进而获得更多的资助。非政府组织在旅游扶贫中扮演着重要的角色：一方面，宣传旅游扶贫的社会意义，以唤起旅游企业、机构的责任感，促进当地政府出台相关政策帮扶民族地区；另一方面，将贫困人口置于主体地位，通常以贫困人口最为关切的需求为导向，努力增强贫困人口的自我发展能力，并充当贫困人口产品和服务销售的中介，帮助贫困人口和经营者建立合作关系。目前，非政府组织已深入国家和地区的旅游扶贫实践，在国外发展较为成熟。例如，1992年美国为发展乡村旅游，建立起非营利性组织"国家乡村旅游基金"（NRTF），从事旅游项目规划、募集资金和发放资助、提供旅游网络信息服务、推广国际旅游项目等工作。我国旅游扶贫的非政府组织建设还处于摸索阶段，现今在扶贫领域比较有影响力的国内非政府组织主要有中国扶贫基金会、中国人口福利基金会、中华慈善总会、中国国际民间组织合作促进会、中国青少年发展基金会等。此外，我国还有各民主党派的"智力扶贫"、共青团中央组织的"希望工程"、全国妇联的"连环扶贫"和"巾帼扶贫"等。

非政府组织在旅游扶贫过程中发挥的作用越来越明显,并且已经在广西民族地区旅游扶贫事业中占据了重要的位置,相对于政府、旅游企业来说,其侧重点在于广西民族地区群众的现实需求,始终以保护群众利益为根本目标,将主要精力集中在对贫困群众的帮扶上。非政府组织始终致力于为民族地区的贫困群众提供就业机会与接受教育的机会,从根本上提升贫困人口自身发展的能力,进而弱化贫困人口对贫困帮扶的依赖性,使其实现独立自我的发展,进而强化旅游扶贫的效用,实现旅游扶贫的可持续发展。广西的扶贫工作中也有国际非政府组织的积极参与。例如,早在1991年世界宣明会就在广西开展扶贫开发活动,并于1999年年底与广西壮族自治区达成扶贫合作协议,根据协议,世界宣明会将在7年内在协定地区内开展以儿童为主的各类长期发展和扶贫项目。7年间,世界宣明会在广西累计投入超过9 000万元。国际行动援助自2003年对广西开展扶贫工作以来,已先后在龙州、宁明、横县、靖西4个县开展综合扶贫示范项目,实施各类扶贫项目近100个。多年来,广西利用中国—东盟博览会、东盟社会发展与减贫论坛等重大国际扶贫活动在广西举办的机会,努力扩大广西扶贫工作的国际影响,进一步加强与国际社会在扶贫领域的交流与合作,与世界银行及英国、美国、日本、澳大利亚等国家的国际组织在扶贫领域合作并取得重要成果。未来广西将积极推动与发展中国家,特别是东盟国家在旅游减贫领域的国际交流与合作,通过广泛开展国际间的交流与合作,推进广西旅游扶贫事业发展。

(四)旅游扶贫主管部门

扶贫是政府的职责所在,政府是旅游扶贫的重要主体。在我国现行的旅游扶贫体系中,政府占据着核心地位,是旅游扶贫的监督者、管理者、引导者和协调者。在旅游扶贫过程中,政府主要在政策法规、资金、培训、旅游规划等方面进行帮扶。本书所指旅游扶贫主管部门主要是指政府领导下的旅游管理部门,如自治区、市、县级旅游发展委员会或旅游局,以及各级扶贫办等相关行政部门。广西壮族自治区旅游发展委员会在旅游扶贫工作中强化领导,明确责任,在旅游扶贫实施过程中坚持做到"五个不",即"不让责任挂空、不让工作虚化、不使政策闲置、不打计划白条、不搞遥控指挥",形成"主要领导统筹、班子成员具体抓、全体干部总动员"的工作格局,确保全区旅游精准扶贫工作有人管、及时管、管到位;同时,及时成立旅游脱贫攻坚小组，领导小组下设旅游企业吸纳就业脱贫小组、重点贫困村发展小组、规划及重大项目带动脱贫小组、培训与就业指导脱贫小组、自主创业脱贫小组、宣传营销促进小组、政策保障小组、脱贫考评小组等8个工作小组。为保证旅游扶贫的效果，进一步明确全区旅游精准扶贫、精准脱贫的工作目标、任务和责任单位、责任人，各级旅游发展委员会通过不定期召开委务会的形式解决旅游扶贫中遇到的问题，进一步加强旅游扶贫工作部署和督查。此外，选派干部脱产驻村，到旅游扶贫重点区域挂（任）职，引导当地开展旅游扶贫工作。各级扶贫办在广西民族地区旅游扶贫中也发挥着重要的作用，为旅游扶贫提供政策、资金、智力等方面的支持。各级扶贫办积极联系与旅游扶贫相关的其他政府部门，为旅游扶贫提供资金方面的保障，并通过课题研究项目招标的形式，推动旅游扶贫的学术研究，为旅游扶贫提供智力支持。当前，广西的旅游扶贫主管部门在旅游扶贫过程中发挥着非常重要的作用，但其对旅游扶贫在政策、资金等方面的支持力度还有待进一步加大。

（五）旅游者

旅游者是民族地区旅游扶贫的参与者、体验者和实践者，是旅游扶贫持续进行的动力源泉。旅游者是构成旅游市场需求的动力，其对民族地区旅游产品和服务的满意度直接决定了当地的旅游发展。旅游者在旅游扶贫中，通过购买和消费民族地区的产品和服务，增加当地贫困人口的收入。在旅游活动结束后，旅游者对旅游活动体验过程的积极评价，对旅游地而言是一种无价的口碑宣传。好的口碑在一定程度上会有助于民族地区旅游地形象和价值的提升，是对民族地区旅游产品发展的一种后续推力。因此，在旅游扶贫过程中，广西民族地区要利用旅游者的口碑进行宣传，加大与外界的交流、宣传推广，增加其对旅游企业和旅游者的吸引力，促进当地旅游业的发展。

（六）国际扶贫机构

目前，国际扶贫机构的身影已频繁出现于全球反贫困斗争中，其在旅游扶贫中的作用不容忽视。这些机构主要通过提供贷款、技术援助等方式帮助民族地区消除贫困，增加就业，保护当地自然环境。2008年11月新华网报道：据统计，自1995年以来，已有国际银行、国际农业发展基金会、世界银行、亚洲开发银行等近50个国际机构参与了中国的扶贫事业，直接利用外资规模总计10.07亿美元，1600万贫困人口从中直接受益，生产生活条件有了明显改善。2006年，世界银行在贵州省启动旅游开发与脱贫致富的试点，提供了6 000万美元贷款，设立有关民族文化与自然遗产开发与保护项目，推动旅游扶贫。2008年，在亚洲开发银行的资金支持下，生态环境部环境与经济政策研究中心、新疆师范大学和哈萨克斯坦国立大学合作，完成了促进中国新疆与哈萨克斯坦开展生态旅游的联合研究项目。

广西在扶贫的道路上离不开国际扶贫机构的大力支持。自1995年至今，广西共利用世界银行贷款开展了三期扶贫项目，受益贫困人口达165万人，受益群众的生活水平有了很大改善。2017年4月7日，世界银行贷款广西贫困片区农村扶贫试点示范项目在平果市举行，项目涵盖平果市、田东县、乐业县、宜州区等10个县（区），项目建设期为2017—2022年，总投资约11.5亿元，其中世界银行贷款1亿美元，国内财政扶贫资金配套约5亿元，对这10个县（区）的经济发展、扶贫产业、生态旅游、异地扶贫搬迁、农民专业合作社等方面大有裨益。目前，对广西民族地区旅游扶贫进行专项资助的国际扶贫机构不多，民族地区与国际扶贫机构之间的联系还有待进一步密切，为旅游扶贫创造良好的条件。

综合以上分析，全域旅游视阈下广西民族地区包容性旅游扶贫的中介系统与旅游企业、媒体传播、非政府组织、旅游扶贫主管部门、旅游者和国际扶贫机构等因素密切相关。由这6个因素构成的中介系统的作用机制可以用图3-5展示。

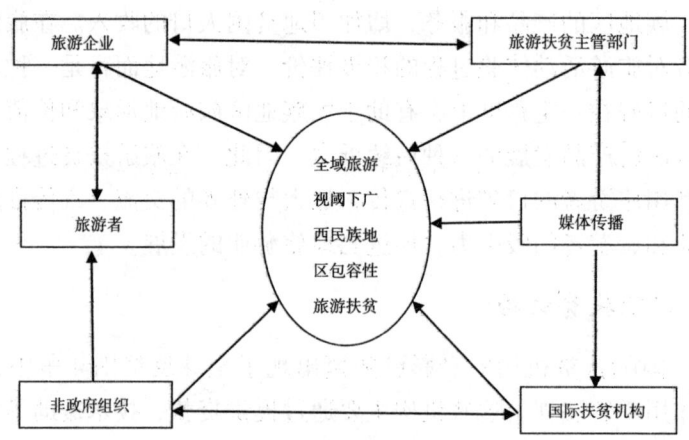

图3-5　全域旅游视阈下广西民族地区包容性旅游扶贫的中介系统

由图3-5可知，中介系统在全域旅游视阈下广西民族地区包容性旅游扶贫中起着桥梁的作用：媒体传播、旅游者、旅游企业、非政府组织、国际扶贫机构以及旅游扶贫主管部门等中介环节能够将旅游市场的需求和供给联系起来，一方面可以将民族地区的旅游信息、旅游产品等推向市场，扩大其知名度和影响力，从而吸引更多的中介主体参与旅游扶贫；另一方面可以将旅游市场需求信息反馈给民族地区，使旅游开发相关部门、机构能够根据反馈信息调整旅游产品，也让非政府组织、国际扶贫机构等更加清楚所资助项目的进展，以便更合理地进行项目资助。

第四节　全域旅游视阈下
广西民族地区包容性旅游扶贫的驱动机制模型

根据系统学理论，系统的存在本质上是一个动态过程，系统结构不过是动态过程的外部表现。一方面，全域旅游视阈下广西民族地区包容性旅游扶贫也是一个动态的发展过程，因此，要用动态发展的眼光来看待旅游扶贫的实施，动态监控实施过程的内外部变化。另一方面，在全域旅游视阈下广西民族地区包容性旅游扶贫实施过程中，要运用系统观念来看待不同过程、不同环节在整个旅游扶贫系统运行中的作用，充分意识到旅游扶贫目标的实现离不开各组成部分的相应结构与相互联系，从整体和部分之间相互制约、相互依赖的关系中把握旅游扶贫的特征和规律。此外，任何的系统都处于一定的环境之中，环境的变化会对系统产生很大的影响。因此，在全域旅游视阈下广西民族地区包容性旅游扶贫的实践中要注意与外部环境的协调，使其与环境保持最佳的相适应状态。从系统理论的角度看，全域旅游视阈下广西民族地区包容性旅游扶贫作为一个有机系统，其系统包括推力系统、拉力系统、支持系统和中介系统等4个子系统，这4个子系统之间相互联系、相互作用，旅游扶贫的驱动机制就是各子系统共同作用的结果，其驱动机制模型如图3-6所示。

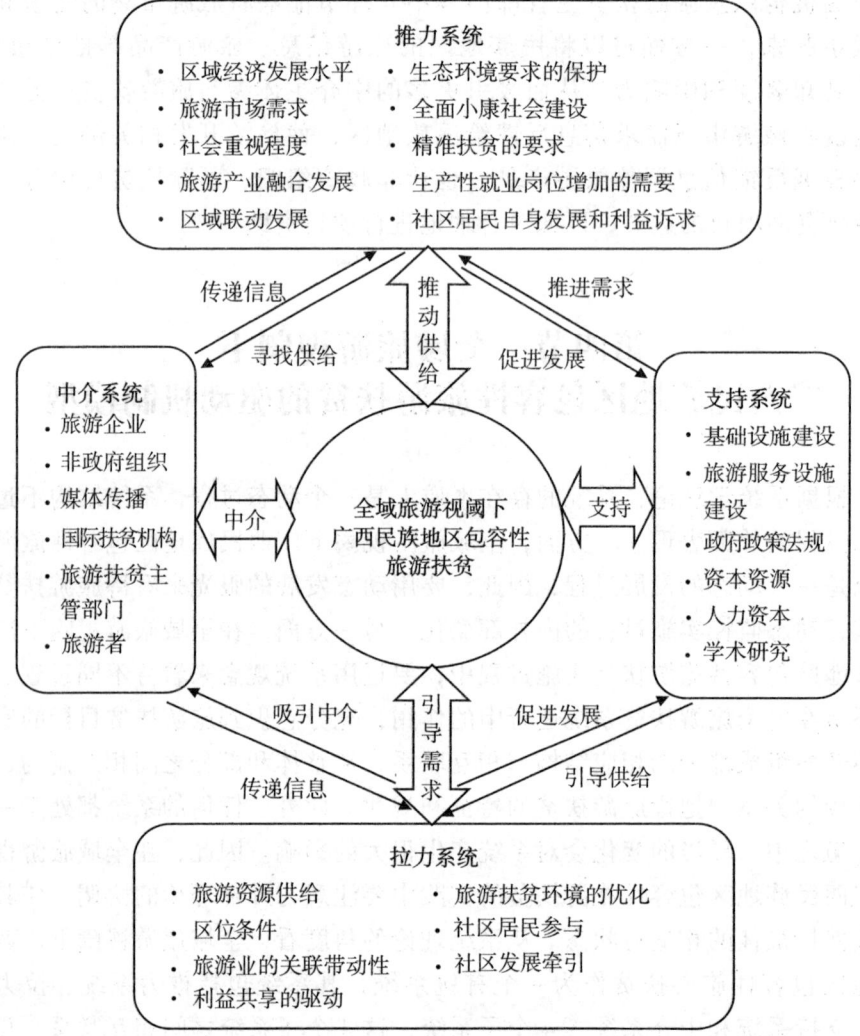

图 3-6 全域旅游视阈下广西民族地区包容性旅游扶贫驱动机制模型

在全域旅游视阈下广西民族地区包容性旅游扶贫的动力系统中起主要作用的子系统是推力系统和拉力系统，其分别对应促进包容性旅游扶贫发展的需求系统和供给系统，推力系统和拉力系统的相互作用是整个动力系统运行的基础。推力系统是主动系统，推动拉力系统的运行，拉力系统对推力系统也有反作用。包容性旅游扶贫的拉力系统受到推力系统的作用启动后，会深入挖掘民族地区的旅游资源，开发出具有地方特色的旅游产品，满足市场的需求。同时，民族地区也会主动供给具有个性和特色的旅游产品，激发和引导旅游市场需求。在全域旅游视阈下广西民族地区包容性旅游扶贫的过程中，推力系统的各要素推动市场需求的产生，拉力系统提供市场供给，两者在互动过程中促进旅游扶贫的发展。

全域旅游视阈下广西民族地区包容性旅游扶贫的支持系统对民族地区的旅游扶贫发展以及需求和供给相对平衡的实现起着支撑作用。从图3-6可知，支持系统与推力系统、拉力系统之间都是一种双向互动的关系。一方面，国家和政府制定的相关政策法规、设施的完善以及资金、人力资本的保障等，为广西民族地区的旅游扶贫创造了条件，推动了旅游市场供给的产生；政府积极引导和支持具有一定发展潜力的旅游企业开发旅游资源丰富的民族地区，使其向市场供给旅游产品、基础设施、旅游服务设施、资金、人才等，为广西民族地区包容性旅游扶贫需求和供给平衡的实现提供条件。另一方面，全域旅游视阈下广西民族地区包容性旅游扶贫的推力系统和拉力系统也会反作用于支持系统，促进支持系统的完善与发展。例如，当某民族地区旅游扶贫的推力和拉力都非常强烈、其旅游扶贫发展势在必行时，如果因为基础设施或旅游服务设施、人才、资金等原因导致其不能顺利进行，来自旅游企业和民族地区社区居民的压力将促使政府等部门对这些问题加以解决，以保障旅游扶贫的顺利进行。

全域旅游视阈下广西民族地区包容性旅游扶贫的中介系统将推力系统和拉力系统连接起来，在两者之间起着桥梁和纽带的作用。广西民族地区包容性旅游扶贫的中介系统与推力系统、拉力系统之间同样是一种双向互动的关系。一方面中介系统充当了推力系统和拉力系统的中介，为两者传递相关信息，为民族地区旅游扶贫工作服务。在旅游扶贫的过程中，民族地区尤其是其中的旅游景区、景点，需要通过旅游企业、旅游者、媒体传播、非政府组织等中介组织加强与外界的联系，以寻求进一步合作的可能。另一方面，中介系统也能促进民族地区旅游的健康、可持续发展。例如，某民族地区的旅游产品无特色、品质低，服务质量差，会影响旅游者对其进行的旅游评价，致使该地的经济效益降低；在获利逐渐减小的压力影响下，该地旅游发展主体将进行旅游业的升级及改造，以重新得到旅游企业等中介组织的青睐，从而获得良性发展。此外，旅游扶贫需求和供给的发展能推动中介系统的发展。旅游需求市场的发展将会推动中介系统寻找和推出更多旅游资源丰富、独具特色的民族地区。同时，民族地区通过开发旅游新产品也会吸引中介系统的介入，如新闻传媒可能会对其进行专题报道，旅行社会组织游客前往游玩等。

第四章 全域旅游视阈下广西民族地区包容性旅游扶贫模式的构建

第一节 国内外旅游扶贫模式经验与启示

一、国外旅游扶贫模式经验与启示

贫困问题是当今世界比较尖锐的社会问题之一，已成为影响和制约世界经济稳步发展的重要因素。1999年，英国就提出PPT(Pro-Poor Tourism)理念，强调通过旅游发展带来的净收益减少贫困的发生。2000年，联合国首脑会议上189个国家签署的《联合国千年宣言》，体现了各国政府对贫困问题的高度关注，学者也从贫困根源、扶贫理论及相关措施等方面进行了研究。随后，世界旅游组织和联合国贸易与发展委员会又提出了ST-EP发展理念，强调可持续发展和消除贫困的统一。为适应新时期扶贫模式的变化，2007年亚洲开发银行提出了"包容性增长"理念，强调通过扶贫或益贫、生产性就业、提升人力资源能力和加强社会保障等途径，让贫困人口依靠政策扶持，广泛参与和提高自身能力，共享经济社会发展成果。在扶贫大背景下，各国结合自身实际情况，探索了不同类型的旅游扶贫开发模式，具有一定的借鉴意义。

（一）亚洲国家旅游扶贫模式经验与启示

1.印度旅游扶贫模式经验与启示

在全球化大背景下，印度政府将旅游业定为国民经济新兴产业，提出了印度旅游部于2002年发起的"不可思议的印度"旅游目的地营销运动，以包容性增长理念为指导，较好地推动了印度旅游市场的繁荣发展。总体而言，印度旅游的快速发展得益于政府相关政策的推动，其中以"负责任旅游行动"为口号的旅游扶贫发展战略具有较强的典型代表性。这一模式包括4个方面：第一，强化政府管理职能，通过政策保障旅游资源的有效管理，并对旅游产生的经济与环境等问题进行干预，确保旅游项目和相关基础设施建设与当地利益密切相关。同时，减少"旅游飞地"现象，由当地生产商负责每个旅游目的地的原料、资源供应和产品开发，地方政府在数量、质量上确保旅游产品的及时供应，实施旅游企业责任延伸制度，推动地方居民充分就业，从而增加居民综合收入。第二，重视旅游扶贫上下级主管部门的协作。在旅游资源丰富但是贫困人口较多的地区，上级政府部门从政策、资金、土地、信息等方面进行扶持，下级政府部门从人员组织、项目建设、市场开拓等方面提供有效协助，确保旅游目的地迅速发展。第三，积极打造社区居民负责任组织，提升社区居民参与旅游的主动性。政府部门通过税收减免等政策推动旅游等相关产业的发展，使生产性就业岗位不断增加，由此形成较完整的旅游产业链。第四，提高政府治理水平，确保公平分享机会。近年来，印度政府不断增加社会保障支出，对困难群体提供保障，鼓励和倡导社会监督并杜绝政府腐败行为，同时加强与金融机构的合作，创新与旅游产业相关的金融举措，为旅游相关产业发展提供金融扶持。

印度旅游扶贫模式对全域旅游视阈下广西民族地区包容性旅游扶贫的启示包括以下3点：第一，强化政府部门的宏观指导，从旅游扶贫战略设计到具体的旅游扶贫实施细则，需要具有较强指导性的纲领；第二，发挥村民自治组织的带头引领作用，通过政策支持有条件的个体农户或群体自主创业发展，依托农业资源发展有机农业和观光农业等，使农民能够就地实现经济创收；第三，重视产业化发展视角，依托税收、技术培训等扶持政策带动传统手工艺产品制造业等地方性旅游产业的发展，在延长产业链的同时将旅游经济效益留给当地居民。

2. 泰国旅游扶贫模式经验与启示

泰国旅游业起步于20世纪60年代初期，进入90年代以来，其旅游业年均收入占GDP的比重达到7.1%，全国（曼谷除外）70%的国民收入与旅游业有关，旅游业已经成为泰国战略性支柱产业，为其经济发展做出了巨大贡献。随着泰国旅游业的不断发展，旅游地的贫富差距问题也日益严峻。基于经济包容性增长的发展理念，泰国实行了一套切实有效的旅游扶贫模式，即通过强化政府机构的规划与监管，侧重当地生产性就业岗位的增加，强调社区力量的参与，尤其注重提高弱势群体参与旅游发展的能力。

研究发现，泰国旅游扶贫模式有较稳固的基础，政府注重就业教育的社会公平和劳动力就业保障，致力于减少社会就业歧视，实行就业岗位性别平等，使女性劳动力群体有机会参与旅游发展。同时，政府部门重视综合管理与科学规划，将旅游发展作为减少贫困人口的重要手段，重视对旅游资源的保护和旅游产业管理，提出均衡发展旅游相关产业的要求，要求国民在享受旅游权利的同时，必须履行自身参与旅游建设的义务。泰国旅游扶贫模式的核心在于生产性就业岗位的增加，其具体举措为政府大力投资相关基础设施建设，利用旅游基础设施项目建设吸纳当地劳动力，同时鼓励当地居民发展旅游休闲产业、酒店业、餐饮业等旅游相关行业，通过旅游市场的繁荣发展刺激旅游相关产业的发展，进而使旅游就业人数得以保证。

泰国旅游扶贫模式对促进泰国旅游发展起到了非常重要的作用，对全域旅游视阈下广西民族地区包容性旅游的启示之处表现在以下2个方面：第一，要强化政府部门的综合管理，重点关注扶持贫困落后地区旅游业的持续发展，同时强化对弱势劳动力群体发展机会和参与能力的帮扶与支持；第二，注重项目建设带动发展与就业岗位保障支撑，通过完善旅游目的地基础设施，确保就业岗位的增加，使更多剩余劳动力能够有机会参与旅游扶贫的相关工作。

（二）非洲国家旅游扶贫模式经验与启示

近年来，旅游业发展迅速并创造了大量就业机会，发展旅游业已成为非洲很多国家脱贫的重要途径。非洲多数国家充分认识到旅游业在国民经济中的重要地位。研究表明，以野生动物资源、地质景观、热带草原景观等为基础的生态旅游，以及以当地民族文化为特色的文化旅游，是非洲多数国家旅游扶贫开发的主要方式，通过将生态旅游、文化旅游与社区居民有机结合，使贫困人群能够凭借住宿、饮食、手工艺品生产等途径参与旅游相关工作，从而获取可观的旅游经济收益。

在非洲社会经济与旅游业发展中最具代表性的要数南非，其旅游开发进程较早，旅游扶贫发展模式具有较强的借鉴意义，可将南非旅游扶贫模式总结为3个方面：其一，政府部门的规划指导是旅游扶贫的基础。南非环境事务与旅游局通过将旅游发展和环境管理结合起来，将就业、农村发展与减少贫困有机联系在一起，在改善基础设施过程中，减少贫困社区的数量。其二，推行"负责任旅游"发展理念，强调公平发展。通过构建负责任旅游发展模式，为当地居民尤其是女性劳动力群体提供更多就业机会，使其能够参与旅游市场，并在培训、卫生医疗等方面改善接待社区居民的公共福利。其三，推行旅游扶贫实验区发展模式，根据不同类型旅游产品、客源市场、交通状况、土地资源占有情况、旅游扶持政策等方面，科学选择旅游扶贫实验场所，通过加强当地旅游企业与社区居民的关联性，实现旅游对地方经济的带动作用。

以南非为代表的非洲旅游扶贫模式取得显著成效，这一模式对全域旅游视阈下广西民族地区包容性旅游扶贫的启示体现在2个方面：第一，明确政府主导地位和作用，政府对旅游发展的战略布局是实现旅游扶贫的基础；第二，重视企业帮扶与居民参与的结合，从基础设施建设到旅游项目开发，通过社区居民的广泛参与，带动贫困群体脱贫致富。总体来说，南非旅游扶贫遵循"政府主导、企业带动、实验区建设和居民参与"的理念，不仅发挥了各利益主体的积极性，还使居民从旅游开发中获得了经济收入和就业机会。显然，这一旅游扶贫发展模式有利于实现脱贫、减贫，也有利于社会的和谐发展。

（三）欧美国家旅游扶贫模式经验与启示

欧美国家旅游业发展起步较早，在长期的旅游发展进程中，其旅游扶贫模式比较成熟且具有借鉴意义。通过分析欧美主要旅游大国的旅游扶贫模式可以发现，各个国家的旅游发展与扶贫措施存在一定的共性：第一，注重依靠市场进行"造血式"扶贫；第二，积极利用社会福利制度、社会保险和社会救济相结合的方式，推行"输血式"扶贫，以直接减轻贫困群体压力；第三，关注贫困儿童的受教育机会与公平发展问题。此外，各国因实际情况的差异，还有各具特色的旅游扶贫经验。

瑞士旅游扶贫开发模式方面，注重通过强有力的政府扶持，以稳定持续的经费支持地方旅游开发与建设，同时注重环境保护和传统文化资源的挖掘与利用，主张社区居民对旅游开发的优先享受权，广泛吸纳当地居民参与，确保旅游收益与当地社会经济发展，以维持旅游发展的可持续性。瑞士非常重视居民对旅游开发与项目建设的决定权，重大旅游项目开发建设必须征得当地居民的认可才能进行，并尽可能地使当地居民通过经营餐馆、旅店、商品买卖，以及参与景区服务等方式参与旅游开发，最大限度地维护居民的旅游收益。

德国旅游扶贫开发模式方面，最大特色在于利用工业遗产进行有效的旅游扶贫开发，其典型代表为鲁尔区工业遗产旅游开发模式，具体包括3种不同的模式：第一，博物馆模式，即将废旧的钢铁厂打造成露天博物馆，其最大特色是儿童可以参与其中并在工业设施内开展各种活动，极大地吸引了亲子家庭旅游者。由原厂工人志愿者担任导游，增添了旅游区的真实感和历史感，也激发了社区参与感和认同感。第二，公共游憩空间模式，将废旧工业基地改建成景观公园与现代游憩设施，通过举办户外活动、游憩休闲活动吸引游客，并为当地居民创造就业机会和增收项目。第三，旅游综合开发模式，即利用工业旧址内的相关资源，打造集娱乐、购物、休闲等于一体的场所，吸引游客消费，带动地方经济的繁荣发展。德国鲁尔区工业遗产旅游所带来的启示如下：强化政府统一规划与开发；因地制宜，突出资源特色和产品开发；以社区、政府和地方居民的利益为基础，重视当地居民的获益性。

美国旅游业发展起步早、速度快，其乡村旅游、农业观光旅游和国家公园旅游等旅游扶贫模式具有较强的指导和借鉴意义。在乡村旅游发展方面，美国西部乡村旅游扶贫模式成效显著，联邦政府在资金、基础设施、新技术、技能培训等方面进行统筹规划与布局，同时强调生态保护与可持续发展策略，对乡村宾馆和娱乐设施等进行管控，鼓励女性劳动群体参与旅游活动。在农业观光旅游发展方面，美国构建了完善的旅游支撑体系，采取"政府＋企业＋协会＋农户"的联动发展模式，整个产业链的各环节都有上述相关主体与其对接，为观光旅游市场的形成提供了有利条件。同时，各地发展农业旅游强调地方差异性，充分体现和突出本地区的农业自然景观和产业特色，丰富和完善农业旅游产品线。此外，在资源整合优化上，从农场基础设施完善、生态环境绿化、产品体系多样到终端用户体验，农业观光旅游市场从上游到下游产业链环环相扣，这些因素共同促进了美国户外农业旅游的快速发展。

综上所述，各国旅游扶贫开发方式各具特色，对于全域旅游视阈下广西民族地区包容性旅游扶贫的启示有以下3点：第一，要重视政府部门在宏观层面的顶层设计，将扶贫上升为国家战略行动，通过统筹协调各部门与各行业的力量，推进旅游扶贫战略有效实施；第二，要坚持"输血式"和"造血式"扶贫双管齐下，从福利保障、设施建设、社会救济等方面，改善边远地区和弱势弱群体的贫困现状，实现"输血式"扶贫，同时坚持以"造血式"扶贫策略为重心，从市场开拓、教育扶持、技能培训等方面入手，提升贫困群体的自我发展能力和自愿参与意识；第三，要善于利用地方特色资源，打造具有市场竞争力的旅游产品和项目，在项目实施过程中要主动将社区作为其中的重要组成部分，将社区居民纳入旅游扶贫体系之内，确保旅游收益能够更多地留在当地。

二、国内旅游扶贫模式经验与启示

我国旅游扶贫始于改革开放之后，随着国内旅游事业转向旅游产业，一些地区（广西龙胜、贵州织金洞等）率先通过发展旅游业，走上了脱贫致富的道路。1991年"旅游扶贫"口号被首次提出，受到了政府和学者们的重视，对此还专门召开了全国旅游扶贫工作会议。步入21世纪后，旅游扶贫进入新高潮，2000年我国第一个旅游扶贫实验区——宁夏六盘山旅游扶贫试验区正式成立，并逐渐引领旅游扶贫试验区在全国范围内普遍建立。从2011年开始，旅游扶贫进入政府大力推进发展阶段，"旅游扶贫"频繁出现在国家有关政策和文件中。2013年，习近平在湖南湘西考察时首次提出"精准扶贫"的重要指示，并在十九大报告中再次提出要坚决打赢脱贫攻坚战。2016年，国务院印发《"十三五"脱贫攻坚规划》，明确列出旅游扶贫工程举措，人力资源和社会保障部出台了就业扶贫的指导意见，国务院扶贫办（现为国家乡村振兴局）也出台了电商扶贫指导意见，同时为贯彻党的十九大精神，《国务院扶贫开发领导小组印发了《关于广泛引导和动员社会组织参与脱贫攻坚的通知》等。一系列的政策和措施为我国旅游扶贫工作的开展提供了强有力的支撑和保障，对于改善贫困现状，推进公平发展和共享改革成果具有较大的促进作用。当前，在广西全域旅游发展大背景下，为了使旅游扶贫效益更加显著，需要在包容性旅游扶贫开发理念的指导下进一步推进扶贫工作，积极学习并借鉴既有经验与做法，形成独具特色的全域旅游包容性扶贫开发模式，为实施全域旅游发展战略、推动贫困群众切实脱贫致富贡献力量。

（一）政府主导型旅游扶贫模式

政府主导型旅游扶贫模式是指国家或地方政府为促进本地区旅游经济的发展，凭借其强大的财政能力和统筹能力，对民族地区的旅游开发给予引导和支持，营造良好的旅游发展环境，从而带动民族地区社会经济发展和居民脱贫致富。长期以来，政府主导型模式一直是我国旅游扶贫开发的重要方式，并在民族地区和连片特困地区旅游扶贫开发中发挥着重要作用。概括而言，政府主导型旅游扶贫模式的核心在于政府对民族地区实行直接干预，引导项目、资金、人才和技术等资源向民族地区流动，从而激发民族地区的经济活力。

比较分析政府主导型旅游扶贫模式可以发现，这一模式具有较明显的优缺点和适用条件。该模式的优点体现在其基于宏观层面的统筹规划，有利于协调区域内各类资源，以发挥资源的最大价值，尤其是当前全域旅游发展大背景下，政府主导有利于发挥相关产业对旅游业发展的促进作用。该模式的局限性则表现在该模式存在信息不对称与资源配置政府化的现象，容易造成扶持资金发放与优惠政策实施的盲目性，无法直接体现市场需求；容易导致政府单方面主宰、政企不分、违背市场运行规律的现象；在决策流程上，容易出现决策执行不力、工作推进缓慢等问题，这些都将直接导致政府扶贫工作的整体效率下降。

政府主导型扶贫模式是普遍适用的发展策略，在不同时期所发挥的作用不同，一般而言适用于旅游资源禀赋较强的民族地区、偏远山区和国家连片特困地区等区域。这些地区普遍存在社会经济发展程度低，生态环境脆弱，贫困人口技术、资金、能力有限，参与旅游发展程度低等特点，因此在这些区域实施旅游扶贫，必须坚持政府主导，强调旅游扶贫战略中政府的核心地位，充分发挥政府强大的统筹管控能力，对区域旅游扶贫开发提供引导和支持，推动贫困落后地区经济快速发展。分析现有旅游扶贫模式可以发现，较多地区旅游扶贫模式具有很强的政府主导性，如安徽天堂寨及宁夏六盘山等地的旅游扶贫试验区模式。为此，对旅游资源丰富的民族地区，可划出一定范围建立旅游扶贫试验区，通过发展旅游促进其社会经济发展，并对其他地区起示范作用。此外，政策性项目驱动模式也具有很强的政府主导性。

在全域旅游建设背景下，政府主导型旅游扶贫模式的弊端不断显现，为了改善这一扶贫模式对扶贫效益的影响，需要结合最新的旅游扶贫发展理念进行策略调整，以确保地区旅游扶贫效益的可持续性。近年来，有学者提出有限政府主导型旅游扶贫开发模式，这一扶贫模式的构成要素有政府、企业、市场、社区居民和旅游者等，它能摒除政府包揽一切的行径，从主导转变为引导，并契合企业投资、项目建设、市场调节、社会参与的整合路径，实现有效扶贫。在此模式中，企业扮演投资者的角色，进行项目建设和产品开发，市场从产品、人才、信息等方面进行有效调节，社区居民发挥辅助性作用，在旅游扶贫中扮演参与者角色，获取收益。此外，政府主导并融合其他开发方式的旅游扶贫模式也不断出现，如 BOT 模式，其思路是由项目所在国政府或所属机构为项目的建设和经营提供一种特许权协议（concession agreement）作为项目融资的基础，私营机构（含国外资本）作为项目的投资者和经营者安排融资、承担风险、开发项目，并在限定的时间内经营该项目，获取商业利润，最后根据协议将该项目转让给相应的政府部门。

（二）社区参与旅游扶贫模式经验与启示

社区参与旅游扶贫是指民族地区从社区的角度考虑旅游业发展，将社区居民作为主体，引导其参与社区旅游发展计划、项目以及其他各类事务与公益活动的行为及其过程。社区参与旅游扶贫模式的核心是从社区的角度考虑旅游目的地建设与发展，以社区居民利益和社区发展为根本目标，谋求旅游业及旅游目的地经济效益、环境效益和社会效益的协调统一和优化发展。民族地区通过社区参与的方式为当地居民提供更多的就业机会，使居民在共同承担旅游开发风险和责任的同时，能够公平地分享旅游业发展带来的经济、政治、社会、环境等各方面的利益，从而达到消除贫困、促进民族地区经济社会可持续发展的目的。

对比分析社区参与旅游扶贫模式，可以发现这一模式具有较明显的优缺点和适用条件。该模式的优点体现在社区居民对当地旅游发展享有话语权，可以在旅游规划、项目建设、人员安排等方面提出有利于当地发展的要求；有利于广泛吸纳居民参与，并使其以主人翁的姿态谋划本地旅游发展，对培养居民的自我造血机能和自我发展能力有很好的促进作用；在利益分配方面，社区参与旅游扶贫可以有效减少"旅游飞地"现象，将更多的利益留给本地与当地居民。而这一模式的缺点是社区参与主体可能受制于管理能力、参与意识、知识经验、权益意识、可持续发展意识等方面的不足，难以发挥参与主体的作用，无法结合当地经济发展实际、社区状况与旅游资源特色等进行有效的管理；同时，在其他利益主体参与过程中，容易丧失话语权，无法真正为社区居民和社区发展谋福利，最终只能停留于初级参与。

社区参与旅游扶贫模式适用范围较广泛，多以旅游目的地周边社区为主，尤其以乡村旅游形式最具代表性，从劳动力介入、农家餐馆、乡村旅馆、小商品销售、工艺品制作、村集体组织等形式参与旅游活动各环节，实现旅游扶贫、村民致富和社区发展。随着社区参与旅游扶贫模式的不断发展以及对公平正义追求的日益重视，学者们在社区参与旅游扶贫的基础上进一步完善，提出了负责任旅游扶贫发展模式。[①] 这是以社区参与为基础的一种全新旅游扶贫方式，该模式强调通过旅游业增强东道主社区福利，为当地居民争取更多与其生活和生产密切相关的话语权或旅游参与机会，从而实现包容性旅游扶贫。负责任旅游扶贫开发模式主要从2个维度开展旅游扶贫工作：其一，基于负责任旅游者驱动开发模式，强调旅游者的主体作用，以负责任旅游者发起的公益旅游计划、消费负责任旅游产品、购买本地旅游商品、选择负责任旅游企业等为导向推动地方旅游经济发展；其二，基于社会型旅游企业带动开发模式，以承担社会责任的旅游企业为主体，以购买本地服务与产品、解决本地贫困人口就业问题、保护文化生态环境的旅游扶贫开发为目标，在旅游目的地形成多样化的旅游产品供给，保障负责任旅游扶贫开发的目标实现。负责任旅游扶贫模式在社区参与旅游扶贫模式的基础上有所进步，对于广西民族地区包容性旅游扶贫开发具有较强的指导价值。

（三）立体化旅游扶贫模式

立体化旅游扶贫模式以系统论为理论基础，注重整合、优化配置多部门的

[①] 荣莉.西南连片特困区的农村扶贫模式创新与思考[J].中国农业资源与区划,2015,36(5):110-114.

优势资源，全方位探索旅游扶贫途径和手段，依托政府相关政策的实施，逐步形成一套特色鲜明、以旅游开发为载体且具有较强指导价值的立体化扶贫开发模式。该模式以广东旅游扶贫开发为典型代表，实施以来其扶贫效益较好，给全国其他地区提供了较好的借鉴。这一扶贫模式的核心是立足政府层面的宏观引导，全面协调各部门及参与主体，通过系统内各要素的有机联动，并辅之多元化扶贫手段，对弱势群体相对集中的民族地区实施立体化全方位的旅游扶贫。

从广东多年来实施立体化旅游扶贫模式的经验教训可以发现，这一模式的优势比较明显，具体表现在2个方面：第一，立体化旅游扶贫可以加强各部门之间的协作与配合，从而实现效益最大化；第二，立体化旅游扶贫模式以系统论为指导，从动力系统、决策系统、目标系统、执行系统到保障系统，构成了一个有机的系统整体，在系统中部门间协作、社区群众参与、利益分配等得以良好运行，促使旅游扶贫工作有序进行。但这一模式也具有一定的缺陷，即对地方旅游扶贫项目的选择或市场开发潜力的判断尤为重要，判断失误将会在整个扶贫系统链中出现连锁负面影响，最终造成旅游开发区人力、物力、财力受损。因此，致力于贫困区域旅游开发，并构建基于贫困人群脱贫致富的目标系统，是立体化旅游扶贫成功的衡量标尺。研究发现，在立体化旅游扶贫模式的影响下，一些具有系统性旅游扶贫理念的扶贫模式不断出现，如基于RHB战略的旅游扶贫模式，即同时考虑资源、人与效益三者的统一，通过对旅游资源的有效开发，创造出大量就业机会，在提高居民生活水平的同时逐步提升其科学发展观念，以此获得人与经济社会和生态效应的和谐统一。此外，立体化旅游扶贫还有产业化扶贫模式，从产业链视角出发，积极引进和扶持龙头企业，支持与旅游产业发展相关的农民专业合作组织的发展，提高地方经济的组织化程度和社区居民的积极性，从而带动贫困居民致富。

（四）其他类型旅游扶贫模式

随着我国旅游业的不断发展，不同类型的旅游扶贫模式在全国各地不断涌现，并对当地旅游发展与社会和谐起到了重要作用。除了上述比较典型的旅游扶贫模式外，还有一些地方的旅游扶贫模式值得我们思考和借鉴，如教育培训、技能扶持、科技帮扶等要素带动的扶贫模式。[①] 这些模式有助于提升旅游目的地社区居民的管理水平、服务意识与业务水平等，对于培育居民自身发展

---

① 易静.世界遗产地生态移民户生计方式变迁研究：武陵源案例[D]长沙：湖南师范大学，2015.

能力，增强其"造血"机能具有重要作用。同时，在旅游扶贫模式业态创新发展过程中，"互联网+"旅游扶贫模式也成为一种新的旅游扶贫模式，通过"互联网+传统旅游"发展业态，实现旅游资源与其他产业的融合，进一步刺激旅游业发展，以实现旅游经济效益的提升。而旅游开发式移民安置模式对部分地区居民借助旅游实现脱贫致富具有显著成效，但这一模式多受限于地域要素和开发状况，对部分偏远地区具有一定的借鉴意义。此外，新型城镇化带动旅游扶贫模式、生态旅游扶贫模式、景区帮扶带动模式、企业主导发展模式和连片特困区旅游扶贫模式等对当地旅游扶贫有较好的促进作用和借鉴意义。然而，随着全域旅游发展战略的不断推进，以及新时期社会经济发展进程中对公平、共享、和谐、绿色、包容等发展理念的贯彻落实能力的增强，一些旅游扶贫模式在扶贫效益上难以达到全域性与包容性的统一，因此急需更符合时代需求、更符合人民群众福祉、更符合社会经济可持续发展的旅游扶贫模式。

我国旅游扶贫实践活动开始于20世纪80年代中期，于30多年间不断发展，日益盛行，并呈现出不同的特点。但是，由于旅游扶贫活动的特殊性和时代性，一些扶贫开发模式在初期起到了理想的扶贫效果，但在后期因缺乏持续动力而难以为继；一些扶贫开发模式由于定位不清晰，实践性和可操作性不强，无法达到切实有效的扶贫效果。通过对现有旅游扶贫模式成效的分析与总结，笔者发现当前旅游扶贫模式主要存在如下问题：第一，扶贫模式综合效益不强，过于注重提高改善居民的经济收益，在居民的发展能力提升、社区文化保护、环境改善等方面比较欠缺，无法真正实现旅游地居民全面脱贫；第二，一些旅游扶贫模式过于单一，只能解决短期扶贫问题，由于对扶贫的目标缺乏统筹考虑，这些扶贫模式难以持续有效地带来旅游扶贫效益；第三，多数旅游扶贫模式的侧重点没有聚焦在贫困主体，社区居民尤其是贫困人口的旅游收益没有得到保障，虽然一些地区提出基于社区参与的旅游扶贫开发方式，一些旅游项目建设也能够吸纳社区居民参与，但居民参与旅游的深度和广度不够；第四，旅游扶贫效益多停留在少数地方精英手中，大部分的旅游收益被投资商和企业赚取，旅游漏损现象比较突出，居民只能获取少部分收益，旅游目的地经济发展的成果无法全面共享给当地居民。

从当前中国旅游发展实际和国家对旅游发展的战略布局来看，对于全域旅游视阈下广西民族地区包容性旅游扶贫而言，今后在旅游扶贫模式构建方面，需要注意以下3点：第一，将旅游扶贫模式的重点放在旅游地贫困人口层面，不仅要重视贫困人口经济收入的增加，还要积极提升贫困人口自身发展能力；第二，要发挥政府在旅游扶贫中的引导作用，从宏观上统筹旅游扶贫开发工作，从微观上落实有利于当地贫困人口的旅游发展项目，并注意旅游收益本地化，真正做到旅游扶贫效益能够为当地居民所共享；第三，以全域旅游发展的大背景为指导，从产业融合、公平正义、多元化、本土化、持续性的角度构建契合当地实际的旅游扶贫模式。

第二节 全域旅游视阈下广西民族地区包容性旅游扶贫模式构建的原则

一、全域化统筹兼顾原则

全域旅游视阈下包容性旅游扶贫是一项长期系统工程。全域旅游旨在通过对区域内资源（尤其是旅游资源）、相关产业、生态环境、公共服务、体制机制、政策法规、文明素质等进行全方位、系统化的优化提升，实现区域资源有机整合、产业融合发展、社会共建共享，以旅游业带动和促进经济社会协调发展的一种新的区域发展理念和模式。① 而包容性旅游扶贫则是鼓励本地企业与外来企业公平开发当地旅游资源，促进旅游相关产业就业岗位的增加，给予均等发展机会，增强贫困人口的发展能力，促进经济成果的公平分配，缩小贫富差距，进而消除贫困。由此可见，全域旅游注重资源整合与产业融合，而包容性旅游扶贫强调增强贫困人口的发展能力，两者的共同点是推动旅游业发展并带动居民脱贫致富。在这一模式构建过程中，要求政府部门对目的地旅游扶贫工作进行全面统筹，从政策、资金、项目建设、人才、设施、市场、技术、培训等方面统筹把控，积聚各地旅游资源，打造核心旅游产品。同时，在旅游发展过程中，要广泛发动社区居民全面参与旅游扶贫，在利益分配方面，保障分配的公平性与合理性，争取让更多的发展红利普惠当地居民。

二、人本化共建共享原则

全域旅游发展目标囊括了社会共建共享，即以全域旅游发展理念为指导，对旅游目的地加大旅游公共服务体系建设力度，加强公共交通、信息服务等方面的建设，实现公共服务的全域覆盖。同时，营造开放包容的发展环境，推进

---

① 李金早.全域旅游大有可为[EB/OL].[2016-02-08].http://www.cnta.gov.cn/ztwz/zghy/hydt/201602/t20160208-760166.shtml.

旅游公共信息资源开放共享，以融合促创新，以创新促发展，最大限度地汇聚各类旅游公共服务要素的创新力量，将旅游公共服务作为全域旅游发展的重点，营造其与全域旅游相互开放、相互包容、融合发展的良好环境，加快形成以开放共享为特征的旅游公共服务的全域发展运行模式。从包容性发展的基本属性来看，其包括机会、能力、增长或获得、安全。其中，机会指的是为居民创造更多增收的机会，能力即要求提升居民内源发展能力以便获得机会，增长或获得强调机会与能力相结合方式的提供，安全是提供人民免于遭受生计损失的路径。因此，包容性旅游扶贫注重贫困人口参与旅游发展机会的均等性；包容性旅游扶贫必须考虑当地居民的利益，不能因为技能和资金短缺等问题而将贫困人口排斥在旅游活动之外，应通过多种形式吸纳贫困人口参与旅游活动，使旅游开发与当地居民的利益有机结合，从而带动社区和谐稳定发展。所以，全域旅游视阈下包容性旅游扶贫需要秉持人本化共建共享的原则，努力构建和谐旅游目的地。

三、特色化因地制宜原则

全域旅游视阈下包容性旅游扶贫要遵循旅游业发展的内在规律，运用新的资源观和产品观，对具有开发价值和发展潜力的旅游目的地进行产品与项目建设。而在旅游目的地建设过程中必须因地制宜，突出旅游地方特色文化，走多元化发展道路，开发有别于周边区域的特色旅游产品，突出产品的文化内涵，力求做到人无我有、人有我新、人有我特，避免旅游产品开发的同质化，从而发挥旅游的扶贫带动效益，有效增加当地居民参与旅游发展的机会，并优化社区结构，促进社区发展。对于广西民族地区而言，应该结合广西地方实际情况，充分利用民族文化资源、乡野农村风光、特色民居建筑、地方民俗节庆、长寿养生文化等提内涵、显特色、聚人气。通过打造独具地方特色的旅游目的地，进一步繁荣旅游市场，提高旅游业的带动效益和对经济发展的贡献程度，最大限度地发挥旅游扶贫效益。

四、生态化可持续发展原则

包容性旅游扶贫不是一次性、短暂性的行为，而是一项长期性、可持续性的发展举措，是为旅游开发区与当地居民谋求长远发展的惠民工程。这一扶贫理念不仅注重借助旅游开发帮助民族地区居民脱贫致富，更加强调实现贫困主体参与机会的均等性、获益的可持续性，以及旅游地的绿色发展。因此，全域旅游视阈下广西民族地区包容性旅游扶贫工作的开展，必须秉持可持续发展原则，从生态经济培育、生态城乡建设、生态环境保护、生态效益均衡等方面，深入实施绿色发展战略，将旅游目的地的生态化发展与居民获益的可持续性作为发展目标，着力构建生态经济发达、资源高效利用、环境舒适宜居、制度健全完善的生态文明体系，从而实现绿色生活、绿色消费与绿色发展协调统一。

第三节 全域旅游视阈下广西民族地区包容性旅游扶贫模式

当前，全域旅游是国家旅游发展规划中的重要战略，是广西加快发展旅游业的重要方向，更是新时期广西促进旅游业改革发展的重要突破口。它强调以旅游业为优势产业，对区域内经济社会资源（尤其是旅游资源）、相关产业、生态环境、公共服务、体制机制、政策法规、文明素质等进行全方位、系统化的优化提升，以实现区域资源有机整合、产业融合发展与社会共建共享。以全域旅游发展战略指导广西民族地区包容性旅游扶贫工作，立足于"创新、协调、绿色、开放、共享"的全新理念，从利益主体的科学管理、地域空间的正义追求、关联产业的融合发展、新兴要素的多元推动等方面，构建包容性旅游扶贫开发路径，以此将旅游地贫困人口纳入全域旅游开发的重要环节，实现全域旅游目的地建设与社区居民发展的协调统一，并为广西民族地区社会经济发展贡献力量。

一、基于管理域视角的共建共享模式

"管理域"一词原本属于通信技术领域的专业术语，指被管对象的集合，域内的行为服从一个系统管理的政策，由行政部门或组织管理的一组逻辑单位为一个管理域，分为公用管理域和专用管理域。在人文社科领域，学者们基于"场域"理论，分析了场域中社会成员、组织和规则等因素之间存在的密切关联，并在此基础上提出了"社区管理域"的概念。例如，王丽丽指出，地方政府、驻社区企业、非政府组织、社区居民等主体是城市社区管理域中相互影响与作用的关键要素，其形成的合力成为社区管理域的"域动力"。在广西全域旅游发展战略背景下，为实现区域内旅游目的地包容性发展，尤其是广大乡村地区的振兴发展，要重视"管理域"层面不同利益主体之间的协调与配合，从管理上打破原有的理念和模式，突破原本仅以部门包揽为核心的分散管理体

系，构建起以旅游领域为核心的综合管理体系。基于管理域视角，广西民族地区包容性旅游扶贫可以从旅游业发展的主体层面考虑，构建不同利益主体旅游扶贫发展模式，具体如图 4-1 所示。

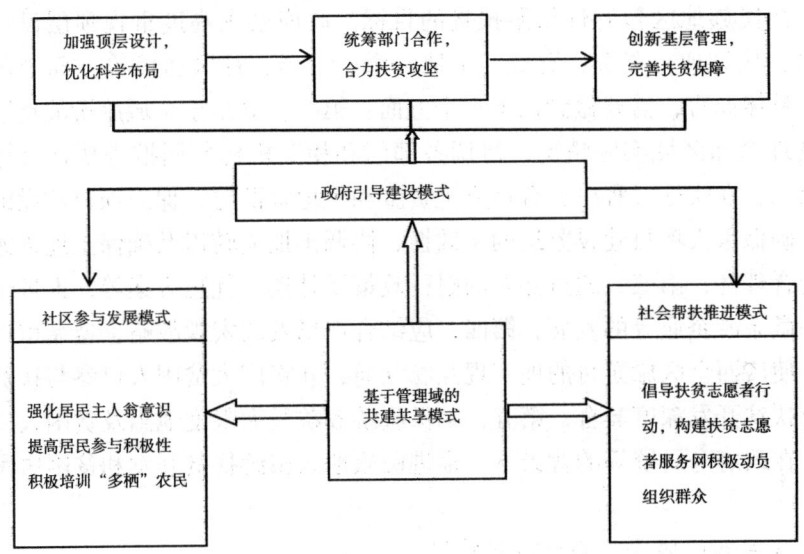

图 4-1　基于管理域视角的共建共享模式

（一）政府引导建设型

美国学者诺斯曾指出，政府具有使其内部结构有序化的相应规则，并且有实施规则的强制力，其角色界定与功能定位关系着整个国家的经济繁荣和社会发展，在地方管理与发展中常集倡导者、指导者、协调者和宏观管理者等多元角色于一体。在旅游脱贫攻坚发展历程中，地方政府尤其乡镇级政府作为旅游扶贫的直接组织者、领导者和管理者，其主导作用无法替代，但相关扶贫工作实践也表明，政府主导的扶贫行动目标经常发生偏离和转换。为改善旅游扶贫效果，避免扶贫目标发生偏离，适度革新政府主导扶贫模式，探索有限政府主导或政府引导扶贫开发模式，发挥政府在政策、人力、财力、市场统筹、居民参与、社会介入等方面的引导与协调作用，是新时期包容性旅游扶贫工作的有益探索。结合广西民族地区旅游扶贫的工作实际，应着力提升政府在扶贫开发中的作用，充分激发各主体的能动性和市场经济活力，以实现包容性旅游扶贫目标。政府引导建设型的共建共享模式构建主要包括如下几点。

1. 加强顶层设计，优化科学布局

顶层设计是指从全局的角度，对某项任务的各方面、各层次、各要素统筹规划，以集中有效资源，高效快捷地实现目标。在全域旅游发展背景下，为实现广西民族地区包容性旅游扶贫的目标，政府必须高度重视顶层设计与科学布局，从管理、资金、财税、土地资源、市场、社区居民等方面全面统筹发展，具体而言，需要做到以下5个方面：第一，立足于全域旅游战略、包容性扶贫理念和区域实际情况，协调各部门和相关机构共同推进扶贫目标的实现；第二，在实施过程中，合理支配资金和土地资源等，保障项目建设的资金需求，确保重大项目建设落地的实效性，协调土地流转以及确保土地资源空间布局的合理性；第三，通过必要的财税政策及补偿、优惠方案等，推进偏远地区及小微旅游企业等的发展；第四，应结合市场发展宏观战略，遵循市场发展规律，使广西全区旅游目的地实现互联互通，并将广大贫困人口参与扶贫项目和旅游扶贫开发深度契合；第五，确保旅游效益最大限度地惠及贫困人口。基于此，在政府全局统筹的背景下，推进民族地区旅游扶贫开发和贫困居民脱贫致富。

2. 统筹部门协作，合力脱贫攻坚

全域旅游视阈下包容性旅游扶贫工作的开展涉及诸多政府部门，相关扶贫举措也急需各部门提供支持。旅游扶贫的政策落实、资金使用、设施建设、项目设定、区域合作、居民参与、利益分配、权益保障等方面都需要政府机关、旅游企业、非政府组织、基金会、社会团体和高校院所等参与其中，通过各部门通力协作为旅游扶贫工作提供帮助。对于广西部分偏远民族地区而言，通过旅游发展实现包容性扶贫就必须强化各部门协作，充分整合各不同利益主体的力量，形成脱贫攻坚的最强合力。以百色、河池等旅游资源丰富但贫困度较高的地区为例，要积极推动旅游景区、旅行社、旅游酒店、旅游协会、地方政府等不同部门的合作，形成政企融合的全方位合作机制，在此基础上，签署业务合作协议，拟定最新旅游专线，充分考虑这些地区旅游扶贫的基础与效益，并对扶贫专线进行重点宣传与推广，吸引区内及珠三角等区外旅游市场客源，使这些地区能够发挥资源优势获取经济效益。

3. 创新基层管理，完善扶贫保障

广西旅游资源得天独厚，以民族旅游、文化旅游、生态旅游和乡村旅游为主，旅游扶贫的主战场为广大偏远乡镇山区，因此在旅游扶贫战略推进过程中，构建高效的基层管理和完善的扶贫保障体制，是实现旅游扶贫工作的重要一环。全域旅游视阈下包容性旅游扶贫工作的开展，尤其需要基层组织从政策落实、公平参与、对口帮扶、群体决策、公平分享等方面进行有效管理，切实解决帮扶政策落实"最后一公里"问题，积极构建包容性旅游扶贫治理体系。其要点包括发挥基层党组织的骨干作用，建立基层干部直接服务困难群众的帮扶制度以及制定定点帮扶实施细则，建设服务型基层政府，切实了解居民的发展现状和利益诉求；在创新管理过程中，应积极引导社区居民发挥主观能动性，鼓励居民在技术、管理、经验等方面开展深入交流与合作，构建包容性基层治理格局；加强民主监督，督导扶贫规划、资金、项目等的具体落实，确保让每一位居民都能获得公平参与旅游脱贫项目的机会，做好矛盾调解和利益公平分配工作，保障旅游扶贫效益的广泛性与包容性。

（二）社区参与发展型

社区居民参与是诸多旅游目的地开发与建设的重要方式，更是一些欠发达地区借助旅游开发实现当地居民脱贫致富的有效途径。通过鼓励与动员贫困居民积极参与旅游开发，推行土地等资源要素入股，以减少景区建设资金投入方面的压力，迅速提升旅游景区的配套服务能力，拉动农副产品、土特产品的销售，从而减少"旅游飞地"，促进乡村旅游以及社区经济的发展。社区参与模式下的旅游扶贫开发确保了贫困人口这一群体的有效参与，切实构建了群众积极参与的新型旅游扶贫机制，尤其是在决策和利益分配等关键环节上，强调贫困人口的均等发展机会和净利益。社区参与旅游扶贫的实施路径如下。

1. 赋权于民，强化居民主人翁意识

贫困居民是旅游扶贫的主要对象，只有将贫困居民纳入旅游扶贫发展过程中，强化其居民的主人翁意识，激发其主动性和参与性，才能切实解决贫困主体的可持续发展问题。在广西民族地区包容性旅游扶贫开发过程中，要积极转变社区居民在地方旅游发展中的地位和作用，着力提升旅游地社区居民的话语权，使旅游资源开发的决策权、使用权和管制权掌控在居民自己手中，由他们决定具体实施的项目，以主人翁的姿态参与旅游扶贫开发，依靠社区居民自身力量推动社区的发展。在社区管理方面，要重视推进村民的自我组织、自主管理、自我监督和自我服务，进一步完善乡村治理结构，使居民切身感受到社区发展与其密切相关，从而使更多的居民更加主动地参与旅游开发工作。

2. 服务于民，提高居民参与积极性

从现有旅游扶贫社区参与模式来看，存在居民参与积极性不高的问题，且居民参与的广度和深度有限。因此，在增强居民主人翁意识的前提下，要积极引导社区居民参与服务工作，着力提升居民参与旅游工作的积极性。在旅游扶贫开发过程中，政府、旅游企业、社会团体、高校服务机构等要正面引导社区居民参与旅游开发，做好居民参与项目建设、商品零售、岗位就业、自主创业、技能提升等方面的工作，使其在旅游开发过程中以不同形式的参与实现脱贫致富。广西自然和人文旅游资源丰富，具有广阔的市场前景和广泛的群众参与基础，但是在社区参与旅游开发方面，还需进一步提升居民参与的层次与广度，积极利用各种优惠政策和扶持计划，推进社区参与旅游扶贫。例如，桂林、阳朔、龙胜等地的地方政府借助国家旅游局评选"中国乡村旅游创客示范基地"，为阳朔县矮山门村、桂林市秀峰区鲁家村乡、龙胜各族自治县龙脊梯田景区等提供相关服务，使其获批为"乡村旅游创客示范基地"。通过这一基地的建立，有效引导和带动了当地返乡农民工、大学毕业生、专业技术人员等通过开展乡村旅游实现自主创业和就业，更好地吸纳了社区居民参与其中，并获取旅游收益。

3. 藏富于民，积极培养"多栖农民"

社区参与旅游重在广泛吸纳旅游目的地居民参与其中，依托旅游开发提供的各类机会为当地居民创造经济收益，从而推动地方社会经济发展。而提升社区居民收益则需要使居民具备一定的参与能力，凭借其技能或资本获取旅游参与的机会和收益能力。从参与机会方面，政府和旅游相关企业要考虑优先为当地居民提供就业岗位，提高居民工资性收入；从收益分配方面，要努力把控居民最低收入标准，并在旅游消费的各环节中尽可能使用当地原材料，减少旅游漏损和"旅游飞地"，同时鼓励居民积极利用自有土地、房屋等资源参与旅游开发，获取资本性收益，如龙脊梯田景区、印象刘三姐景区、漓江竹筏漂流等主动吸纳周边贫困农户参与旅游相关工作的举措值得借鉴；在参与渠道方面，政府应积极组织协调，与当地旅游相关企业构建多元化、本土化的用工体系，在岗位设施、人员分配、淡旺季用工安排等方面寻求合作，通过增加社区居民参与机会，使旅游地居民成为"拿起锄头种田、穿上服装演出、演出结束经商的'多栖农民'"。

（三）社会帮扶推动型

《中国农村扶贫开发纲要（2011—2020年）》明确指出，要加强规划指导，鼓励社会组织和个体通过多种方式参与扶贫开发，积极倡导扶贫志愿者行动，构建扶贫志愿者服务网，积极动员广泛的群众组织、行业协会、非政府组织等参与结对帮扶。对于旅游目的地而言，则是要发挥社会组织的帮扶作用，为目的地社区居民提供相关志愿服务，包括管理指导、智力支援、技能提升、服务培训等方面的扶持。在社会帮扶案例中，非政府组织是一支重要的扶贫力量，在一些专业领域可以协助政府部门开展扶贫活动，通过扶贫项目、直接援助和能力建设等举措发挥不可替代的作用。全域旅游视阈下广西民族地区包容性旅游扶贫实践中，要充分发挥非政府组织的扶贫作用，依靠市场机制，以自愿帮扶为原则，将政府不便动员的资源借助非政府组织引入旅游扶贫领域，包括资源、资金、人才、专业知识、技能、管理制度等资源，在一定程度上弥补政府扶贫财力的不足，也在一定程度上促使社会资源的再分配，促进资源向民族地区转移。此外，借助非政府组织还可提高旅游扶贫效率，培养贫困人口的项目参与能力，调动其脱贫的积极性，保证扶贫项目长期实施和脱贫成效的稳固。

二、基于空间域视角的区域联动发展模式

空间正义植根于空间和空间生产的过程，旨在消除空间层面对某个或某些群体的排斥及不公，以实现空间生产、分配、利用与管理的公平正义。[1]具体而言，这一理论强调不同的社会主体之间要公平、合法地占有空间资源和空间产品，要求具有社会价值的资源和机会在空间上的分配是公正的，以保障公民和群体平等地参与有关空间生产和分配的机会，避免对贫困阶层的空间剥夺和弱势群体的空间边缘化，并增强他们表达意见的能力。[2]这一理论所体现的均衡发展、公平参与、机会均等及保障分配等要求与全域旅游视阈下的包容性旅游扶贫理念不谋而合。全域旅游视阈下的包容性旅游扶贫也强调区域内的公平发展，将原本"小旅游"局部获益发展的格局转变为"大旅游"全域均衡发展的局面；改变原本以景区为主要架构的旅游空间经济系统，构建以多元旅游功能区为架构的旅游目的地空间系统；通过打造旅游流在客源地与目的地的空间流动纽带，布局旅游开发和要素配置，实现区域统筹联动发展。[3]包容性旅游扶贫既要求区域内与旅游发展相关的资源和机会在空间上的分配与利用是公正的，又要保障居民和群体平等享受旅游发展红利。在全域旅游建设大背景下，广西着力践行包容性旅游扶贫开发，以区域空间正义理论为指导，从宏观、中观和微观3个层面构建区域三级联动旅游扶贫模式，其具体实施路径如

---

[1] 王兆峰.人力资本投资对西部地区旅游产业发展的影响[J].山西财经大学学报,2008,3(5):58-64.
[2] 广西第六次全国人口普查主要数据公报[EB/OL].(2011-09-15)[2019-3-21].http://cn.chinagate.cn/zhuanti/zgrk/2011-09/15/content_23422354.htm.
[3] 广西壮族自治区发展和改革委员会.龙胜各族自治县县域经济发展情况[EB/OL].(2018-08-01)[2018-07-10].http://fgw.gxzf.gov.cn/cszz/dqc/dcyj_57471/t2480386.shtml.

图 4-2 所示。

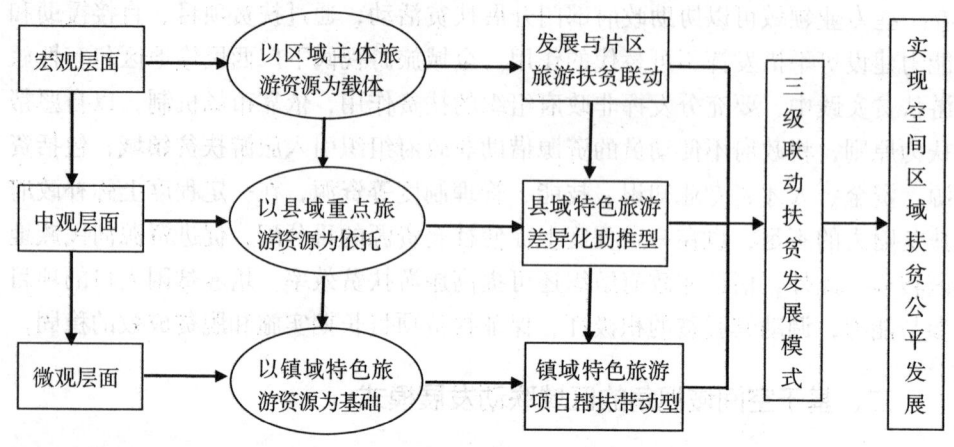

图 4-2 空间域视角的区域联动发展模式

（一）区域发展与片区旅游扶贫联动型

　　包容性旅游扶贫强调增长机会的均等性，即从区域宏观视角整合旅游资源，从全域旅游目的地构建的大背景出发，充分发挥旅游的辐射带动作用，拓宽旅游扶贫效益受众面，使更广泛的居民公平地获取旅游发展红利。结合广西民族地区旅游扶贫规划与经济发展实际，需要从宏观层面构建全区范围内不同片区旅游扶贫发展格局，保障区域空间范围内不同片区发展机会均衡，推进各片区之间形成有机协调的整体，使旅游扶贫效益更广泛地辐射全区。

　　具体而言，在区域发展与片区旅游扶贫联动模式构建过程中，需要依托各片区重点旅游资源，以创建国内或国际知名旅游目的地为目标，提升旅游发展层次，推进不同类型的核心旅游目的地建设，推进各片区资源互补与市场共享，从而实现效益互惠。从全区旅游发展实际与各地贫困程度出发，应积极建设以东兰、巴马、凤山为代表的革命老区，以龙州、大新、靖西为代表的边境地区，以融水、三江、龙胜为代表的民族地区等建设国家旅游扶贫示范区，将其建设成为长寿养生旅游、边关览胜旅游、民族风情旅游与扶贫开发深度融合发展的示范区域。同时，应重点建设桂西、桂西南、桂北、桂东、桂东南和环南宁六大旅游扶贫片区，依托六大片区内的核心旅游目的地（旅游景区）构建增长轴线与片区圈层，实现区域空间扶贫统筹一体化，推进区内其他旅游扶贫地区协调发展的格局，实现贫困空间正义和居民致富。

　　在促进跨省域联动发展方面，应强化和周边省域的相关合作，基于打造全国乃至世界旅游目的地的远大目标，构建泛省际旅游发展片区，以此推动广西民族地区旅游扶贫进程；从桂滇黔三省区域条件与资源特性出发，可依托高铁沿线文化、生态、民俗等旅游资源，建立区域旅游合作联盟，联合构建无障碍旅游区，协同打造民俗旅游集聚区和乡村旅游发展轴带等，推动"快旅慢游""一程多站""一线多游"等旅游方式的发展，共建区域性国际旅游目的地；在省域联动进程中，争取将区域内更广泛的旅游地居民纳入旅游发展体系，拓宽旅游扶贫区域受益面；此外，应进一步发挥广西作为中国—东盟自贸区桥头堡的地缘优势，积极寻求边境扶贫开发合作，通过航线开辟、出入境管理、边贸互惠等措施，刺激边境游蓬勃发展，使广西边境民族地区依托旅游实现脱贫致富。

（二）县域特色旅游差异化助推型

为进一步提升包容性旅游扶贫的实效性，需要从宏观层面转入中观层面，在片区旅游目的地构建过程中，侧重对片区内主要旅游县域的创建与融通，以县域旅游发展为单元，打造特色差异化旅游扶贫路径。当前广西民族地区旅游扶贫工作应根据本土特色，立足市场需求和行业发展前景，以县域特色旅游发展为重点，提升广西各县域旅游竞争力，以实现旅游发展和地方脱贫。

在特色旅游差异化发展进程中，需要从中观层面的县域单元出发，构建各地独具市场竞争力的旅游发展格局，以县域旅游发展带动区域内贫困群体脱贫致富。构建特色旅游县域发展格局需要立足于县域总体特色，从政策上寻求发展支撑，并积极争取资金、土地、设施建设等方面的扶持，打造不同特色的县域旅游圈和旅游市场。结合广西全域旅游发展实际，河池、百色、贺州等旅游资源丰富但贫困人口相对较多的市，应该积极抓住特色旅游名县创建机会，充分发挥旅游扶贫示范县在乡村特色旅游产业培育、公共服务设施建设等方面的示范作用，并以贫困农户参与性和关联性强的养生度假区、田园综合体、休闲农业区等旅游业态为重点，发挥县域旅游特色产业对地方产业结构的协调作用，尤其是地方旅游主导产业对旅游相关行业的辐射与关联作用。截至2019年年底，广西54个贫困县有48个参与创建全域旅游示范区和广西特色旅游名县，其中已脱贫22个。

（三）镇域特色旅游项目帮扶带动型

镇域是农村经济的主体和农村各项事业的中心地，是县域发展的重要组成部分和经济增长的支撑点。挖掘镇域范围内的旅游资源，开发特色旅游项目，壮大镇域经济实力并繁荣乡镇地区旅游产业发展，是新时期广大乡镇地区发展的重要路径之一。同时，镇域特色旅游项目开发也是特色旅游名县打造的基石，通过开发不同类型且独具特色的旅游项目，并在县域空间层面进行统筹布局，逐步建设形成特色旅游名县，进而发挥特色旅游县域的辐射带动作用。

广西全域旅游建设与旅游扶贫战略推进要做到2点：一是要加强知名旅游景区对周边社区的辐射带动作用，争取促进更多的贫困人口实现脱贫；二是要积极探索特色小镇建设、旅游风情小镇打造、村落旅游景区开发、精品民宿建设等，通过培育旅游经济增长极，让边远地区困难群众参与旅游开发，保障区域内贫困群体公平参与旅游开发，并从旅游发展中获益。以特色小镇建设为例，广西打造独具地方风情的特色旅游小镇，需要充分利用相关政策法规，逐步构建国家、自治区、市（县）三级特色的小镇培育体系。在实施过程中，重点从特色产业孵化、服务功能完善、分布均衡合理、辐射带动明显、生态环境改善、文化底蕴凸显等方面打造宜居、宜业、宜游的特色小镇，使特色小镇成为乡镇经济发展新的增长点，成为农民就地、就近城镇化的重要载体。针对具有一定基础且资源特色明显的小镇，如恭城瑶族自治县莲花镇、昭平县黄姚镇等，还需从建设用地、财税优惠、人才培育、区域统筹等方面积极争取地方政府的大力支持。此外，旅游风情小镇、村落旅游景区等乡村旅游目的地，要充分考虑当地居民的参与，着力打造集民俗文化体验、观光休闲农业等于一体的综合性旅游目的地，以此带动居民脱贫致富。

三、基于产业域视角的产业带动发展模式

全域旅游视阈下的包容性旅游扶贫要求把握具有核心竞争力的旅游吸引物，实现区域资源有机整合，改变以单一旅游形态为主导的产业结构，构建以旅游为平台的复合型产业结构。广西自然资源和民族文化资源丰富的地区与贫困群体集中分布区高度重叠，具有将资源优势转变为旅游经济效益的现实可能和迫切需求。基于产业融合理论，广西挖掘地方最具代表性的民俗文化资源、自然山水资源、康养休闲资源、现代农业资源、节庆与手工艺品资源等，通过"旅游+"的扶贫开发方式，实现旅游产业链的延伸与发展，从而使社区居民尤其是偏远地区劳动力群体有更多的机会参与旅游业发展，促进劳动力就地转移并实现居民脱贫致富。基于产业域视角的产业带动发展模式如图4-3所示。

第四章 全域旅游视阈下广西民族地区包容性旅游扶贫模式的构建

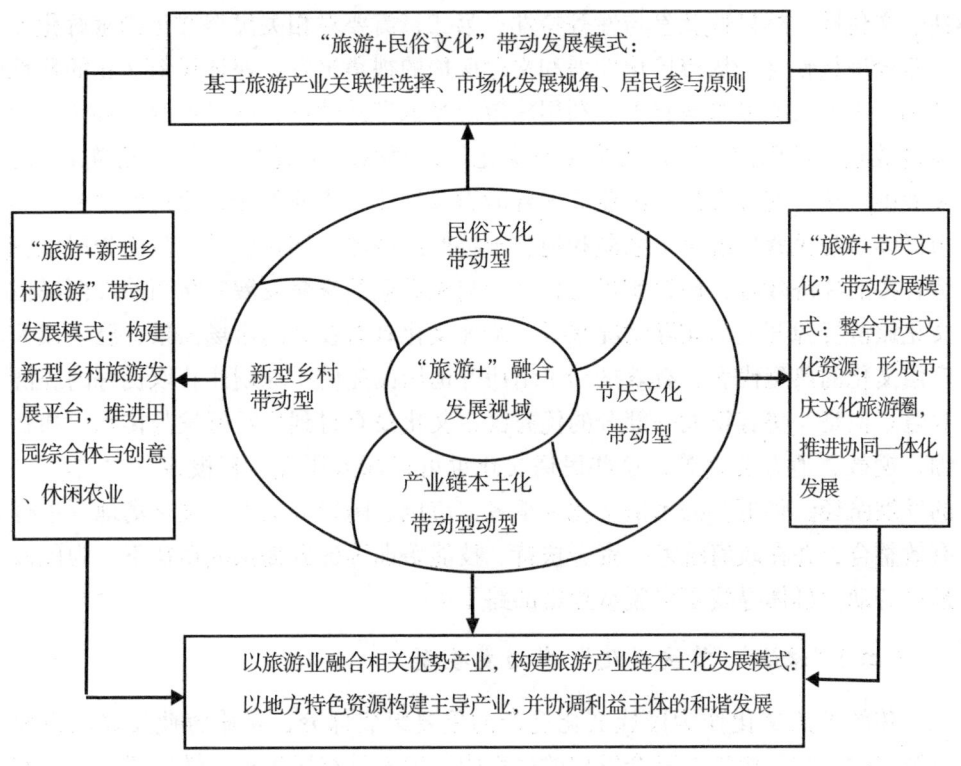

图 4-3 基于产业域视角的产业带动发展模式

（一）"旅游 + 民俗文化"带动发展型

在机械化生产和规模化复制的现代工业环境下，地方民俗文化所呈现出来的差异性显得尤为珍贵且具有极强的旅游吸引力，同时因其与当地居民息息相关，因此对于社区居民而言具有很强的旅游参与性。在诸多民俗文化中，少数民族传统手工技艺是民族地区旅游业发展的生命力所在，具有与旅游业融合发展的天然耦合性，适合进行旅游开发并能够广泛吸引居民利用自身的传统文化，实现旅游致富与传统文化保护双赢。

对于广西民族地区而言，民俗文化资源十分丰富，可以依托旅游开发实现资源优势的转化。地方民俗文化要实现旅游化发展路径，必须以产业融合的发展理念为指导，以"旅游+"的思维模式进行产品构建，打造具有竞争力和生命力的文化产品。从广西民俗文化资源实际出发，构建"旅游 + 民俗文化"发展模式，需要从以下几个方面着手进行：第一，应该从产业融合的关联性角度出发，筛选与旅游活动密切相关的民俗文化，综合考虑各类民俗文化的观赏性、文化性、神秘性及参与性等特性；第二，需要对相关民俗文化的旅游化发展路径进行整合，从市场化发展和文化保护的视角出发，保证民俗文化的传承者和广大群众能够参与其中，利用旅游市场的带动效益，促进资源优势转化为经济效益，从而使社区居民在传承文化的同时获取可观的收益。"旅游+"的发展模式重在充分发挥旅游业的融合能力及催化、集成作用，使广大乡村劳动力群体参与民族传统手工艺品和地方土特产品的加工制作活动，从而为居民创造直接的经济效益，最终实现特色产业与旅游业的双赢发展。从当前广西民俗文化旅游资源开发的实际情况来看，绣球文化具有较好的市场前景，已经成为广西文化的典型代表，有效推动了靖西等地居民凭借绣球制作获取良好的经济收益。但是，仍有很大一部分的优秀民俗文化没有得到广泛开发与传承，如壮锦、铜鼓、地方美食等，这些民俗文化也可以深入研究、积极探寻"旅游+"的发展路径，将更多的民俗文化传承者、市场、闲置劳动力、文化场地等进行有效整合，并在政府统筹、资金扶持、技能培训等各方提供的帮扶下，为民族地区劳动力群体寻找更多脱贫致富的路子。

（二）"旅游+节庆文化"带动发展型

传统节庆文化作为民族文化遗产的重要组成部分，是旅游业发展的重要资源基础，在与旅游业融合发展的过程中，因其具有居民参与性广泛、主客互动性强、观赏品味高等特点，因此可以促进地方旅游快速发展。同时，节庆文化可以作为一项动态的旅游吸引物，可以有效地转移到旅游资源非优区或旅游资源类型单一的区域，使部分地区的旅游产品类型得以丰富，品质得以提升，并能够更广泛地吸引居民参与到节庆旅游开发之中，从而使其获取更多的旅游经济收益。

广西少数民族传统节庆文化资源丰富，具有广阔的市场潜力和开发价值，基于这一优势资源可以构建旅游节庆文化发展模式，以"旅游+"的产业融合力量推进旅游与节庆文化重组，将与节庆文化相关的广大传承者纳入旅游开发体系，形成"文化搭台、旅游唱戏"的发展路径。在模式构建过程中，需要综合考虑以下几点：第一，从旅游产业开发的角度，选择具有一定知名度和美誉度的传统节庆文化作为开发的基础，同时从包容性扶贫的角度出发，重点考虑节庆活动的参与性和可创造性；第二，从旅游市场发展的角度，需要综合考虑节庆活动的辐射带动效益，打破节庆活动在地理空间、文化空间和生活空间上的局限性，充分依托"旅游+"的融合带动效益，构建区域内节庆旅游发展格局，积极促进节庆文化资源空间一体化发展，使传统节庆文化资源比较集中的县市在空间上形成轴线式联动,借助旅游发展的契机,带动周边地区旅游联动发展;第三,基于空间轴线联动发展格局,在宏观层面整合节庆文化资源的项目开发、市场宣传、优惠政策、协同发展等,打造少数民族传统"节庆文化旅游圈",通过"节庆文化旅游圈"的整合效应和辐射带动效应,促进区域内各县市协同发展,发挥节庆文化的规模效应,使广大居民能够广泛平等地参与保护传统节庆文化与旅游发展的互利活动,实现脱贫致富。

当前,广西旅游开发利用壮族"三月三"、炮龙节、布洛陀民俗文化旅游节、瑶族盘王节等开发的节庆旅游具有较好的市场优势,但是在均衡发展和全域协同推进方面仍然存在不少问题,如只是个别地方利用节庆文化资源获得了较快的发展。在全域旅游和包容性扶贫理念的指导下,后续应进一步加大节庆文化与"旅游+"的融合力度,在发展路径方面寻求更加广泛的区域协同一体化发展,不断整合三江侗族、融水苗族和罗城仫佬族,防城港、钦州等沿海地域以及百色、河池等地的民族节庆文化,实现地区旅游与扶贫的大发展。

(三)"旅游+新型乡村"带动发展型

党的十九大报告提出要实施乡村振兴战略,坚持农业农村优先发展,加快推进农业农村现代化。在推进乡村振兴战略中,乡村旅游开发是重要的推动力量之一,对贯彻"产业兴旺、生态宜居、乡风文明、治理有效、生活富裕"的总要求具有重要作用。然而随着游客消费与审美需求等因素的改变,传统的乡村旅游发展方式也面临着发展乏力、带动力有限、辐射面不宽、"旅游飞地"现象严重等瓶颈问题。因此,需要积极培育新型乡村旅游发展模式,运用产业融合发展理念探索乡村旅游发展新路径,激发乡村旅游发展新活力,使广大村民能够享受新型乡村旅游发展所带来的红利和效益,推动乡村旅游扶贫效益创新高。

结合新型乡村旅游发展的最新趋势与市场潜力,从"旅游+"产业融合发展理念出发,构建精品村落、共享农庄、现代农业产业园区与田园综合体等发展模式,是值得思考和借鉴的有效做法。在构建新型乡村旅游发展模式的过程中,应该积极建立现代新型乡村旅游发展的组织平台,将农民作为参与主体建设新型农民合作社或农民发展协会;同时,以市场消费需求为主导,推进乡村旅游转型升级,将传统农家乐式单一发展模式改造升级为集循环农业、创意农业、农事体验、田园社区于一体的田园综合体;将以往闲置的农舍、农地等资源进行整改,打造成供游客消费的共享产品,通过乡村旅游综合开发与改革等渠道探索发展新路径;此外,还要强调循环农业的基础作用,确保农业可持续发展；注重创意农业融合作用，将农业产前、产中和产后环节联结为完整的产业链条；着力打造农事体验活动，将农业生产、农耕文化和农家生活转变为特色商品，让游客能够身临其境地体验农业生产与劳作。"旅游+新型乡村旅游"模式具有很强的产业融合性与联动性，具有"离土不离乡"的乡村旅游发展特点，能够就地大批量、多层次地吸收劳动力群体参与其中，实现农民充分就业与良好发展。

（四）旅游产业链本土化劳动发展型

旅游产业链本土化是实现地方社会经济包容性增长的内在要求，即利用本地优势资源，包括原材料和人力资源等，以旅游业为龙头配置相关产业，在本地生产和销售相关产品，形成完整的产业链，其目的在于最大限度地将收益留在本地，有效安置劳动力群体就地就业，达到经济效益与社会效益的最大化效果。旅游产业链本土化的显著特征如下：地方特色资源依托旅游业发展，实现与旅游产业的融合，并以极具市场潜力的旅游产业为引导，发挥旅游乘数效应，通过旅游提升原有产品的经济附加值。同时，旅游产业链本土化也倡导经营者共生化，将原有的非旅游业经营者和外来经营者纳入旅游经营者体系，促使外来经营者与本地经营者共生、共存，实现利益共建、共享。旅游产业链本土化的实施路径体现在2个方面：

一方面，需要建立与扶持地方主导产业。以产业融合理论为指导，构建旅游产业链本土化扶贫发展模式，首先需要政府、企业和社区在政策、资金、原材料、土地与人力参与等方面协同，以此根据地方特色与优势确立具有市场潜力的主导产业，从整体上增强地方经济自我造血机能。本土化主导产业要求能够融合地方优势资源和吸引当地劳动力群体的参与，产业链各环节的要素也要以当地资源为主，积极创建社区型旅游企业。通过形成供需本地服务与产品的市场体系，增加旅游产品的本地化特色，进而扩大旅游及相关产品的自给规模，提升对外销售能力，提高当地产品的经济附加值，从而提升居民获取经济收益的增加值。

另一方面，需要协调不同利益主体的关系。旅游扶贫的关键在于使参与旅游发展的居民能够通过旅游获取经济利益，从而摆脱贫困局面，因此产业链本土化扶贫模式不仅要注意避免"旅游飞地"，将经济效益留在当地，还要注重居民收益的公平性。在旅游产业链本土化发展模式中，需要注意地方利益共同体的管理与协调，如村委会成立的旅游合作社、企业组建的科技特派员队伍等，这些主体可以为旅游产业发展提供咨询、技能培训、利益协调等方面的帮扶，

第四章　全域旅游视阈下广西民族地区包容性旅游扶贫模式的构建

也能有效解决农户参与、话语权与收益分配等问题。所以，旅游产业链本土化扶贫发展模式可以有效实现包容性旅游扶贫，对实现旅游地社会经济可持续发展具有重要作用。

四、基于要素域视角的多点推进模式

从要素域视角来说，旅游目的地要实现包容性旅游扶贫，就需要改变以旅游资源单一要素为核心的旅游开发模式，构建起旅游与人才、市场、技术、新业态、关联企业等多元要素结合的发展模式，推进全域旅游目的地建设，并为包容性旅游扶贫提供更多发展机会。对于不同类型、不同资源结构和不同发展阶段的旅游目的地，可以依托的要素载体各有不同：对于资源潜力巨大但地理位置相对偏远的地区而言，人才和资金等要素对推动当地旅游发展显得更加重要，部分地区还可以借助技术要素进行网络电商平台搭建；而对于城市近郊和客源市场毗邻区等旅游目的地，农业资源、传统民居等要素可以较好地进行开发，构建现代休闲农业、体验农业、自驾旅游和精品民宿产业等旅游新业态。总之，不同要素都可以借助地方实际，实现与旅游业的相互关联，同时，要素也是随着市场发展不断更新拓展的，要善于利用不断出现的新要素与旅游业进行有机结合，发挥不同要素对旅游业发展的推动作用。基于要素域视角的多点推进模式如图4-4所示。

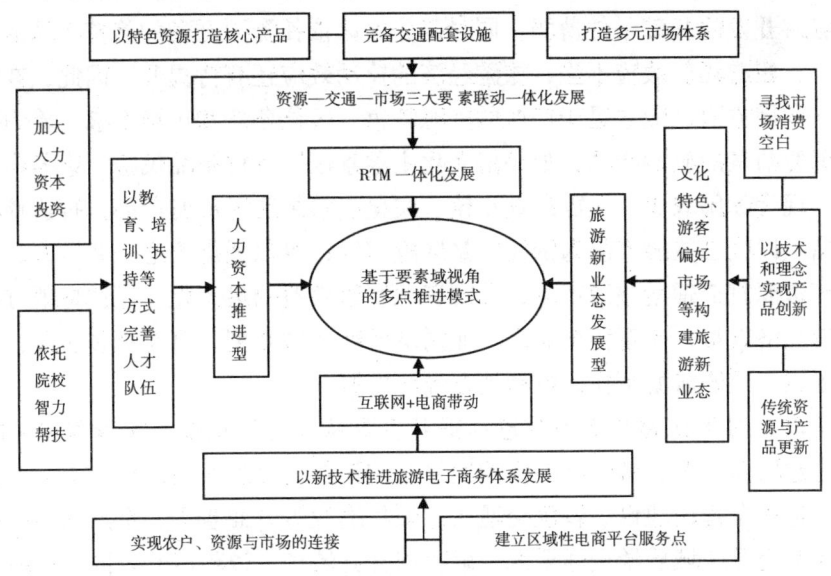

图4-4　基于要素域视角的多点推进模式

（一）RTM 一体化发展型

　　全域旅游视阈下包容性旅游扶贫注重机会均等的旅游发展，对旅游资源丰富但受区位条件限制的边远地区，要以全域旅游发展宏观战略为指导，促进旅游发展。一般而言，对边远地区旅游要求立足于地方旅游资源，以提升旅游产品品质为根本，同时完善客源地与目的地交通系统，构建完备的旅游通道、景观廊道，在此基础上开发各级消费市场，使旅游资源真正转换为旅游消费产品。通过高品质的旅游资源、完备的交通系统和广阔的消费市场，形成边远地区旅游富民的发展之路。对于广西而言，因其历史条件、地理位置和发展水平等因素，保存着大量优质旅游资源，但是偏远山区资源优势与市场优势严重失衡，广大乡镇地区难以依托旅游开发享受旅游发展红利。因此，针对这些地区，需要积极开发地方优势资源，使旅游交通系统更加完备，借助市场宣传，发挥潜在客源市场潜力，使其乘借旅游的东风，带动地方旅游发展和居民致富。概括地讲，即是构建资源（resource）—交通（transportation）—市场（market）三大扶贫要素联动的一体化扶贫发展模式（RTM 模式），开创民族地区旅游扶贫进程。

　　首先，在资源方面，广西得天独厚的自然环境和多民族杂居的条件，造就了其丰富且高品质的旅游资源。以广西百色、河池、柳州、贺州等民族地区为例，这些地方旅游资源类型多样、开发价值高，但是地方经济发展较为落后，旅游开发的基础条件薄弱，同时部分地区依托资源开发的旅游产品结构比较单一，旅游辐射效应不强，旅游经济的拉动效应还有待提升。因此，在资源开发与利用方面，应立足于广西的资源特色、区位条件和市场需求，着力挖掘具有消费前景的旅游产品，如民俗文化主题景区、乡村精品民宿、康养休闲度假区、现代休闲农业、文旅产业小镇、文化创意街区等旅游产品，打造核心旅游产品。以核心旅游产品为依托的景区毗邻区，可以凭借土地、劳动力、乡村环境等资源打造辅助旅游产品，实现资源利用效益的最大化。通过将地方资源转化为经济效益，实现传统农耕产业向旅游产业的转型，惠及更多居民，从而实现更加广泛的旅游帮扶，推动地方经济发展。

　　其次，对于交通要素的改进与提升主要从旅游基础设施完善和服务配套体系构建层面着手，结合当前休闲度假旅游消费理念的发展，从旅游交通要道搭建、自驾车营地建设、特色交通旅游项目建设等方面着手，重点完善边远地区和城乡交界区域旅游交通要素，解决部分县域和乡镇旅游开发区"最后一公里"的问题，使当地旅游发展更好地融入市场，进而发挥全域旅游扶贫功能。具体而言，在交通要道搭建方面，重点推动广西边远地区县域旅游资源丰富且开发潜力巨大的地区建设或对接高速铁路和高速公路等项目，推进"高铁＋高速路"双联模式构建，实现这些地区与客运专线、高速铁路网的有效联通。通过"快旅慢游"的方式转变，游客在旅游目的地的停留时间和消费水平都将有所提升，有助于拉动更多旅游收益与居民增收。此外，在交通要素配套体系构建方面，依托乡村旅游、休闲农业、民宿和特色景区等，有条件的地方可以建设自驾车旅游营地，延长游客在目的地的停留时间，并吸纳当地居民参与营地服务项目，以旅游经济发展直接带动地方社会经济发展。

最后，在旅游市场宣传推广方面，构建多元化的旅游市场营销体系，尤其是对后发旅游区域的市场推介与宣传，从而带动全域旅游目的地不同旅游功能分区的建设与发展。对于广西而言，边境地区、偏远山区、省级交界地区等旅游后发区域，要从市场定位与细分、产品组合、产品宣传推介、价格营销、服务环境、智慧营销平台等方面构建市场营销体系，将优质的旅游资源转换为市场需求，从而使当地居民获益渠道更加多元。在市场宣传推介方面，从广西壮族自治区文化和旅游厅（原广西壮族自治区旅游发展委员会）官网统计信息得知，广西在 2016 年度共计举行或参加了 "2016 中国旅游产业博览会""遍行天下 心仪广西"旅游资源推介会、广西巴马长寿养生国际旅游区专题会等 26 场旅游推介会，主要涉及巴马、凤山、凌云、马山、富川、宁明、靖西等所有重点扶贫市县的旅游管理部门和旅游企业；2017 年先后参与第十三届海峡旅游博览会、粤桂闽港旅游推介会等。这些推介会有助于宣传广西不同类型的旅游产品，对提升广西旅游总体市场占有率和竞争水平，进而带动更多地区依托旅游发展脱贫致富有重要的促进作用。

总体而言，RTM 一体化发展扶贫模式将资源、交通和市场三大要素进行系统整合，对广西旅游业发展，尤其是对边远欠发达地区和民族地区的旅游开发具有重要作用，能有效带动民族地区居民公平参与旅游就业，推进劳动力群体就地转移。同时，旅游开发的辐射效应也进一步影响了贫困地区其他产业的发展，对于改善这些偏远地区社会经济发展水平具有重要意义。

（二）人力资本推进型

一般认为，人力资本是凝聚在劳动者身上的技能和生产知识的存量，主要通过对人的教育、培训、实践经验、迁移、保健等方面的投资而使其获得知识和技能的积累。随着全域旅游战略的推进与休闲度假旅游时代的到来，旅游行业对于从业人员的综合素质提出了新的要求。但广西因受到经济社会发展、教育文化水平等因素影响，旅游从业人员文化水平普遍不高，服务意识与技巧、信息处理技能与管理知识等相对欠缺，无法满足新时期消费者更高层次的要求，严重制约了居民借助旅游获取经济收益，实现脱贫致富。针对这一实际，需要提升偏远地区和广大乡镇旅游目的地旅游从业人员参与旅游开发的能力，从人力资本提升层面构建旅游扶贫推进模式。其具体构建步骤有2个方面：

一方面，加大人力资本投资，改善劳动力结构。人力资本投资是通过对劳动力进行一定的资本投资（包括货币或实物投资），提高劳动力主体的智能和体能，使其就业与创业能力显著提升、综合能力逐步增强，提高劳动力产出，从而实现劳动力主体经济收益增加，最终带动地方社会经济的发展。广西在推进包容性旅游扶贫工作中，应不断加大人力资本投资，积极推进劳动力群体就地转移与安置，提升其就业能力和创业水平；同时，着力改善劳动力群体的就业结构，拓宽其就业渠道，使其在技能与素质提升的同时改变原本浅层次的参与方式，争取各层次的岗位参与机会。社区居民劳动参与结构的改善同样是地方旅游发展软实力增强的具体表现，对推动旅游地社会经济可持续发展具有重要作用。广西壮族自治区发展改革委和人力资源和社会保障厅已开展初步合作，制订了分级合作乡村旅游人才培训计划，着力提升广大乡村地区旅游行业从业人员素质，开展以乡村行政管理干部、乡村旅游经营业主和一线服务人员为主要对象的分级分类培训，并对乡村旅游的经营与管理、服务与质量、宣传与营销等方面进行重点培训，旨在提升乡村旅游经营管理水平和服务质量。此外，自治区扶贫开发领导小组提出的雨露计划扶贫培训项目，对改善贫困劳动力群体就业状况也具有良好的推动作用。

另一方面，依托院校智力帮扶，提升居民整体素质。旅游业作为一个劳动密集型产业，需要大量的、素质较高的服务人员。因为旅游服务工作主要由当地居民完成，所以对于广西以乡村旅游和民族旅游为主的广大地区而言，需要大力加强旅游教育，提高劳动者素质，进而提高人力资本投资效益。在广西民族地区旅游扶贫战略中，自治区应该充分整合各类旅游教育培训资源，依托桂林旅游学院等区内各高校、教育科研院所及相关培训机构，尽快建立服务人才培训基地，采取业务培养与技能培训、综合培训与专题培训、重点培训与持续培训等方式，在尊重原址、原物的基础上，从多个视角对民俗节庆、地方历史故事、地方文学、地方传说等进行深入发掘，对相关文学、艺术、传说和故事等进行情境性创作、加工，最大限度地使当地居民参与旅游业发展，成为地方旅游发展的管理与服务人员；同时，要着力完善旅游扶贫人才管理体制，做好旅游扶贫分类教育培训工作，加强贫困户自我发展能力，并进一步深化区域旅游扶贫人才交流与合作，积极加强与主要客源地的旅游扶贫人才资源开发与合作。

（三）"互联网+电商"带动型

互联网技术是新常态下社会化经济发展的重要力量，更是旅游服务行业适应新时代消费模式的关键要素，而电子商务则是利用互联网技术，以旅游信息库、电子化商务银行等为基础，利用先进的电子手段在互联网平台上进行旅游业运作的商务体系。"互联网+电商"模式通过将电子商务纳入旅游扶贫开发体系，以"互联网+"创新扶贫开发方式，使广大乡村地区贫困群体成为电商产业的利益主体，促进旅游地贫困户增收。结合广西旅游资源特色与发展实际，自治区应积极推进"互联网+电商"发展模式与广大乡村旅游地的有机融合，通过线上线下相结合的方式将农户、资源与市场有机联结在一起，使全区的农家餐馆、乡村观光农业、民宿与特色客栈、乡村民俗活动、农特产品等乡村旅游资源走上电商化发展路径，借助互联网技术使广大乡村旅游目的地的旅游效益最大化，从而提升区域经济发展水平和居民收益。

依托"互联网+"的技术优势和旅游电商的市场潜力，转变部分旅游资源无法转化为经济效益的尴尬局面，是全域旅游视阈下民族地区包容性旅游扶贫的新举措。在具体实施过程中，在宏观层面，应立足于地方特色资源，争取对财税、土地、人才、环境等要素给予充分保障和补贴，持续兴办电商合作交流博览会，并建立区域性电商平台服务站点，辐射带动当地社会经济发展与居民脱贫致富。中观层面应围绕"优势产业电商化"工作核心，建立健全电子商务硬件支撑体系、电商培训体系、服务咨询体系、网销产品营销推广体系、产品质量保障体系、合作联动体系和电商便民服务体系等。微观层面以资源丰富的村屯为基础单元，将市场与旅游地社区居民直接联系在一起，降低农村产品在市场中的流动成本并延长其市场辐射半径；同时，强化线上线下体验功能，提高新型农业经营主体电子商务应用能力，通过构建"公司+电商平台+合作社+农户"的经营模式，将特色美食、农副名优产品、传统手工艺品、长寿养生产品、民俗节庆产品，以及景区门票、精品民宿等在电商平台向海内外进行销售，直接有效地帮助民族地区贫困户实现脱贫致富。

（四）旅游新业态发展型

旅游新业态是为迎合旅游消费者的最新需求，利用新技术、新方法和新思路对旅游相关要素进行融合与创新，从而丰富旅游业态结构并促使旅游产品具备更强的市场吸引力和竞争力。广西当前全域旅游时代背景下，随着旅游新要素涌现与休闲度假旅游市场的发展，以及游客消费心理与偏好的转变，越来越多不同类型的新产品被游客接受，并且显现出了强有力的市场生命力和经济带动力。因此，旅游新业态的创新与发展是旅游业保持生机活力的关键因素，也是推动旅游目的地可持续发展的重要力量，更是旅游扶贫发挥成效的新鲜血液。在旅游新业态扶贫发展模式构建过程中，广西要基于地方文化、产品特色、游客偏好、市场需求等因素，着力挖掘和打造具有市场潜力和符合行业发展趋势的新型旅游产品，以进一步刺激消费，繁荣旅游消费市场，实现旅游新业态对旅游经济尤其是边远贫困落后地区经济的拉动。

具体而言，结合广西民族地区旅游资源特色与当前发展实际，在对旅游新业态的构建与推进过程中，广西应着力从以下几个方面入手：第一，立足于资源特性与产品创新，有针对性地分析不同类型旅游者的需求，积极寻找具有市场潜力的新型旅游产品，在既有旅游产品的革新和新产品创造方面，要尽可能引领市场需求；从广西山水文化、民俗风情出发，引导和推进低空观光旅游发展，并着力推进航线开发与布局、基地建设与配套设施完善、居民参与等方面与扶贫的有机契合，促使全域旅游扶贫项目更好发展。第二，结合当前消费趋势、消费方式与理念，以互联网、移动智能、可穿戴体验、新媒体等技术为支撑，挖掘适合嫁接技术要素的旅游产品，实现旅游产品的创新与发展，同时借助新技术使民族地区社区居民能够更广泛、更直接地参与旅游活动，从中获取旅游收益。第三，需要深度挖掘不同类型的旅游资源，引导旅游资源转变为具有市场竞争力的新型旅游产品，推动旅游市场的繁荣发展，尤其是要考虑将广西长寿养生文化、红色革命文化、少数民族文化、自然生态等资源相结合，打造新的旅游产业链和地方旅游品牌，推动旅游发展并带动当地居民参与其中，实现旅游脱贫致富。例如，在自驾车营地旅游新兴市场发展方面，促进自驾车营地与乡村旅游的融合，带动自驾车营地周边社区居民参与其中，通过农家餐饮、休闲养生、农业观光、田园采摘等服务获取经济收益；同时，结合民宿产业建设，有效利用当地农业、生态、休闲、养生等旅游资源，广泛吸纳当地居民通过不同的形式参与旅游相关环节，实现民族地区旅游发展与贫困人口脱贫致富的有机结合。

第五章　全域旅游视阈下广西民族地区包容性旅游扶贫的实证分析

旅游扶贫以其强大的市场优势、新兴产业的活力、强大的造血功能以及巨大的带动作用，在我国扶贫中发挥着重要作用。旅游扶贫既是脱贫攻坚的重点，也是旅游开发的重点，其正以锐不可当之势成为我国脱贫攻坚的生力军。目前，广西民族地区包容性旅游扶贫虽然取得了一定的成绩，但也需要解决当前存在的一些问题并克服制约因素，这样才能更好地推进广西民族地区旅游扶贫工作顺利开展和高效进行。

鉴于此，本书在广泛收集资料和实地调查研究的基础上，对广西民族地区包容性旅游扶贫现状进行了分析，探明了全域旅游视阈下广西民族地区包容性旅游扶贫的驱动机制，并从全域旅游的内涵出发，从管理域、空间域、产业域和要素域 4 个角度构建了广西民族地区包容性旅游扶贫模式。为了验证上述研究成果的可行性，本章将进行实证研究，在实证分析过程中，通过对相关主体开展访谈和问卷调查来检验当前旅游扶贫的成效，并根据受访者的意见建议，对上述旅游扶贫模式进行优化，在此基础上提出进一步促进广西民族地区包容性旅游扶贫可持续开展的保障机制。

第一节　案例地包容性旅游扶贫发展概况

广西壮族自治区位于中国大陆沿海地区的西南端，南濒北部湾，北接贵州省、湖南省，东、西两面分别与广东省、云南省相邻，西南与越南毗邻，处于中国东南沿海地区和中国大西南地区的交会地带，是中国西南最便捷的出海通道。广西是一个以壮族为主，多民族聚居的少数民族自治区，其境内有汉族、壮族、瑶族、苗族、侗族、仫佬族、毛南族、回族、京族、彝族、水族、仡佬族等 12 个世居民族，另有满族、蒙古族、朝鲜族、白族、藏族、土家族等其他民族 44 个。根据 2021 年第七次全国人口普查统计，广西壮族自治区总人口为5 012.68万人，各少数民族人口为1 711.05万人，占总人口的34.13%，其中壮族1 444.85万人，占少数民族总人口的84.44%，主要分布于南宁、百色、河池、柳州4个市；瑶族在广西分布较为广泛，全区88个县（市）中，有60个县（市）的瑶族居民超1 000人；苗族主要分布在桂北、桂西北高山大岭地区，最大聚居地是融水苗族自治县；侗族主要分布在三江、融水、龙胜3个自治县。广西作为少数民族自治区，其扶贫工作具有贫困人口多、贫困面积广、贫困时间长、扶贫难度大等特点，是我国脱贫攻坚、旅游扶贫的主战场之一。根据广西壮族自治区扶贫的总体布局，以旅游扶贫的功能特性和旅游开发方向为引导，将具备旅游开发条件的边境地区、革命老区、民族地区、大石山区等连片特困地区作为重点区域和旅游脱贫攻坚的主战场，重点建设桂西、桂西南、桂北、桂东、桂东南和环南宁六大旅游扶贫片区，形成以六大旅游扶贫片区为重点，统筹推进其他旅游扶贫地区协调发展的格局。其中，桂北旅游扶贫片区主要包括融水、融安、三江、龙胜、资源、环江、罗城等地区，是壮族、瑶族、苗族、侗族等少数民族的聚居地，少数民族文化内涵深厚，具有浓郁的民族风情。此外，桂北旅游扶贫片区的三江侗族自治县、融水苗族自治县、龙胜各族自治县、资源县等既是国家和自治区扶贫开发工作重点县，也是广西特色旅游名县。本节以桂北旅游扶贫片区的龙胜各族自治县、三江侗族自治县和融水苗族自治县为案例地，通过对案例地的问卷调查和访谈来检验当前广西民族地区旅游扶贫成效，进一步优化旅游扶贫模式，并提出相应的意见建议。

一、案例地基本情况

（一）龙胜各族自治县概况

龙胜各族自治县位于广西东北部、桂林西北部，地处越城岭山脉西南麓的湘桂边陲，东接兴安县、资源县，南连灵川县、桂林市临桂区，西临融安县、三江侗族自治县，北靠湖南省城步苗族自治县，西北毗邻湖南省通道侗族自治县。县城与自治区首府南宁市直线距离371千米，公路里程531千米；与桂林直线距离63千米，公路里程87千米。广州至成都的国道321线从龙胜境内通过，其是湘西南、黔东南与四川进入广西的咽喉与物资集散地。同时，随着贵广、湘桂等高速铁路建成通车，龙胜与广州、长沙、贵阳、南宁等4个省会城市及其周边城市的连通进入了"一小时交通圈"。龙胜各族自治县现聚居着壮、苗、瑶、侗等少数民族，根据龙胜县人民政府2021年6月公布的人口资料，全县常住人口为 139 483 人，其中壮族占 18.65%，苗族 15.64%，侗族 26.25%，瑶族 18.42%。

龙胜属亚热带季风气候，雨量充沛，气候宜人，年平均气温 18℃，年降雨量 1 500～2 400 毫米。全境为山地，平均海拔 700～800 米，最高点福平包海拔为 1 916 米。地势东南北三面高而西部低，越城岭自东北迤逦而来，向西南延绵而去，境内山脉纵横交错，崇山万迭，山高坡陡，河谷幽深，水流湍急。境内河流属珠江水系浔江上游，有大小河流 80 多条，从东、南、北面汇入桑江，然后向西流入三江侗族自治县，桑江、和平河、平等河、三门河为主要河流。同时，龙胜的茶油、椪柑、南山梨、茶叶、猕猴桃、香菇、木耳、罗汉果、龙脊辣椒、薏米等土特产久负盛名，均系无公害天然绿色产品。龙胜还先后荣获"全国民族团结进步县""全国文明县城""全国生态建设示范县""自治区文明城市（县级）"等荣誉称号。2019 年 4 月 24 日，龙胜各族自治县脱贫摘帽。

（二）三江侗族自治县概况

三江侗族自治县位于桂、湘、黔三省（区）交界的广西北部，因境内汇聚浔江、融江、榕江 3 条江而得名。三江东连龙胜各族自治县、融安县，西接融水苗族自治县、贵州省从江县，北靠湖南省通道侗族自治县、贵州省黎平县，南邻融安县，既是桂、湘、黔三省（区）交界的交通枢纽，又是通往桂、湘、黔三省（区）交界侗族地区的东大门，也是侗族地区的南大门。贵广高铁、焦柳铁路、209 国道、321 国道、厦蓉高速、包茂高速贯穿境内，形成西进贵阳、东连广州、南下北海、北接长沙的"三纵三横"交通路网格局，交通区位优势凸显。全县总面积 2 454 平方千米，人均土地面积 9.29 亩（约为 6 193.33 平方米），人均耕地面积 0.55 亩（约为 366.67 平方米），素有"九山半水半分田"之称。三江侗族自治县之前为国家级深度贫困县、桂滇黔石漠化片区县，现辖 6 个镇、9 个乡（3 个民族乡）、160 个建制村、10 个社区，总人口为 32.15 万人，其中侗族占全县总人口的 55.9%，是广西唯一的侗族自治县，也是全国 5 个侗族自治县中侗族人口最多的县。

三江生态环境优良，境内植被茂盛、江河密布，森林覆盖率达 78.2%，全年平均气温为 17～19℃，地表水环境质量保持在国家 II 类标准以上，空气环境质量保持在国家一级标准，负氧离子含量为二级标准以上，是国家重点生态功能保护区。此外，三江产业独具特色，有国家地理标志保护产品"三江茶油""三江茶"，农产品地理标志"三江稻田鲤鱼"，还挂牌成立了广西稻田综合种养示范县院士工作基地，荣获"中国名茶之乡""全国十大生态产茶县""全国重点产茶县""国家油茶产业发展重点县""中国油茶之乡""2017年度全国茶乡旅游特色区"等称号。2020年11月20日，三江侗族自治县退出贫困县序列。

（三）融水苗族自治县概况

融水苗族自治县位于广西壮族自治区北部，距自治区首府南宁市380千米。东邻融安县，南连柳城县，西与环江毛南族自治县、西南与罗城仫佬族自治县接壤，北靠贵州省从江县。县境地势中部高四周低，中西部和西南部为中山地区，东南部和东北部为低山地区，南端为丘陵岩溶区。全县总面积4 665平方千米，现辖7镇13乡。在第七次全国人口普查中，全县常住人口为412 445人，聚居着苗族、瑶族、侗族、壮族、汉族等多个民族，少数民族人口为300 613人，占72.89%，其中苗族人口为166 957人，占40.48%。

融水苗族自治县属中亚热带季风气候，海拔较高，山地较多，故有"九山半水半分田"之说。海拔1 500米以上的山峰57座，其中摩天岭海拔1 938米，元宝山海拔2 081米，是广西第三高峰、县内第一高峰。东南部和东北部为低山地区，南端为丘陵岩溶区。地方特产主要有糯米柚、"三防香鸭"、元宝山茶叶、重阳笋、重阳酒、香菇、木耳等。近年来，融水的"苗族系列坡会群""苗岭歌台""情系苗山""龙舟大赛"等文化品牌活动不断巩固发展，取得了一定的成果。同时，非物质文化遗产工作成绩显著，融水苗族自治县被评为区级首批特色文化产业项目示范县，区级苗族文化（融水）生态保护区申报成功，"中国·融水苗族芦笙斗马节"还获得"最具民族特色节庆"荣誉称号。2020年11月20日，融水苗族自治县退出贫困县序列。

二、案例地旅游发展概况

（一）龙胜各族自治县旅游发展概况

龙胜旅游开发始于1983年，至今已有40年的发展历程，各级政府根据当地的旅游资源条件，因地制宜发展旅游业，旅游发展从无到有，使当地社会经济以及人民生活条件得到显著改善，积累了丰富经验。发展旅游之前的龙胜县是个"九山半水半分田"的贫困县，改革开放以后，龙胜各族自治县委、县政府先后开发了龙胜温泉与龙脊梯田两大核心景区，并逐渐打造成为旅游精品，使龙胜知名度不断提升。其中，龙脊梯田农业系统被授予"中国重要农业文化遗产"称号后,还通过了联合国粮农组织"全球重要农业文化遗产"评审。目前,龙胜旅游资源丰富,除龙胜温泉、龙脊梯田等2处国家4A级旅游景区外,还有花坪自然保护区、西江坪原始森林、彭祖原始森林、侗族鼓楼群、风雨桥、红军岩、黄洛瑶族长发村等观光景点和名胜古迹。龙胜现有平等鼓楼群古建筑、平等龙坪红军楼和伟江红军桥等自治区级文物保护单位,楚南馆、侗族风雨桥、归仁洞等24处县级文物保护单位,以及平等红军烈士纪念塔、龙坪红军楼、伟江红军桥、马堤红军纪念碑等7处遗址和纪念地。近年来,龙胜继续坚持把旅游业作为其支柱产业、核心产业、品牌产业和生命产业来打造,以"全县大景区,旅游一盘棋"为指导思想,制定旅游产业发展规划,编制完成《龙胜各族自治县全域旅游发展规划》《泗水五星级乡村旅游区控制性规划》等规划。龙胜还成功举办了"鼓楼文化节""开耕节""辣椒节""梳秧节""晒衣节""盘王节""跳香节""鱼宴节"等一系列民族节庆活动。近年来,龙胜积极抓住旅游扶贫发展机遇,不断完善旅游基础设施与服务设施,不断规范旅游业发展秩序,使旅游接待人数和旅游收入连年大幅增长。根据龙胜各族自治县国民经济和社会发展统计公报,2012年全县共接待游客224.37万人次,同比增长32%,旅游收入19.04亿元,同比增长47%,旅游直接从业人员达7 000多人,间接从业人员4.5万人;2017年全县共接待游客777.36万人次,同比增长20.08%,实现旅游消费83.38亿元,同比增长24.1%;2018年全县共接待游客860.03万人次,同比增长10.63%,实现旅游消费105.08亿元,同比增长26.02%。[①]龙胜先后获得"广西旅游大县""广西优秀旅游县""中国文化旅游大县""中国生态旅游大县""广西特色旅游名县"等荣誉称号,并被列入首批国家全域旅游示范区创建名录。

(二)三江侗族自治县旅游发展概况

三江侗族自治县旅游开发始于1987年,经过30多年的发展,尤其是近几年的跨越式发展,基本形成集民族风情、山水风光、文物古迹、生态环境、节庆和奇石文化于一体的"东、西、南、北、中"旅游格局。县内旅游资源丰富,少数民族风情浓郁,以侗族鼓楼、风雨桥等木构建筑艺术闻名于世,享有"世界楼桥之乡""百节之乡""世界侗族木构建筑生态博物馆"的美誉。全县有鼓楼230余座、风雨桥200余座,"中国少数民族特色村寨"14个。6个侗族村寨入列《中国世界文化遗产预备名单》,国家级重点文物保护单位4处(程

---

① 庄盈.广西龙胜县盛开旅游扶贫致富花[J].源流,2018(6):46-47.

阳永济桥、岜团桥、马胖鼓楼、和里三王宫），国家级非物质文化遗产代表性项目3项（侗族大歌、侗族木构建筑营造技艺、侗戏）；有二月二侗族大歌节、三月三花炮节、四月八坡会节、多耶节、芦笙节、斗牛节、侗年等节庆活动。"中国侗族多耶节"先后荣获中国节庆学院奖"最佳主题奖""少数民族节庆特别奖"、中国节庆发展论坛"中国十大品牌节庆""中国十大最具民族特色节庆""广西十大旅游节庆品牌"等5项殊荣。三江还有程阳桥景区、丹洲景区、县城大侗寨景区、仙人山景区等4个国家4A级旅游景区，其中丹洲景区被列为"全国农业旅游生态示范点"，程阳八寨先后获得"中国首批景观村落"和"广西十大魅力乡村"荣誉称号。在脱贫攻坚期间，三江侗族自治县编制了《三江侗族自治县旅游总体规划（修编）》《三江侗族自治县旅游产业发展战略策划报告》等旅游规划，出台了《三江侗族自治县旅游业发展奖励办法》《三江侗族自治县旅游标准化工作管理办法》等扶贫政策，旅游业呈现良好发展势头，随着"千年侗寨·梦萦三江"品牌形象不断提升，其旅游总人数和总收入也逐年递增。根据近几年三江侗族自治县人民政府工作报告统计：2019年实现旅游总人数1 000.55万人次，同比增长11.02%，旅游总收入80.59亿元，同比增长11.16%。2020年前10个月，全县共接待游客575.74万人次，实现旅游总收入60.74亿元；2022年1月至5月，三江侗族自治县共接待游客267.32万人次，实现旅游收入33.76亿元。此外，三江先后荣获了"中国民间文化艺术之乡""全国文物保护工作先进县""全国文化先进县""广西优秀旅游县""中国观赏石之乡""全国旅游标准化省级示范县""2012亚洲金旅奖·最具民俗特色旅游县""2014年'美丽中国'十佳旅游县""广西十佳休闲旅游目的地""最具民俗特色旅游县""广西特色旅游名县"等称号。

（三）融水苗族自治县旅游发展概况

融水苗族自治县旅游以秀丽的山水风光和特色浓郁的民族风情为依托，按照"秀美融水·风情苗乡"旅游发展定位，积极打造"生态休闲度假、民族风情文化体验"旅游品牌，旅游形象和知名度不断提升。县内旅游资源丰富，有国家级自然保护区2个（元宝山、九万山）、国家4A级旅游景区4个（龙女沟景区、贝江景区、民族体育公园老君洞）、全国农业旅游示范点1个（雨卜苗寨）、自治区级农业旅游示范点2个、柳州市"优秀旅游景区"1个等。同时，融水民族节日丰富多彩，有各种大小民族节日、集会近百个，较大的有十多个，享有"百节之乡"的美誉，如过苗年、安太芦笙节、香粉古龙坡会、安陲芒篙节、洞头二月二节、新禾节、斗马节、拉鼓节、过场节、闹鱼节等。其中,"融水苗族系列坡会群"被列为国家首批非物质文化遗产,该节庆已经成为约定俗成的节日,每年正月初三至正月十七,各乡镇依次举行坡会,覆盖面广、时间排列成序的坡会群是融水节庆活动的又一大特色。芦笙和斗马为"融水苗族系列坡会群"的主要活动,在融水苗乡已有 600 年的历史,融水苗族自治县为深入挖掘"苗族文化"内涵,将其作为地方特色文化品牌精心培育。1987 年举办首届芦笙斗马节,取得了很好的反响。为进一步推动当地民族文化大发展、大繁荣,扩大知名度和美誉度,从 2000 年开始,融水苗族自治县每年 11 月举办"中国·融水苗族芦笙斗马节",吸引众多游客,该节庆还在第四届中国民族节庆峰会暨"2013 中国优秀民族节庆"上荣膺"中国最具民族特色节庆"称号,以及"2018 旅游业最美中国榜"——首批最具中国特色传统节庆称号。当前,融水苗族自治县按照全域旅游发展战略,牢固树立和践行绿水青山就是金山银山的理念,大力推进旅游项目建设,完善城南游客中心、苗家小镇、风雨楼、苗族文化广场等一批旅游服务设施,融水苗族自治县旅游经济效益越来越好,全县旅游接待人次和旅游收入逐年攀升。根据 2018 年融水苗族自治县人民政府工作报告,2018 年全县接待游客突破 500 万人次,实现旅游总收入 52.67 亿元,同比增长 23.92% 和 40.14%。2019 年,融水苗族自治县旅游业实现跨越式发展,全年共接待国内外游客 886 万人次,同比增长 28.9%,实现旅游总收入 104 亿元,同比增长 32.8%。此外,融水苗族自治县先后荣获"广西优秀旅游县""中国最佳民俗风情旅游目的地""中国最佳绿色生态旅游目的地""广西特色旅游名县"等荣誉称号,并列入首批国家全域旅游示范区创建名录。

三、案例地包容性旅游扶贫发展基本情况

(一)龙胜各族自治县包容性旅游扶贫发展基本情况

龙胜各族自治县地处广西北部,曾是一个闭塞落后的山区县,进入 20 世纪 90 年代以来,龙胜各族自治县党委和人民政府经过详细调查研究,认识到龙胜拥有丰富的旅游资源,因而决定将发展旅游业作为扶贫工作的一条新路子,与全县经济发展紧密结合起来。1993 年,龙胜做出了"旅游扶贫"的决策,把旅游业纳入全县国民经济和社会发展规划,实行统一领导,归口管理,多方集资,共同开发景区景点,兴建旅游基础设施和服务配套设施,推出以龙胜温泉和民俗风情旅游为特色的旅游项目,使龙胜的旅游扶贫工作闯出了一条卓有成效的开发式扶贫新路子。龙胜各族自治县在脱贫攻坚时期,坚持"生态

立县，绿色崛起"的发展战略，构筑了"全域—区—线"的发展格局，深入开展乡村旅游精准扶贫工作，大力实施生态、旅游、扶贫一盘棋战略，狠抓生态建设，积极保护发展多彩的民族文化，通过旅游扶贫，引导贫困群众以特色民居、梯田、林地入股合作的方式参与旅游开发，推进大寨、平安、龙脊、金江、周家、张家、甘甲等20多个乡村旅游扶贫示范点建设，走出了一条旅游扶贫的好路子。同时，创新旅游扶贫模式，推出了"景区辐射""民企合作""支部引领""党员带头""能人带动"等模式，实现了旅游扶贫从"粗放型"向"精准型"转变。例如，龙脊镇大寨通过"景区辐射"模式，主动吸纳当地和周边贫困农户参与梯田维护、抬轿背包服务、提供土特食材、景区环境卫生打扫、秩序管理和导游服务，以及旅游产品的生产销售等工作，从而使贫困群众获得持续稳定的工资收入，同时还辐射带动周边贫困群众经营农家乐、小旅社、土特产销售等，扩大了贫困群众受益面。又如，泗水白面瑶寨通过"民企合作"模式，以土地资源与企业合作，由旅游公司聘用当地群众种植、加工、销售菊花等，让群众获得多种收入。再如，龙脊黄洛瑶寨，以民俗资源与企业合作，旅游公司聘请群众开展歌舞表演、旅游接待等服务，贫困群众享受门票分红等多重收益，使旅游业影响力不断增强。2019年，黄洛瑶寨共计接待游客16万人次，旅游歌舞表演收入560万元，销售工艺品收入280余万元，实现全寨村民每年每户6万余元的收入，走上了脱贫致富奔小康之路。

（二）三江侗族自治县包容性旅游扶贫发展基本情况

三江侗族自治县被誉为"世界楼桥之乡，侗族风情殿堂"，它像一颗璀璨的明珠镶嵌在湘、黔、桂三省区交界处，凭借博大精深的楼桥建筑文化和浓郁的侗族风情，被盛赞为"侗族的香格里拉"。三江侗族自治县在脱贫攻坚期间认真贯彻落实上级关于精准扶贫工作的安排部署，结合乡村生态旅游产业发展实际，大力发展乡村旅游扶贫富民工程，依托民族文化和民俗旅游品牌优势，将旅游发展与精准扶贫有机结合，并取得了一定的成效。此外，三江结合精准扶贫工作，还采用"景区+企业+贫困户""旅游景点+合作社+贫困户""节庆活动+旅游+贫困户"，以及评选旅游扶贫示范户等多种模式，大力实施旅游扶贫。例如，三江仙人山乡村旅游区采用"旅游景点+合作社+贫困户"的模式，成立了布央茶叶生态旅游合作社，动员当地贫困户以茶叶入股，并引进县文化旅游有限公司与布央茶叶生态旅游合作社合作，带动贫困户发展生态茶园观光旅游。再如，程阳八寨通过"景区+企业+贫困户"的模式，整合程阳8个寨的旅游资源，带动8个寨的贫困户发展百家宴、农家饭店和宾馆，促进贫困户增收致富。此外，具有柳州市"十大美丽乡村""中国传统村落"和"中国少数民族特色村寨"等荣誉称号的高友村，采用"节庆活动+旅游+贫困户"模式，村党支部组织当地村民成立了农业旅游合作社，通过每年举办文化旅游节暨旅游扶贫农产品推介会等活动，并与柳州祥兴集团签订销售协议，由柳州祥兴集团负责开发高友村的民宿旅游和农产品的销售，促进该村所有贫困户全面实现脱贫。另外，三江侗族布央村以茶为"媒"兴旅富民，2020年实现门票分红19万元，茶旅产业营业收入1 800多万元，村民人均收入达16 263元。此外，景区公司通过吸收贫困村集体经济入股形式，每年所得收入10%的分红给全县42个贫困村，走出了一条居家就业致富的乡村振兴好路子。

（三）融水苗族自治县包容性旅游扶贫发展基本情况

融水苗族自治县在精准扶贫时期依托自身丰富的旅游资源，按照"秀美融水·风情苗乡"旅游发展定位，以创建"广西特色旅游名县""国家全域旅游示范区"为契机，采用"旅游+农业产业""旅游+金融扶持""旅游+互联网""生态农场+特色农业+休闲旅游""林场林地流转+生态旅游""异地安置+旅游"等多种模式，全力打造旅游扶贫示范点，引导贫困群众走出"以旅扶贫""以旅富民"的新路子。例如，融水双龙沟景区采用"异地安置+旅游"的模式，按照苗寨风格复原改建"梦呜苗寨"，搬迁贫困户成为苗寨的新村民，也是景区的工作人员。景区为贫困家庭提供工程维护、绿化保洁、游乐设施管理、田园管理等工作岗位，保证每个贫困家庭都有稳定的工资收入。此外，贫困户还可以通过销售民族手工艺品、为游客表演民族歌舞等，多渠道增加收入。又如，龙女沟采用"旅游+金融扶持"模式，以景区为依托，积极引导当地村民挖掘乡土旅游资源，鼓励民间资本投入，积极争取金融部门落实支农性贷款3 000多万元，扶持乡村旅游，第一期放贷554.5万元，扶持荣地村28家农户发展农家乐，使其参与旅游接待服务，大大提高了景区接待能力，形成景区与农家互促共荣的乡村旅游发展格局。再如，融水通过"公司+绣娘+旅游产品"的模式，对融水彩云苗艺商贸有限责任公司（简称"彩云公司"）进行扶持，吸纳150多名贫困留守妇女参与苗绣旅游产品生产，直接带动了贫困留守妇女脱贫致富，彩云公司也成了社会扶贫的龙头。"十三五"以来，融水围绕"以一个龙头景区，带动一片乡村旅游，带富一方百姓"的发展思路，挖掘苗族坡会、斗马、烧鱼、苗年等传统文化，形成了生态休闲、民俗风情、健康养生、宗教文化、民族坡会、芦笙斗马节、秋收烧鱼等节庆旅游产品，旅游与农业、金融、林业等诸多产业相加，以"旅游+""+旅游"的方式逐步走出了一条科学谋篇布局、主客共享、融合发展的旅游扶贫新路子，成功打造荣地侗寨、梦呜苗寨等旅游扶贫示范点，并在农民增收、劳动就业及产业发展等方面取得良好的成效。2017年全县通过旅游脱贫摘帽4 664人，其中通过旅游企业就业帮扶脱贫的人数为2 126人。

第二节 案例地包容性旅游扶贫利益相关者分析

旅游扶贫作为一项复杂的民生工程，涉及多个层面的不同利益相关者，各利益主体间有着不同的利益和价值诉求，各利益主体关系复杂，每个层面的角色在旅游扶贫过程中的利益诉求都有差异，而这些利益主体的权益和价值在扶贫过程中如果得不到有效满足与协调，就会造成利益主体的权利失衡和矛盾冲突，达不到旅游扶贫的效果。因此，研究者需要运用利益相关者理论对案例地包容性旅游扶贫的利益相关者进行分析，以研究包容性旅游扶贫过程中所涉及的利益相关者，进而分析其利益诉求，协调各利益群体之间的矛盾冲突，满足各利益群体的利益诉求，推动旅游扶贫工作的顺利开展。

一、包容性旅游扶贫利益相关者界定

"利益相关者"（stakeholder）一词最早是在1963年由斯坦福研究所的克拉克提出的，他对利益相关者的定义是"对企业来说存在这样一些利益群体，如果没有他们的支持，企业就无法生存"①。1984年弗里曼（Freeman）在其专著《战略管理：利益相关者方法》中首次明确阐述了利益相关者理论（stakeholder theory）：为综合平衡企业内部与外部所涉及的各个利益相关者的利益，实现利益的最大化，从而促使企业经营管理者所采取的经营管理行为。相比于传统的利益相关者概念，该理论认为一个公司的发展不仅需要公司股东、企业员工、债权人、债务人、消费者、经销商、零售商等群体或个人的投入，还需要社区居民、各级政府以及新闻媒体等主体的参与，同时要求管理者能够找出与各利益主体之间的最大公约数，并妥善处理不同利益主体之间的关系，从而促进企业经营管理的最优化。广西民族地区包容性旅游扶贫的利益相关者是指所有与包容性旅游扶贫开发产生关系的个人、组织以及群体，包括对

---

① CLARK. A Stakeholder Framework for Analyzing and Evaluating Corporate Social Performance[J]. Acndemy of Management Review, 1995, 20(1): 92-117.

包容性旅游扶贫产生直接影响和间接影响的相关者。

随着利益相关者理论的不断发展和延伸,该理论逐渐被运用到旅游研究中。1999年世界旅游组织(UNWTO)在其出版的《全球旅游伦理规范》中明确使用了"利益相关者"的概念,并提出了旅游发展中不同利益相关者的行为参照标准。当前,随着利益相关者理论在旅游实践中得到了越来越多的应用,越来越多的学者将其应用于旅游扶贫领域,用于指导旅游扶贫实践。例如,万剑敏认为鄱阳县旅游扶贫中的政府、企业、旅游者和当地居民等是确定型利益相关者;非政府组织和媒体是预期型利益相关者,专家和其他相关机构是潜在型利益相关者。[1] 唐博认为旅游扶贫利益相关者主要包括政府部门(中央政府、地方政府以及地方的旅游部门、扶贫部门、交通部门、水利部门等)、旅游企业(外来的旅游开发商、本地旅游企业、旅行社、旅游公司等)、社区居民(当地生活的居民、参加旅游经营的经营者)、旅游者、非政府组织(旅游媒体、环境保护组织、规划研究单位、社会团体等)。[2] 宋秋、周文丽以景泰黄河石林为例,认为其旅游扶贫的核心利益相关者是政府、企业、旅游者和社区居民。[3] 罗忠恒、刘岩玲认为赣南旅游扶贫涉及社区居民、旅游企业、地方政府和旅游者4大利益主体。[4] 李莉认为"两翼"地区旅游扶贫的核心利益相关者主要包括当地贫困人口、地方政府、旅游开发商、旅游者。[5] 张静、朱红兵、刘婷认为乡村旅游精准扶贫的利益相关者主要包括社区居民、旅游者、旅游企业和地方政府,并从社会、经济和环境3个方面探讨其价值诉求。[6] 李佳认为生态旅游扶贫的利益相关者主要包括当地政府、旅游企业、当地贫困居民和旅游者。[7] 鄢慧丽等以海南什

---

[1] 万剑敏.基于利益相关者理论的县域经济旅游扶贫研究:以鄱阳县为例[J].江西农业大学学报(社会科学版),2012,11(4):111-116.

[2] 唐博.利益相关者理论视角下旅游扶贫共同参与模式研究:以武隆县白马山片区为例[D].重庆:重庆师范大学,2013.

[3] 宋秋,周文丽.景泰黄河石林旅游扶贫开发策略研究:基于利益相关者视角[J].郑州航空工业管理学院学报,2016,34(2):56-62.

[4] 罗忠恒,刘岩玲.赣南旅游扶贫发展模式与策略:基于利益相关者管理理论[J].黎明职业大学学报,2016(3):32-34.

[5] 李莉.利益相关者视阈下重庆"两翼"地区旅游扶贫优化研究[J].科学咨询(科技管理),2016(10):6-8.

[6] 张静,朱红兵,刘婷.基于利益相关者理论的乡村旅游精准扶贫机制研究[J].佳木斯大学社会科学学报,2018,36(1):54-57.

[7] 李佳.生态旅游扶贫利益相关者的协同模式研究:以通山县D乡为例[D].武汉:华中师范大学,2018.

寒村为例,将该少数民族村寨旅游扶贫利益相关者分为4大类17个子类,具体是政府及旅游管理、服务机构(县/镇政府单位、民宗委、旅游委、旅游支持单位、县扶贫办)、旅游企业(旅行社、旅游交通、民宿或餐馆、旅游实体商店、旅游者)、当地社区(什寒村委会、什寒村村民、非旅游类企业)、利益集团(旅游专家及研究机构、民宿协会、非物质文化遗产保护组织、媒体)。[①] 徐宁、张香认为西藏边境旅游扶贫的参与主体主要包括政府、企业、贫困人口、当地居民、科研团体、社会组织和游客。[②]

根据上述学者对利益相关者、旅游扶贫中所涉及的利益相关者的界定,结合包容性旅游扶贫的内涵,本节在综合考虑案例地实际情况的基础上,通过专家访谈问卷方式征询有关专家的意见,采用专家评分法对案例地包容性旅游扶贫利益相关者进行界定。2019年3月,邀请了26位行业专家,并向他们提供当地政府、旅游企业、贫困人口、旅游者、非政府组织、新闻媒体、当地社区、合作社等12类利益相关者(附录3),请他们根据案例地包容性旅游扶贫的实际情况,选出他们认为符合上述定义的利益相关者。笔者通过对专家意见进行统计、处理、分析和归纳,经过多轮意见征询、反馈和调整后得到案例地包容性旅游扶贫的利益相关者,专家评分统计结果如表5-1所示。

表5-1 案例地包容性旅游扶贫利益相关者界定的专家评分法统计结果

利益相关者	入选(个)	入选率(%)	利益相关者	入选(个)	入选率(%)
旅游企业	23	88.5	当地政府	26	100
贫困人口	26	100	旅游者	26	100
专家学者	11	42.3	合作社	8	30.8
非旅游类企业	19	73.1	新闻媒体	12	46.2
政府部门	20	76.9	非政府组织	16	61.5
当地社区	18	68.2	当地非贫困户	10	38.5

---

① 鄢慧丽,余军,熊浩,等. 少数民族村寨旅游扶贫利益相关者网络关系研究[J]. 软科学,2019,33(3):80-85.
② 徐宁,张香. 西藏边境旅游扶贫多元主体协同机制研究[J]. 延安大学学报(社会科学版),2019,41(4):65-71.

从表 5-1 可以看出，当地政府、贫困人口和旅游者的入选率都达到了 100%，说明这 3 项是所有专家都认可的利益相关者；旅游企业的入选率 88.5%，在旅游扶贫实践中，参与扶贫的不都是旅游企业，还有众多非旅游类的企业，因而非旅游类企业的入选率也较高，为 73.1%；而专家学者、合作社、新闻媒体、当地非贫困户的入选率都比较低。若以入选率 50% 作为标准，可将旅游企业、当地政府、贫困人口、旅游者、非旅游类企业、政府部门、非政府组织、当地社区 8 类群体作为包容性旅游扶贫的主要利益相关者。

二、包容性旅游扶贫利益相关者分类

包容性旅游扶贫的主要利益相关者包括旅游企业、当地政府、贫困人口、旅游者、非旅游类企业、政府部门、非政府组织、当地社区 8 类。不同类型的利益相关者各自的利益诉求是不相同的，他们之间仅在某些维度上存在部分利益交集之处，因此可依据维度上的差异性对利益相关者进行分类。例如，美国学者米切尔认为利益相关者的利益诉求在权力性、合法性、紧急性 3 个维度上存在差异，然后从这 3 个维度进行评分，根据评分对利益相关者进行分类。[①] 大卫·威勒和玛丽亚·西兰琶根据利益相关者的重要程度和是否具有社会性的标准，将其分为主要社会利益相关者、次要社会利益相关者、主要非社会利益相关者和次要非社会利益相关者。[②] 夏赞才根据利益性质、关系程度和影响力将利益相关者分为核心层、战略层和外围层。[③] 陈宏辉根据主动性、重要性、紧急性 3 个维度，把利益相关者分为核心、蛰伏和边缘利益相关者。[④] 这些研究成果有助于加深人们对利益相关者的认识，使人们能够对利益相关者进行明确的划分定位，以便确定各利益相关者在包容性旅游扶贫中所扮演的角色以及所发挥的作用。

笔者一方面吸收了利益相关者相关理论发展的新成果，另一方面结合案例地包容性旅游扶贫的实际情况，依据各相关利益群体权利和利益关系的定性

[①] MITCHELL R K, AGLE B. Toward a theory of stakeholder identification and salience: Defining the principle of who and what really counts[J]. Academy of Management Review, 1997, 22 (4): 853-886.

[②] 威勒，西兰琶. 利益相关者公司 [M]. 张丽华，译. 北京：经济管理出版社，2002.

[③] 夏赞才. 利益相关者理论及旅行社利益相关者基本图谱 [J]. 湖南师范大学社会科学学报，2003 (3): 72-77.

[④] 陈宏辉，贾生华. 企业利益相关者三维分类的实证分析 [J]. 经济研究，2004 (4): 80-90.

判断，将包容性旅游扶贫的利益相关者分为核心层、战略层和外围层3个基本层次，如图5-1所示。

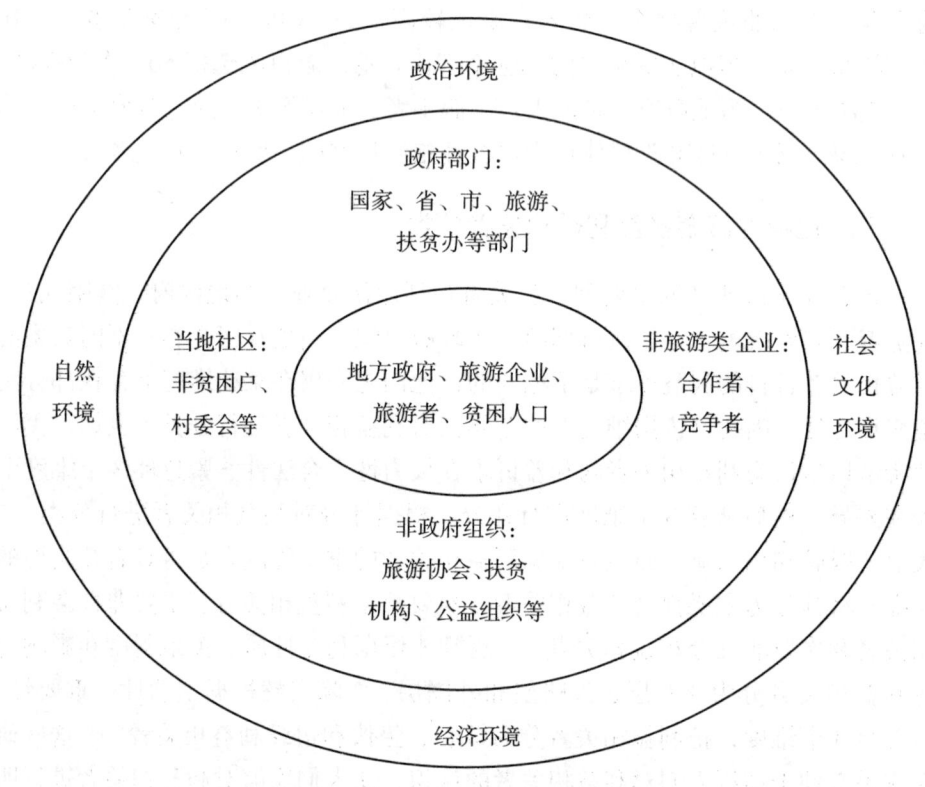

图 5-1 包容性旅游扶贫利益相关者图谱

图中的中心圈层代表包容性旅游扶贫的核心层利益相关者。核心层利益相关者是指那些在贫困地区规划、开发和管理中拥有直接的经济、法律和道德利益的个人和群体，他们对利益的追求能够对旅游扶贫工作产生一定的影响，具有较大的权力；或者旅游扶贫决策会对他们本身产生一定的影响，使其有兴趣对旅游扶贫决策发表意见，即具有较大的利益。他们是影响旅游扶贫工作顺利开展的重要因素。旅游扶贫中规划、开发和管理各阶段都必须考虑到他们的利益，他们中大多数的利益更多地表现为直接利益。包容性旅游扶贫的核心利益相关者有4类：地方政府、旅游企业、旅游者、贫困人口。在旅游扶贫开展过程中，起主导作用的当地政府的利益需求是建立在社会需求、道德需求之上的经济需求，旅游企业和旅游者分别体现了经济利益和自身旅游的需求，而当地贫困人口处于弱势地位，其经济利益、社会文化利益、环境利益往往被忽略，但其作为旅游扶贫的核心层利益相关者，如果其利益不能得到充分满足，那旅游扶贫就无从谈起，这些利益相关者在旅游扶贫过程中处于十分关键的地位。

核心层利益相关者之外的战略层利益相关者是指那些在特定的时间和空间能给贫困地区带来机会和威胁的利益相关者。战略层利益相关者并不简单等同于次要利益相关者，因为他们并不时时刻刻与旅游扶贫过程密切相关，但有着潜在的、巨大的影响力。战略层利益相关者之外是外围层，指更广泛的政治、经济、社会文化和自然环境。

利益相关者图谱的构建必须考虑以下问题：第一，在辨别和确定利益相关者时，并没有固定的模式。第二，核心层、战略层和外围利益相关者是动态变化的。这种变化源于利益相关者个体和群体的变化，其基本类型也许在一定时段不会有大的改变，但具体的个体和群体总是变化的。同时，不同层次的利益相关者也可能发生转换，如某个核心层利益相关者可能在某一个阶段退居战略层，而战略层的利益相关者也有可能进入核心层，尤其是外围利益相关者或潜在利益相关者，其在特定环境下也可能发挥至关重要的作用。旅游地利益相关者的管理过程是一个复杂的动态过程，贫困地区应根据具体情况，按照利益相关者管理的道德理念和基本原则进行管理和决策。第三，旅游地发展要经历规划、开发和经营管理各个阶段，每一阶段的行为主体不同，要达到的目标和要求不同，利益相关者的利益诉求也不同。因此，贫困地区旅游扶贫在不同的发展阶段有其特定的利益相关者群体，同一个相关群体在不同的发展阶段也可能扮演不同的角色。

三、包容性旅游扶贫利益核心相关者分析

在旅游扶贫开发过程中，各个利益相关者关系相互交错、相互制约，理顺各个利益相关者之间的关系，明确其参与旅游扶贫的角色定位，达到各司其位、各司其职是旅游扶贫开发健康有序发展的必要保证。虽然包容性旅游扶贫的各个核心利益主体在不同的发展阶段和环境中所扮演的角色不同，或者有的会扮演多重角色，但在整个旅游扶贫开发过程中，它们都是不可或缺的重要角色，对旅游扶贫的影响最大。通过上述分析可知，包容性旅游扶贫的核心利益相关者主要由地方政府、旅游企业、贫困人口和旅游者这4类主体构成，如图5-2所示，现对这4类核心利益相关者进行探讨。

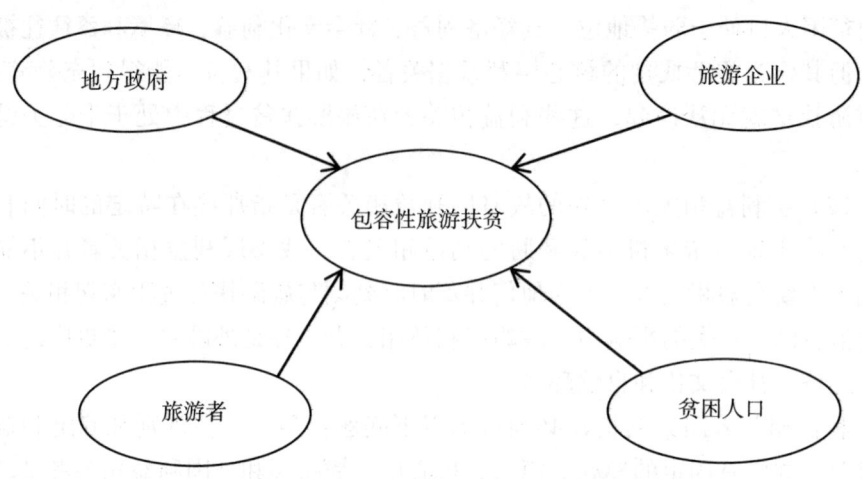

图 5-2　包容性旅游扶贫核心利益相关者

（一）地方政府

地方政府是指旅游扶贫开发地的当地政府、政府领导下的旅游管理部门以及其他相关行政部门。旅游产业的综合性特征决定了旅游扶贫的利益相关者难以自动调节融合，而需要政府部门介入进行调节。作为包容性旅游扶贫开发的核心利益相关者，地方政府在旅游扶贫开发中起着重要的支撑作用，是旅游扶贫开发的管理者、监督者和调控者。一方面，在包容性旅游扶贫开发的过程中，地方政府明确区域旅游发展战略和扶贫发展目标，制定和出台相关旅游扶贫政策，实现对旅游市场的宏观调控，在扶贫过程中起监督作用，以保障贫困人口的利益。在旅游扶贫开发初期，地方政府还负责交通、水利、通信等旅游基础设施建设。另一方面，地方政府负责旅游扶贫项目的具体实施，如旅游部门负责旅游项目的可行性研究、项目审批和全区域性旅游规划、旅游管理，同时向上级旅游部门争取旅游资金；扶贫办负责项目资金的支援拨付，审核扶贫旅游项目可行性；农业和林业部门负责相关项目的申报、资金与技术的支援等。此外，地方政府通过大力招商引资发展旅游业，带动相关产业的发展，让更多的企业或人们参与旅游发展，实现旅游扶贫目标。

（二）旅游企业

旅游企业主要包括旅游扶贫开发中的旅游开发企业、本地旅游企业、旅行社、旅游公司、酒店宾馆、旅游商品销售企业等。旅游扶贫技术、资金等的支持一部分来源于旅游企业，旅游企业是旅游开发要素的投入者，也是旅游

第五章　全域旅游视阈下广西民族地区包容性旅游扶贫的实证分析　181

活动中"食、住、行、游、购、娱"等直接服务的提供者。在旅游扶贫开发过程中，旅游企业是纽带和桥梁，把地方政府、贫困人口、旅游者等利益相关者联系在一起，是不可或缺的一部分。同时，旅游企业是旅游扶贫开发和经营的主体，扮演着参与者、合作者、执行者和受益者的角色。追求利益的最大化是旅游企业的根本目标，这由其营利性的本质所决定。在包容性旅游扶贫核心利益相关者中，旅游企业的利益要求是清晰、直接的。旅游企业为了实现这一目标，要求地方政府提供优惠的政策和宽松的发展环境，及时有效地引导产业发展，加大市场监管力度，努力协调与社区的各种矛盾，获得当地居民的支持等。

（三）贫困人口

狭义贫困是指经济意义上的物质生活资料匮乏而导致生活水平低于社会标准的贫困。贫困人口就是生活水平低于贫困线人口的总称。包容性旅游扶贫开发核心目标和最终目的就是"扶贫"，对象就是贫困人口，而最核心的目标就是保护贫困人口的利益，为贫困人口创造发展机会。在旅游扶贫中，贫困人口既是参与者，又是受益者，其参与旅游扶贫开发的能力、程度和方式以及最终的效益获得（包括经济效益、文化效益、社会效益、环境效益等）将直接决定旅游扶贫的成败。一方面，他们积极参与旅游开发，提供人力、物力、财力等生产要素，希望能够获得就业机会，增加收入，改善生活条件；另一方面，他们也是旅游扶贫开发的受益者，分享着旅游发展带来的经济、文化、社会等利益，同时承受着旅游发展带来的社会文化、生态环境的破坏等后果。

（四）旅游者

旅游者在包容性旅游扶贫开发中是以参与者、体验者和实践者的身份出现的，是旅游扶贫持续进行的动力源泉，属于旅游扶贫核心利益相关者。旅游者属于旅游市场的需求方，其对旅游服务和产品的满意度将决定旅游产品的深度和市场发展的深度，从而决定旅游扶贫发展的现状。与其他旅游扶贫的核心利益相关者比较，旅游者最大的特性在于其灵活性和不稳定性，旅游者的流动是最为频繁的。旅游者是旅游市场中的消费者，他们通过购买旅游产品来获得自我价值的满足和身心的愉悦，在消费的同时，还对旅游扶贫开发中存在的一些问题提出各种建议，并对旅游企业进行监督。此外，旅游者的消费选择可以使旅游扶贫的利益在一定程度上流向目标人口，即贫困人口。例如，如果旅游者选择购买由贫困人口参与或直接提供的旅游产品（如手工艺品、土特产品）

和旅游服务，一方面能够使贫困人口获得直接经济利益，拓宽其解决生计问题的渠道；另一方面可以激励贫困人口参与旅游开发。旅游活动完成后，旅游者还可以发挥宣传贫困地区旅游地的作用，为贫困人口带来物质和资金捐赠。在旅游活动中，旅游者的利益需求与其他利益相关者截然不同，高质量的旅游体验是其利益核心，这具体体现在健康安全的旅游消费环境，方便、快捷、舒适的旅游服务设施，原汁原味的自然生态环境和人文环境，质量过关、价格合理的旅游产品等。

第三节　案例地包容性旅游扶贫现状调查

自中央发出全面打赢脱贫攻坚战动员令以来，旅游扶贫这一重要的扶贫途径便引起了社会各界的广泛关注，更成了学术界的研究热点。虽然学术界从不同视角对旅游扶贫模式、旅游扶贫效益、旅游扶贫存在问题与对策进行了研究，并取得了不少成果，但从利益相关者的角度对包容性旅游扶贫模式展开的探讨较少，更是尚未查到从利益相关者的角度对全域旅游视阈下广西民族地区包容性旅游扶贫模式研究的相关文献。为此，本节将在上述关于全域旅游视阈下广西民族地区包容性旅游扶贫中利益相关者探讨的基础上，对包容性旅游扶贫现状进行调查，归纳包容性旅游扶贫模式存在的不足。

一、调查设计

在全域旅游视阈下广西包容性旅游扶贫开发过程中，各个利益相关者关系相互交错、相互制约，若要明确地探明旅游扶贫模式存在的不足，则需理顺各个利益相关者之间的相互关系，明确其在旅游扶贫中的角色定位，使其各司其职。虽然旅游扶贫的各个核心利益主体在不同的发展阶段和环境中所扮演的角色不同，或者有的扮演多重角色，但在整个旅游扶贫开发过程中，它们都是不可或缺的重要角色。由于贫困人口、地方政府、旅游者和旅游企业在旅游扶贫中居于核心地位，他们的角色定位和利益诉求对旅游扶贫影响最大，因此，需要分析每个利益相关者不同的角色需求和利益诉求。

利益是指人们对于能够满足自己需要的且处于稀缺状态的客观对象的占有程度，具体包括经济利益关系、政治利益关系和文化利益关系，三者构成了全部社会关系的总和。利益影响着人们对各种事物所做的判断，使人们形成各自不同的观念，进而支配着人们的行为。综合上一节各核心利益相关者的角色定位和利益诉求,可知全域旅游视阈下广西包容性旅游扶贫过程中核心利益相关者的利益诉求,具体如表5-2所示。

表5-2 包容性旅游扶贫中核心利益相关者的利益诉求统计表

利益相关者	角色定位	利益诉求分类	利益诉求具体内容
贫困人口	参与者 受益者 监督者	经济效益诉求 社会效益诉求 环境效益诉求	就业机会的增加、经济收入的提高、脱贫致富的实现、基础设施的优化、生活质量的改善、自身发展能力的培养、旅游扶贫的参与权、收入分配的公正性、生态环境的保护、民族传统文化的传承
地方政府	管理者 调控者 监督者	经济利益诉求 社会效益诉求 环境效益诉求	减少贫困人口、完成脱贫任务、提高当地就业率、增加当地财政收入、推动旅游产业升级、带动地方经济发展、保护旅游资源、优化生态环境、树立良好社会形象、促进社会和谐发展
旅游者	体验者 实践者 参与者	旅游权益诉求 旅游环境诉求	独特多样的旅游活动、高质量的旅游体验、丰富的精神文化需求、完善的旅游配套设施、有序的管理环境、友好的贫困人口态度、旅游消费权利的维护
旅游企业	合作者 参与者 受益者	经济效益诉求 社会效益诉求 环境效益诉求	经济收益的获取、旅游市场规模的扩大、企业竞争力的增强、企业知名度和形象的提高、企业社会责任的履行、获得政府政策的倾斜、当地居民的支持、内生发展能力的提高、开发多种多样的旅游产品

从表中5-2可以看出,在全域旅游视阈下广西包容性旅游扶贫开发过程中,核心利益相关者的角色定位主要为参与者、受益者、管理者、调控者、监督者、体验者、实践者、合作者等,其利益诉求涉及经济效益诉求、社会效益诉求、环境效益诉求、旅游权益诉求、旅游环境诉求等,能够较为全面地反映广西包容性旅游扶贫开发过程存在的问题。为准确探明旅游扶贫模式存在的不足之处,提升广西包容性旅游扶贫的绩效,本节将从利益相关者的角度,对其利益诉求的具体内容进行问卷设计,分析其利益诉求的实现程度。

二、调查说明

通过前面的相关探讨研究,可知全域旅游视阈下广西民族地区包容性旅游扶贫模式的核心利益相关者为贫困人口、地方政府、旅游者和旅游企业。各利益相关者有着各不相同的利益诉求，因利益诉求不同，利益满足的程度不仅直接影响其参与旅游扶贫的行为，还直观反映了当前旅游扶贫模式存在的不足之处。为了能更好地探明全域旅游视阈下广西民族地区包容性旅游扶贫模式的发展现状，本节在借鉴国内外利益相关者相关研究成果的基础上，结合全域旅游视阈下广西包容性旅游扶贫现状，设计针对贫困人口、地方政府、旅游者和旅游企业关于利益诉求满意度评价的调查问卷，以其利益诉求为问卷调查的核心内容，并采用"李克特五级量表"作为测量工具，分别对"很不满意、不满意、一般、满意、很满意"5个满意程度赋分"1、2、3、4、5"。调查主要采用简单随机不重复抽样的方式，对核心利益相关者进行问卷调查，而后根据所得数据计算核心利益相关者在各自利益诉求上得分的均值并进行排序，以识别其不同利益诉求的满意程度，从多个角度了解案例地包容性旅游扶贫利益相关者之间的关系及旅游扶贫模式存在的问题。

基于不同的访谈对象，共发放150份贫困人口问卷（每个案例地各发放50份）、60份地方政府问卷（每个案例地各发放20份）、150份旅游企业问卷（每个案例地各发放50份）和300份旅游者问卷（每个案例地各发放100份）。为确保问卷的调查质量，调查采取"一对一"式的半结构问卷调查方式对受访者实施问卷调查，在此过程中还运用访谈法与受访者进行深入的交流与沟通，让受访者尽可能地提出意见和建议。这不仅有效地弥补了因问卷中没有涉及的一些内容事项而产生的不足之处，还从中获得了许多宝贵的信息。调研期间一共投放调查问卷660份，回收652份，有效回收数为635份，有效回收率为96.2%，并对回收的有效问卷数据进行统计分析。

三、调查分析

笔者首先对贫困人口、地方政府、旅游企业、旅游者的利益诉求开展统计分析，以探明不同利益相关者对当前案例地包容性旅游扶贫模式的看法。

（一）贫困人口的满意度分析

贫困人口为广西民族地区包容性旅游扶贫的实施提供了生产要素，而且贫困人口独特的民族文化、原始淳朴的生活生产方式、传统的民居等也是旅游扶贫具体活动内容的重要参与者。因此，贫困人口对民族地区包容性旅游扶贫的认同度影响着包容性旅游扶贫的实施和可持续发展，其参与或支持包容性旅游扶贫的实际行为更是对广西民族地区包容性旅游扶贫的实施起着十分关键的作用。而在民族地区包容性旅游扶贫过程中，参与利益分配和管理决策是贫困人口对包容性旅游扶贫参与程度的主要体现。因此，广西民族地区包容性旅游扶贫的实施开展需满足贫困人口经济、社会、环境方面的效益诉求，以此获得其对包容性旅游扶贫的参与和支持。为全面了解案例地贫困人口关于包容性旅游扶贫的真实想法，笔者针对所选取案例地的实际情况设置了相应的评价指标，对贫困人口进行了问卷调查（附录4），共发放问卷150份，回收有效问卷141份，具体调查结果如表5-3所示。

表5-3 贫困人口满意度均值的描述性统计

序号	利益诉求	最大值	最小值	均值	标准差	满意度排序
1	就业机会的增加	5	3	4.63	0.653	2
2	经济收入的提高	5	3	4.77	0.634	1
3	脱贫致富的实现	5	2	4.51	0.743	3
4	生活质量的提高	5	3	4.32	0.637	4
5	基础设施的优化	5	2	4.03	0.845	5
6	自身发展能力的培养	5	2	3.05	0.734	8
7	民族传统文化的传承	5	2	3.21	0.717	6
8	生态环境的保护	4	2	3.17	0.913	7
9	收入分配的公正性	3	2	2.51	0.874	10
10	旅游扶贫的参与权	4	2	2.71	0.823	9

通过表5-3贫困人口利益诉求满意度评价的均值比较可以看出，案例地的贫困人口对包容性旅游扶贫实施中经济效益的满意度较为明显，他们认为通过包容性旅游扶贫的开展，尤其是通过旅游扶贫的方式充分挖掘民族地区所独有旅游资源的经济价值，以此提高了居民的经济收入，增加了就业机会，实现了脱贫，生活质量得到了较大的提高（满意度均值分别为4.77分、4.63分、4.51分和4.32分）。同时，基于贫困人口自然文化保护意识的增强及其特有的民俗习惯，他们对自然与人文环境的保护、当地风俗习惯受到尊重的要求也相对较高。在调查过程中，不少贫困人口反映，部分村寨为了让游客领略民族风情，往往打破传统的要求和限制，将本应在特定节日或场合出现的民族歌舞、戏曲随意表演，使传统习俗、民间艺术逐渐走向衰微、消亡；或者部分民

族文化中体现节庆、祝福、祭祀的民俗活动因增添了新的内容而产生了变异，造成了民族文化庸俗化和商品化，从而使民族地区特有的文化旅游资源的开发缺乏可持续性，社会需求和环境效益中的民族传统文化传承、生态环境保护的满意度都是较低（满意度均值分别为 3.21 分和 3.17 分），体现出贫困人口对当前包容性旅游扶贫关于民族文化传承和生态环境保护的不满，需要进一步改进包容性旅游扶贫模式在民族文化资源开发、生态环境保护方面的措施。

虽相较于经济利益，贫困人口对包容性旅游扶贫中社会需求（如自身发展能力的培养、旅游扶贫的参与权、收入分配的公正性等）的满意度是最低的（满意度均值分别为 3.05 分、2.71 分、2.51 分），但随着社会对民族地区包容性旅游扶贫支持力度的不断加大，他们已经认识到只有参与旅游扶贫才能获得更多的经济收益，才能更好地改善自己的生活条件，而且不仅要从外界获得物质方面的扶贫条件，还要提升自我发展能力，这样才能获得更为持续的脱贫能力。不仅如此，作为特色鲜明的民族地区，贫困人口也开始意识到民族文化、传统工艺并非落后、守旧的象征，而是民族集体智慧的结晶，是祖祖辈辈传承下来的文化财富，他们强烈希望通过旅游扶贫开发文化资源所产生的收入能获得更加公平的分配，并逐步意识到只有通过参与包容性旅游扶贫、监督包容性旅游扶贫的行为，才能保护其生存环境，传承其民族文化，促进其自身发展。因此，加大贫困人口的旅游扶贫参与力度和提高他们自身的发展能力，并通过包容性旅游扶贫工作满足其对经济、社会利益的诉求，以此调动贫困人口参与包容性旅游扶贫的积极性，是当前实现民族地区包容性旅游扶贫可持续发展的关键所在。

（二）地方政府的满意度分析

在广西民族地区包容性旅游扶贫实施的过程中，地方政府扮演着调控者的角色，负责制定包容性旅游扶贫的总体发展战略规划，利用政治、法律、经济手段控制和监督旅游扶贫的实施和发展，及时有效地协调各方利益关系等。地方政府通过行政干预，对包容性旅游扶贫进行宏观调控，为其可持续发展提供了重要的组织上和领导上的有力保障。但在实际管理过程中，由于所涉及的地方政府及政府部门众多，以致出现分工不明确、管理重叠、责任划分不清等现象，进而导致工作效率低下甚至难以落实。因此，广西民族地区包容性旅游扶贫工作的有序开展，首先需要明确界定各地方政府及政府部门的共同利益诉求，以此协调地方政府及政府部门的管理职责。为全面了解案例地包容性旅游扶贫中所涉及的各地方政府的真实想法，笔者针对所选取案例地的实际情况设置相应的评价指标,对地方政府相关人员进行问卷调查(附录5),共发放调查问卷60份,回收有效问卷58份,具体调查结果如表5-4所示。

表5-4 地方政府满意度均值的描述性统计

序号	利益诉求	最大值	最小值	均值	标准差	满意度排序
1	提高当地就业率	4	2	3.01	0.645	8
2	减少贫困人口	4	3	2.85	0.653	9
3	完成脱贫任务	4	2	2.57	0.718	10
4	增加当地财政收入	5	2	3.71	0.945	6
5	推动旅游产业升级	5	3	4.03	0.737	5
6	带动地方经济发展	4	3	3.55	0.901	7
7	保护旅游资源	5	3	4.77	0.502	1
8	促进社会和谐发展	5	2	4.61	0.657	2
9	树立良好社会形象	5	3	4.27	0.475	4
10	优化生态环境	5	3	4.46	0.523	3

从表5-4中可以看出,地方政府利益诉求主要集中在经济利益、社会效益及环境效益,但作为广西民族地区包容性旅游扶贫的全局指导者和调控者,地方政府与其他利益相关者相比,更加满意于因旅游扶贫而产生的社会、环境效益。广西民族地区包容性旅游扶贫侧重于将民族地区所特有的民族文化旅游资源与其他社会资源要素进行融合开发,民族地区的文化旅游资源不只因其历史悠久、文化内涵丰富而日渐被世人所重视,更因其在市场需求上占据的优势而成为重要的资源,通过旅游扶贫的方式进行开发利用,许多濒临失传的民族文化随着包容性旅游扶贫开发利用而被重新挖掘、整理和保护,获得新生。地方政府对通过旅游扶贫中整合、重组和再现的方式使这些具有民族历史价值的

传统文化得以传承、实现可持续发展表示满意，他们认为包容性旅游扶贫能够保护传统文化这种凝聚着少数民族群众的智慧和创造力的旅游资源，使社会民众重新认识传统文化，促进了社会和谐发展，优化了传统文化所赖以生存的人文和自然环境（满意度均值分别为 4.77 分、4.61 分、4.46 分）。而对"树立良好社会形象""推动旅游产业升级"的满意度，地方政府不少人员表示，包容性旅游扶贫强调旅游发展内容全面协调，在政府规划主导下，通过社会各界参与和政府政策的保障实现扶贫目标，缩小了旅游目的地各阶层的贫富差距，树立了良好的社会形象，而且能够更好地加快旅游发展方式的转变，促进了旅游产业转型升级，实现了旅游业的可持续发展，并以旅游业的可持续发展促进经济社会的可持续发展。为此，地方政府表示较为满意（满意度均值分别为 4.27 分、4.03 分）。

然而，经济利益诉求方面，对"带动地方经济发展""增加当地财政收入"，地方政府满意度并不是很高（满意度均值分别为 3.55 分、3.71 分），"提高当地就业率""减少贫困人口""完成脱贫任务"等，仍是地方政府首要关注的利益诉求，但满意度最低（满意度均值分别仅为 3.01 分、2.85 分、2.57 分）。他们希望民族地区的包容性旅游扶贫能够为当地的民众带来更多的就业机会，提高当地居民收入和生活质量，拉动地方经济，并将部分经济收入用于社会民生工程建设，以解决社会发展资金短缺的问题，为保障、改善民众的生活和社会的可持续发展提供充足的资金保障。

（三）旅游者的满意度分析

旅游者消费是广西民族地区包容性旅游扶贫的经济来源之一，是推动包容性旅游扶贫持续发展的强劲动力。旅游者对包容性旅游扶贫相关产品的评价和口碑，会影响其发展的可持续性。因此，广西民族地区包容性旅游扶贫的实施需关注旅游者的利益诉求。笔者在设计问卷时，较多考虑了旅游者对包容性旅游的期望，包括对贫困人口、地方政府、企业的期望。又因包容性旅游扶贫的特殊性，其实施过程中旅游扶贫的具体途径较为多样化，涉及乡村旅游、文化旅游、旅游纪念品等，旅游者在开展不同的旅游消费活动时，对旅游扶贫所产生的具体利益诉求并不完全一致，但为便于统计及分析，本次调查将不同旅游消费行为的旅游者对案例地包容性旅游扶贫利益诉求满意度的评价合并在一起进行统计分析，对旅游者发放调查问卷（附录 6）300 份，回收有效问卷 292 份，具体调查结果如表 5-5 所示。

第五章 全域旅游视阈下广西民族地区包容性旅游扶贫的实证分析

表5-5 旅游者满意度均值的描述性统计

序 号	利益诉求	最大值	最小值	均 值	标准差	满意度排序
1	丰富的精神文化需求	5	3	4.73	0.557	1
2	独特多样的旅游活动	5	3	4.67	0.624	2
3	完善的旅游配套设施	5	2	3.57	0.423	4
4	高质量的旅游体验	5	2	3.13	0.545	5
5	有序的管理环境	4	2	2.75	0.617	7
6	旅游消费权利的维护	4	3	3.07	0.734	6
7	友好的贫困人口态度	5	3	4.41	0.547	3

通过表5-5可以看出，旅游者对民族地区包容性旅游扶贫利益诉求中满意度较高的是丰富的精神文化需求、独特多样的旅游活动及友好的贫困人口态度。广西有着较深厚的民族文化资源，其特色鲜明、价值突出，成为旅游扶贫中重要的开发内容。随着旅游扶贫的大力推进，广西各地都在深挖其所特有的民族文化项目，尤其是案例地中的融水苗族自治县，借助其多样的民族文化资源，打造了知名度较高的"百节之乡"，为旅游者呈现了精彩纷呈的文化盛宴，让旅游者在不同的时间能够获得不一样的民族文化体验，旅游者的精神文化需求、猎奇心理得到了较大程度的满足，因此旅游者对"丰富的精神文化需求""独特多样的旅游活动"的满意度较高，满意度均值分别为4.73分、4.67分；而且当地的贫困人口，尤其是参与旅游扶贫的贫困人口，对旅游者十分友好，营造了较为融洽和愉快的旅游氛围，为此，旅游者对"友好的贫困人口态度"的满意度也相对较高，满意度均值为4.41分。

但因包容性旅游扶贫现今发展尚未完全成熟，旅游扶贫部分实施点还存在基础设施建设不完善的情况，以致旅游者的消费体验受到了影响，为此旅游者对"高质量的旅游体验"的满意度并不是很高，满意度均值为3.13分；而且在旅游消费过程中遇到问题或矛盾时，未能及时有效地为旅游者提供解决的方法，对"旅游消费权利的维护"的满意度也不高，满意度均值为3.07分。此外，在调查中发现，旅游者对"有序的管理环境"的满意度是最低的，满意度均值为2.75分。有的村寨为追逐经济收益，盲目迎合旅游者的猎奇心理，不惜扭曲民族文化的本来面貌，改变风俗习惯，将随意开发当作传统文化的利用。例如，为了满足旅游者对纪念品的需求，存在将民族传统手工工艺品进行大批量机械化生产的现象，导致民族传统制作技艺发生了扭曲和改变，且使市场上充斥着大批不能反映传统风格和制作技艺、不能体现其本身所具有的文化内涵和内在价值的纪念品。再如，在展示民族传统文化时，为了满足旅游者对当地文化的期冀，有的村寨故意追求落后与原始，不分精华与糟粕，甚至把糟粕当作精华，把那些已经摒弃的封建迷信活动和陈规陋俗展现在人们面前，严重损害了当地民族文化的形象。因此，不少旅游者希望民族地区在包容性旅游扶贫的开展过程中能够加强对旅游扶贫项目开发工作的管理，营造有序的旅游扶贫项目开发管理环境，为旅游者感受真实的民族传统文化及促进当地旅游扶贫发展提供重要的保障。

（四）旅游企业的满意度分析

旅游企业是广西民族地区包容性旅游扶贫中利益导向较为明确和直接的利益相关者，且其又是最具实际操作能力的利益相关者。他们与旅游扶贫点或政府达成协议，利用当地具有的特色旅游资源，通过旅游扶贫的方式进行投资开发，从而得到相应的开发权或收益。虽然这种扶贫方式的最终目的是开发和获利，但在政府资金不足的情况下，这些社会资本可为促进民族地区包容性旅游扶贫的设施建设和资源开发提供资金支持，且企业能够较好地迎合和满足市场需求，树立地区整体形象，带动物流、资金流、信息流等，能够带动经济结构的调整和优化，有效促进就业、推动区域经济的发展。为全面了解案例地包容性旅游扶贫中所涉及各旅游企业的真实想法，笔者针对所选取案例点的实际情况设置相应的评价指标，对相关旅游企业人员进行问卷调查，共发放调查问卷（附录7）150份，回收有效问卷144份，具体调查结果如表5-6所示。

表5-6 旅游企业满意度均值的描述性统计

序 号	利益诉求	最大值	最小值	均 值	标准差	满意度排序
1	政府政策的倾斜	5	2	4.21	0.701	3
2	旅游市场规模的扩大	5	2	4.33	0.634	2
3	企业知名度和形象的提高	5	2	3.61	0.643	5

续 表

序 号	利益诉求	最大值	最小值	均 值	标准差	满意度排序
4	多样旅游产品的开发	5	2	3.81	0.721	4
5	经济收益的获取	5	3	4.73	0.732	1
6	内生发展能力的提高	4	2	3.27	0.763	6
7	企业社会责任的履行	4	2	3.05	0.575	7
8	当地居民的支持	4	2	2.87	0.793	8

通过表5-6均值大小的比较，可知企业对于"经济收益的获取""旅游市场规模的扩大"满意度较高，满意度均值分别为4.73分、4.33分。旅游企业是案例地包容性旅游扶贫参与开发投资的主力军，存在于包容性旅游扶贫中的开发、营销、维护与保护等各个环节，并以获取最大利润作为其经营与投资的前提。由于对旅游扶贫注入了大量的资本，企业最为关注的是如何最大限度地通过旅游扶贫的方式开发当地旅游资源的经济价值，以便尽快收回投资并获得尽可能多的利润。包容性旅游扶贫强调多元要素的融合与产业的联动，企业利用自身的优势，把旅游作为扶贫开发的手段，获得经济收益的回报。不仅如此，政府对旅游扶贫的政策倾斜与支持，也是企业参与旅游扶贫的重大推动力。广西壮族自治区文化和旅游厅非常重视产业融合工作，积极推动旅游扶贫融合发展，与农业、住建、林业、水利等部门加强合作，签署合作框架协议，建立旅游合作发展工作机制，明确合作重点任务，从大环境上为旅游扶贫发展创造条件。为此，企业对"政府政策的倾斜"的满意度也较高，满意度均值为4.21分。但随着市场对旅游产品多元化、个性化需求的日渐强烈，旅游企业已意识到经济的长远回报不仅要依赖硬件服务设施，还要依托当地文化底蕴深厚的传统文化进行融合开发，而包容性旅游扶贫便是强调多元要素的资源整合开发，使企业的旅游产品越发多样化（满意度均值为3.81分），而且还可通过包容性旅游扶贫的方式保护传统文化的原生态和真实性，维护当地的人文自然环境，这样的旅游方式改变了企业的开发经营管理的理念，使其不再只重视经济利益的回报，而更多地考虑如何实现企业与地方的双赢发展，提高了企业的知名度和形象（满意度均值为3.61分）。

旅游企业较为在意的是能否将参与包容性旅游扶贫作为提高内生发展能力、履行企业社会责任的方式，形成竞争优势的有效途径（"内生发展能力的提高""企业社会责任的履行"的满意度均值分别为 3.27 分、3.05 分），也关注当地居民是否能够积极参与及配合企业的旅游扶贫开发工作（"当地居民的支持"的满意度均值为 2.87 分）。在实地调查过程中，不少被访旅游企业人员反映，目前因企业自身对包容性旅游扶贫的认识不足、政府对旅游扶贫宣传不到位、市场监管力度欠缺等问题，部分当地居民对企业的旅游扶贫参与存在抵触行为，不愿意配合甚至阻挠企业的旅游扶贫开发工作；而部分企业也存在诸多盲目的短期行为，如过于关注硬件设施的建设、生产质量粗劣的旅游纪念品、异化民族传统文化内涵、开发庸俗的旅游演艺产品等。可见，企业在参与包容性旅游扶贫过程中，应该不断增强文化自觉性和社会责任感，不仅要考虑其投资举措能否为其带来经济效益，还要考虑旅游扶贫中如何提高自身内在发展能力和社会责任感。

第四节　案例地包容性旅游扶贫存在的问题

案例地旅游扶贫涉及的核心利益相关者较多，各个利益相关者的关系复杂，各种利益关系相互交织在一起。虽然案例地旅游扶贫取得了一定的效果，建立了当地的旅游品牌和特色，有良好的市场影响力，但涉及各个利益相关者的利益时，一些问题也相继出现。

一、主体权益保障稍弱

通过调查得知，案例地当地贫困人口通过在包容性旅游扶贫项目中就业和土地流转入股分红的方式来获得经济收入，报酬主要由旅游企业向当地贫困人口提供，但是旅游企业存在支付居民工资较低、入股分红较少等问题，甚至有时无法如期支付当地贫困人口的工资。旅游企业过于重视自己的经济效益，而忽视了让当地贫困人口成为真正的受益人群才是扶贫工作的重要目标，对当地贫困人口的受益视而不见，与扶贫的宗旨相违背。个别旅游企业认为贫困人口只是利益的被动接受者，不用考虑他们的需求和立场。当地的贫困人口付出了自己辛苦的劳动，认真投入到旅游扶贫项目中来，最终却无法按时获得经济报酬，收入的稳定性受到了较大的影响。贫困人口的利益未能得到及时有效的保障，延缓了包容性旅游扶贫工作的进程，使扶贫工作的目标迟迟不能实现，原本是最大受益方的贫困人口却变成了利益受损方。参与了包容性旅游扶贫项目的贫困人口说："旅游企业到我们这里来开发项目，让我们可以有地方工作，这个机会确实是很好，但是有的时候企业不按时发工资，或有意减少工资，我们也没有办法。"

二、各主体利益分配不均

包容性旅游扶贫所带来的经济效益涉及政府、旅游企业和当地贫困人口三方，而旅游者主要是精神方面的满足。政府通过包容性旅游扶贫会获取一定的财政收入；旅游企业在包容性旅游扶贫中占主导地位，其最终目的是实现经济效益最大化，政府为了招商引资，吸引旅游企业来当地进行旅游项目开发，因此会优先考虑旅游企业的利益分配；而贫困人口通过在包容性旅游扶贫项目中就业、入股分红等方式获取自己的工资收入，在政府和旅游企业这2个具有强势地位的利益相关者面前，其利益分配容易被忽视，这会严重影响当地贫困人口参加脱贫的积极性。利益分配的不均造成各方利益相关者的利益无法得到满足，因此需要建立一个合理的利益分配机制，让各方利益相关者都能参与到旅游扶贫中来，公平共享旅游扶贫带来的经济利益。参与了包容性旅游扶贫项目的贫困人口说："那些旅游（公司）老板到我们这里来开发，村委会的人把贫困户家里有劳动力的都叫到景区去上班，我们基本上都是听政府的安排，我们也有土地，那些搞旅游开发的来租我们的土地，我们也可以从里面分红，但是像我们这种农民都只分得到一点点钱，大部分钱都是被那些搞开发的老板赚了。"

三、主体配合度较低

政府引进旅游企业到当地进行旅游项目开发，而包容性旅游项目的开发需要利用当地的土地资源，当地贫困人口是土地的主人，旅游企业在进行土地征收时便遇到了问题。在案例地调查发现，部分贫困人口意识到旅游企业到当地来进行旅游项目开发这一商机，便坐地起价，抬高自己的土地征收价格，与旅游企业所出的价格相距甚远，旅游企业不愿意出更多的资金征收土地，因此两方利益相关者在土地价格问题上就出现了僵局。当地贫困人口迟迟不愿意降低价格，便会让旅游企业知难而退，不选择对当地包容性旅游项目进行开发，这样最终导致贫困人口错失了这一提升自己收入水平的宝贵机会，失去了能够让自己长期获得经济利益的来源。有扶贫工作人员反映："在旅游企业征地的时候，总有部分钉子户不配合相关工作，坐地起价，只有由政府进行协调，才能保障旅游扶贫工作顺利完成。"

四、主体参与较片面

旅游扶贫核心利益相关者的参与程度决定了旅游发展水平高低、利益分配是否均衡。参与的片面性主要体现在利益主体参与的内容和参与的主体2个方面。一方面是在参与内容上的片面性，旅游扶贫开发从规划到实施管理，所涉及的利益相关者都没有参与全过程，即使能够参与的，也只是"蜻蜓点水"地参与其中的某个阶段，如在旅游扶贫开发的管理过程中，贫困人口和旅游者由于地位的局限性，根本无法参与其中，他们的意见和看法也不会受到重视。另一方面是参与主体本身的片面性，旅游扶贫开发的任何阶段，总会有些利益相关者被"排挤"在外，甚至有的核心利益相关者都无法实现团队合作、共同参与。其主要原因是利益相关者的自我认识不到位，觉得没有必要参与其中，还有参与的权利和本身地位的错位，有的核心利益相关者希望能够参与到旅游扶贫开发中来，但又由于其权利和地位的约束而被排挤在外，不受重视。

第五节　案例地包容性旅游扶贫模式的优化

笔者通过对案例地包容性旅游扶贫开展现状的分析，以及对各相关主体的系统调查研究后，发现当前案例地的包容性旅游扶贫中存在着一些问题，如主体权益保障稍弱、各主体利益分配不均、主体配合度较低、主体参与较片面等是其中最为突出的问题。如何在全域旅游视阈下促进广西民族地区包容性旅游扶贫的持续开展，成为当前的关键所在。其中，最重要的就是加强对贫困人口的权益保障，解决案例地旅游扶贫持续有效开展面临的阻力。贫困人口不仅是旅游扶贫的参与者和受益者，更是旅游扶贫开展的监督者。再者，因发展阶段的限制，案例地旅游扶贫的实施需要强有力的推动力（国家对旅游扶贫的鼓励、市场对旅游产品的追求等）及以政府为主导的行政体制力量，运用其所拥有的经济资源予以实现。为此，本节在综合案例地包容性旅游扶贫多方影响因素的基础上，结合前文所构建的全域旅游视阈下广西包容性旅游扶贫模式，从利益主体的协同管理、地域空间的联动合作、关联产业的融合发展、新兴要素的多元推动等角度，提出优化案例地包容性旅游扶贫模式的对策建议，模式优化路径如图 5-3 所示。

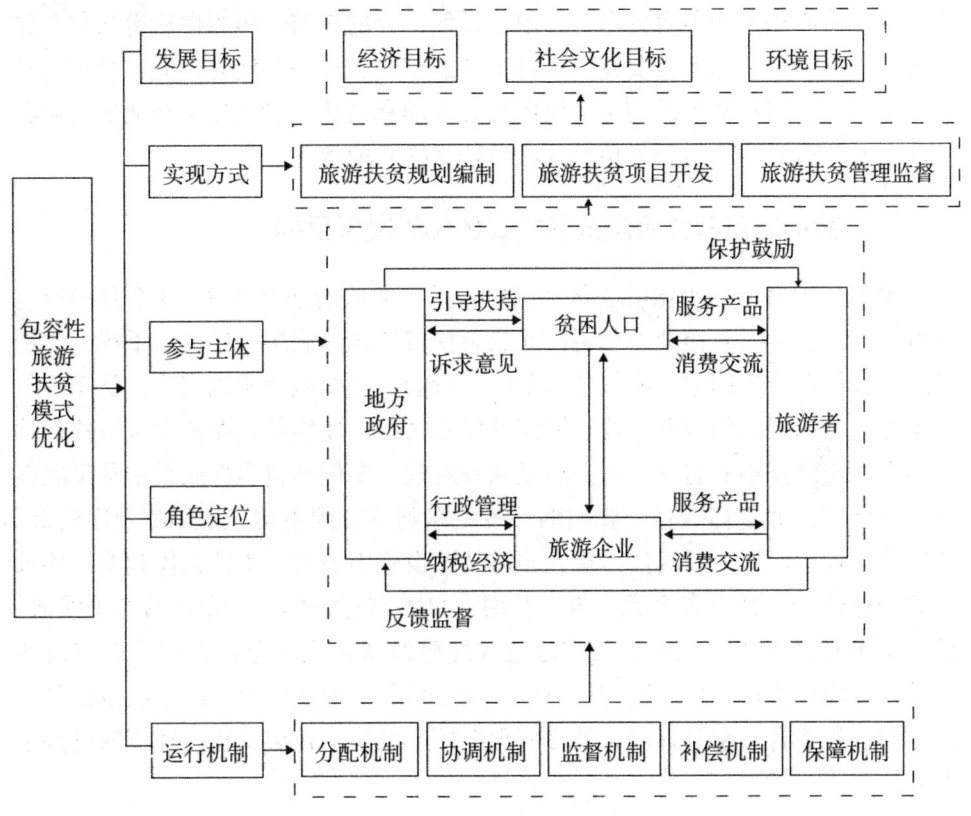

图 5-3 案例地包容性旅游扶贫模式优化路径图

一、案例地包容性旅游扶贫模式优化的参与主体

案例地包容性旅游扶贫模式优化参与主体主要包括地方政府（如县政府及旅游局、扶贫办、交通运输局、水利局、农业农村局、教育局、林业局等）、贫困人口（主要包括案例地中建档立卡的贫困户、未建档立卡的贫困人口）、旅游者（主要来自周边区县、自治区内以及我国其他地方的游客等）、旅游企业（主要包括参与包容性旅游扶贫"六要素"中开发、投资、运营的相关旅游企业）。在全域旅游视阈下案例地包容性旅游扶贫过程中，各个利益相关者都拥有一定的权利诉求且各不相同。例如，县政府及各乡镇政府有通过大力发展旅游业来带动地方经济快速发展的权利，贫困人口有公平获得就业机会的权利，旅游者有获得旅游企业合同承诺的旅游产品和服务的权利，旅游企业有依法取得经济利润的权利等。而包容性旅游扶贫工作的开展离不开各方利益相关者特别是核心利益相关者的参与，缺了任何一方的参与，包容性旅游扶贫工作将无法持续下去，因此需要在兼顾各个利益相关者利益的同时，通过合理的利益分配方式达到利益上的均衡，以此充分调动利益相关者积极主动地参与旅游扶贫事业，有效推动案例地包容性旅游扶贫模式的优化。

二、案例地包容性旅游扶贫模式优化的发展目标

案例地中属于六大旅游扶贫片区之一的桂北旅游扶贫片区，3个县的政府及各级部门、地方乡镇政府都对桂北旅游扶贫片区的旅游发展极为重视，要把其所属县打造成为国家旅游扶贫示范区。目前，在全域旅游视阈下，优越的自然生态环境、特色的农业产业、浓郁的民族文化，使案例地在桂北旅游扶贫片区乃至广西已经小有名气。但是通过调查发现，案例地包容性旅游扶贫发展存在一些问题，如主体权益保障稍弱、各主体利益分配不均、主体配合度较低、主体参与较片面等。其具体体现在旅游基础设施不完善、个性化体验差，外来旅游企业较少、社会资金融入少，贫困人口参与意识弱、自主经营意识淡薄、缺乏资本和技术等。因此，案例地包容性旅游扶贫文化急需探索合理有效的旅游扶贫优化路径，促进案例地包容性旅游扶贫的快速发展，满足旅游扶贫中的各利益相关者的利益诉求，最终实现案例地经济、社会文化、环境的可持续发展。

三、案例地包容性旅游扶贫模式优化的实现方式

（一）案例地包容性旅游扶贫规划的制定

全域旅游视阈下，包容性扶贫强调各利益相关者之间地位的独立和平等，如各利益相关主体的身份地位是平等的，每位利益相关者有平等的利益表达话语权、平等的参与权以及平等享受旅游扶贫经济利益的权利，承认各利益相关者在参与中有独立的利益需求。为此，案例地包容性旅游扶贫规划的制定需要各利益相关主体共同参与，由当地政府成立一个旅游扶贫决策咨询机构，在进行旅游扶贫项目规划前，向当地贫困人口广泛征求意见，充分吸纳他们的意见。例如，案例地的包容性旅游扶贫实施规划由县扶贫办牵头，在旅游扶贫规划设计单位主持下，由县旅游局、交通运输局、水利局、农业农村局、教育局、林业局、卫生局、镇政府、乡政府等部门领导，旅游企业代表，案例地贫困人口代表参加，采用会议讨论的方式提出各自的意见和看法。此外，旅游规

划设计专家团队也应对案例地贫困人口进行调查了解，深入了解当地贫困人口对发展旅游扶贫的看法态度，为包容性旅游扶贫规划的制定提供一定的建议。

（二）案例地包容性旅游扶贫项目的开发

全域旅游发展强调，广西包容性旅游扶贫应立足于"创新、协调、绿色、开放、共享"的全新理念，从利益主体的科学管理、地域空间的合理联动、关联产业的融合发展、新兴要素的多元推动等方面来进行包容性旅游扶贫项目的开发。

首先，在旅游扶贫项目的发展定位上，广西包容性旅游扶贫要结合其自身交通现状、资源禀赋、市场发展情况等来确定，例如民族文化旅游特色区、西南原生态旅游目的地、农业特色产业公园、国家旅游扶贫示范区等。案例地的原始民俗文化、浓郁的民族文化氛围、原生态区域环境、山地立体气候、特色农业产业等旅游资源优势突出，便于发挥文化体验、观光娱乐、避暑度假、乡村养生休闲等旅游功能。

其次，在旅游扶贫项目开发的内容上，广西包容性旅游扶贫要结合案例地资源的特色和旅游者的需求，在开展旅游市场调查分析的基础上，确定案例地旅游市场的消费层次和旅游者对旅游产品的需求，例如对原汁原味民俗风情的需求、对原始自然生态环境及回归自然的需求等，而这些需求是需要旅游者亲身感受、体验案例地的民族文化环境和乡村自然生活才能获得满足的，因此对旅游产品的文化品质有着较高的要求。

最后，在旅游扶贫项目开发的方式上，广西包容性旅游扶贫要侧重案例地的旅游企业、地方政府、贫困人口相互合作，以及旅游者监督反馈的方式方法，例如"农户+农户""农户+旅游企业""农户+旅游企业+政府"等方式，这样就能使地方政府、旅游企业、贫困人口、旅游者共同参与旅游扶贫项目的开发。

（三）案例地包容性旅游扶贫的经营管理

在广西全域旅游发展战略背景下，为实现区域内旅游目的地包容性发展，尤其要重视"管理域"层面不同利益主体之间的协调与配合，从管理上打破原有的理念和模式，突破原本仅以部门包揽为核心的分散管理体系，推动旅游目的地旅游扶贫与各利益主体共建共享和谐社会。因此，案例地包容性旅游扶贫的经营管理需要在县政府及旅游局等相关部门的主持下，各利益相关者共同参与制定旅游发展规划和旅游管理条例等，以政策法规对旅游扶贫中利益相关者的权利和义务进行明确的限定，对违反旅游管理的行为进行处罚。同时，由各利益相关者派出代表共同成立旅游景区管委会，旅游景区管委会由县政府监督管理，主要负责协调各利益相关者的利益矛盾，对旅游者、贫困人口等利益相关者提供信息咨询服务。

四、案例地包容性旅游扶贫模式优化的运行机制

（一）建立高效的利益协调机制

全域旅游视阈下，案例地包容性旅游扶贫开发过程中涉及多个利益相关者，而地方政府、旅游企业、贫困人口及旅游者是核心利益相关者。这些核心利益相关者的利益诉求关系着旅游扶贫的顺利开展，更关系着旅游扶贫目标的实现。由于他们所处的地位不同，利益诉求也不一样，相互之间必然存在矛盾，这时候就需要地方政府发挥主导作用，努力协调各利益主体之间的冲突，建立完善高效的利益协调机制，促进旅游扶贫工作的顺利进行。例如，成立旅游景区管委会，专门负责案例地的旅游开发保护、经营管理等工作，协调地方政府内部各部门之间、地方政府与旅游企业、地方政府与贫困人口、地方政府与旅游者等管利益主体之间的关系，同时协调经营者与经营者之间、经营者与消费者之间、消费者与消费者之间的利益矛盾。旅游景区管委会需要有地方政府、旅游企业、贫困人口、旅游者的代表，让核心利益相关者相互合作、共同参与包容性旅游扶贫的管理。

（二）建立公平的利益分配机制

全域旅游视阈下，案例地包容性旅游扶贫虽强调各利益相关者的共同参与，但由于各利益相关者的付出是不相同的，收益也就不一样，他们的付出主要包括资金的投入、社会压力的大小、社会环境被破坏所面临的风险程度等，因此需要根据不同利益相关者的参与付出程度，公平地进行收益分配，找到各利益相关者之间的利益平衡点，有效地调动利益相关者的积极性，增强旅游市场的竞争性，促进旅游扶贫的健康发展。例如，案例地政府应设立案例地民族文化、生态环境建设保护的专项资金，专项资金部分来自旅游经营税收；旅游经营者在按时按量缴纳税款后，其项目的盈余归经营者自由分配，合作经营项目按照投入比例合理分配；贫困人口所拥有的土地参与扶贫开发，应给予现金、粮食补贴或者作为股份入股获得分红，如以劳动力或者技术参与旅游扶贫开发，则按照按劳分配的原则进行利益分配。

（三）形成有效的参与保障机制

由于每个利益相关者的角色和所处的地位不一样，在包容性旅游扶贫开发中就会存在强势弱势之分。因此，案例地包容性旅游扶贫只有保证各利益相关者都有平等的参与权利，并采取合适的方式方法实现各自的利益要求，才能促进案例地旅游扶贫的有效发展具体需做好以下4点工作：第一，要建立案例地核心利益相关者在合作参与上的观念保障机制。例如，由县旅游局、扶贫办牵头，水利局、交通运输局、林业局、农业农村局、乡镇政府等有关部门领导参与召开旅游扶贫座谈会，明确旅游扶贫的发展目标，共同形成观念上的共识。第二，加强对案例地贫困人口的培训工作，邀请广西乃至国内旅游方面的专家教授学者等从旅游经营、开发、旅游服务等方面对案例地的贫困人口进行培训。第三，完善案例地旅游扶贫信息保障机制，通过建立旅游扶贫信息系统，保证旅游扶贫信息的畅通，同时为旅游经营者等提供旅游发展的书籍、政策法规、最新信息等。第四，提供案例地包容性旅游扶贫的政策保障，制定相关的法规和条例，加强案例地的旅游扶贫项目开发、旅游经营与管理以及对一些违法违纪行为的处罚。

（四）建立合理的利益补偿机制

全域旅游视阈下，广西包容性旅游扶贫强调发展主体人人有责、发展内容全面协调、发展过程机会均等、发展成果利益共享，但由于利益相关者的地位和角色不同，必然会导致有的利益者获得了利益，有的利益者利益被损害。为了促进旅游扶贫的稳定协调发展，就必须建立合理的利益补偿机制，给予利益受损的个人或群体一定的补偿，以提高社会公平的程度。例如，针对贫困人口合理的利益补偿包括对征用了土地和旅游资源的贫困人口给予补偿，对未能在旅游扶贫开发中获益的贫困人口提供替代型产业，给予技术和资金方面的支持；通过提供劳动就业的机会对贫困人口进行补偿。针对旅游企业合理的利益补偿包括在旅游扶贫开发的初期，地方政府可通过在政策、土地、金融等方面给予最大力度的支持，以吸引旅游企业前来投资开发；当旅游企业面临危机之时，落实一些利益补偿的措施，以免旅游企业的损失过大。不仅如此，旅游企业进行旅游扶贫开发经营时，对自然资源和人文环境所造成的消耗和损害，也要进行补偿，因为受到资源环境消耗影响的往往都是地方政府和贫困人口，如果旅游企业不对资源环境的消耗进行补偿，就会加大这些利益群体与旅游企业的矛盾与冲突，甚至阻碍旅游扶贫的健康发展。

（五）构建明确的利益监督机制

全域旅游视阈下，广西包容性旅游扶贫强调以政府规划为主导、以旅游企业为主体、以旅游资源为开发载体，通过社会各界参与和政府政策的保障实现扶贫目标，缩小旅游目的地各阶层的贫富差距，以旅游业的可持续发展促进经济社会的可持续发展。不同利益相关者所处的角色和地位不同，必然会产生强弱之分，而构建明确的利益监督机制，可有效防止强势的利益相关者通过不法行为损害其他利益相关者的合理利益，实现利益主体间权利的相互制约，这是旅游扶贫开发顺利进行的保障。一方面，理顺案例地方政府的内部体制，明确各自的权利责任。案例地旅游扶贫开发涉及众多的政府相关部门，若各部门之间在旅游扶贫问题上不能达成一致，则会制约旅游扶贫的发展。因此，案例地包容性旅游扶贫发展需得到政府的大力支持，且各部门分工协作，全力配合。例如，交通部门负责当地的旅游交通设施建设，水利部门负责当地的水利工程建设，农业部门负责特色农业种植养殖，旅游部门负责旅游项目招商引资等。另一方面，还应建立部门问责制，把案例地的包容性旅游扶贫工作分解到各个部门，明确各个部门的权利和责任。

第六章 全域旅游视阈下广西民族地区包容性旅游扶贫机制研究

机制泛指一个系统中各元素之间相互作用的过程和功能。任何一个运行中的系统都有相应的运行机制，旅游扶贫涉及行业领域之广、关联利益相关者之多、执行过程之复杂无不要求一套系统的机制体系，以确保旅游扶贫工作的顺利开展和扶贫目标的实现。广西是脱贫攻坚的主战场，其凭借良好的旅游资源条件，努力探索以旅游发展带动民族地区发展，实现贫困人口脱贫的旅游扶贫发展方式，并为此先后出台了《中共广西壮族自治区委员会关于贯彻落实中央扶贫开发工作重大决策部署坚决打赢"十三五"脱贫攻坚战的决定》《广西脱贫攻坚实施方案》等一系列重要文件，文件高度重视旅游扶贫工作，并提出了构建旅游扶贫机制的重要性和紧迫性。然而，旅游扶贫在我国还没有形成一套成熟完整的机制体系，广西民族地区旅游扶贫工作目前大多借鉴其他地区的发展经验，针对性不强且无法适应新的时代背景和发展要求。因此，在全域旅游和包容性发展的大背景下，如何通过构建完善的旅游扶贫机制来推进旅游扶贫工作，促进民族地区贫困人口发展、实现地区经济增长、引导资源价值实现、促进社会和谐稳定和生态环境保护已成为备受社会各界关注并亟待解决的问题。

第一节 全域旅游视阈下广西民族地区包容性旅游扶贫机制的体系结构

在全域旅游和包容性发展背景下，广西民族地区旅游扶贫工作在执行过程中需要有更多的考量和斟酌，需要结构更为完整、涵盖更为全面的机制体系。全域旅游视阈下广西民族地区包容性旅游扶贫机制是一个完整、开放的系统，其体系结构可分为理念体系、目标体系、过程体系、保障体系4个部分，如图6-1所示。

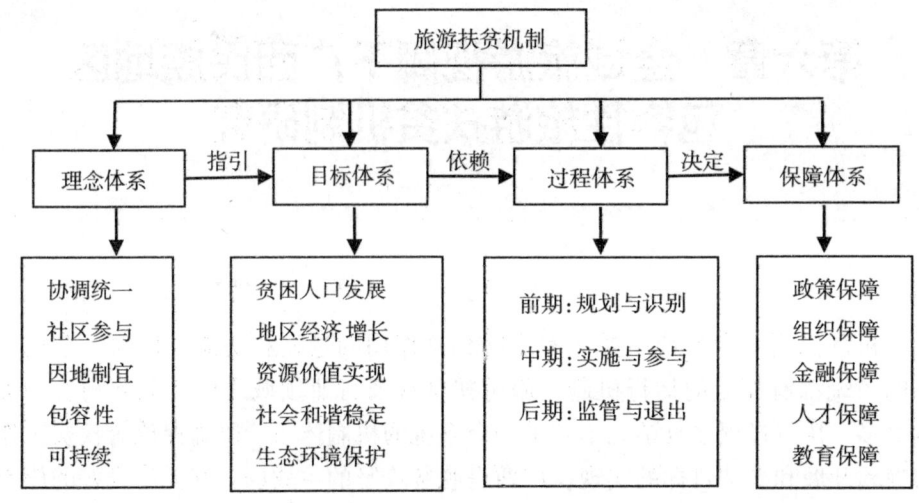

图6-1 全域旅游视阈下广西民族地区包容性旅游扶贫机制体系

理念体系对目标体系起指引作用，确保旅游扶贫目标的实现符合相应的原则；目标体系则依赖于过程体系，旅游扶贫工作的全过程必须以实现贫困人口发展、民族地区经济增长、资源价值实现、社会和谐稳定、生态环境保护等目标为基本前提；过程体系则决定了保障体系，要在旅游扶贫的前期、中期和后期做好政策、组织、金融、人才、教育等方面的保障工作。

第二节 全域旅游视阈下广西民族地区包容性旅游扶贫的理念体系

理念指导实践，任何实践过程都必须依据一定的准绳和原则。旅游扶贫是人类减贫史上的伟大实践，在全域旅游和包容性发展背景下，广西民族地区旅游扶贫必须秉持协调统一、社区参与、因地制宜、包容性、可持续性等基本理念，并形成系统化的指导思想体系，以此指导旅游扶贫机制的构建。

旅游扶贫是一项长期性的系统工程，扶贫过程涉及政府、企业、社会组织、社区居民等众多利益相关者，扶贫目标的实现必须遵循协调统一原则，即各利益相关者必须协调配合，形成合力，并保证旅游扶贫意识和行动的统一。政府在组织架构上，要发挥主导作用，构建系统的扶贫组织体系；在制度设计上，要明确各级部门的权力与职责，保证相关任务的高效执行；在管理运行上，要注重各部门之间的协调配合，针对执行过程中遇到的问题，要共同研究、通力解决；在旅游扶贫的具体实施过程中，要有针对性地结合各区域实际开展扶贫工作，从地区贫困程度、资源禀赋、产业基础、社会文化背景等实际出发，找到每个地区最有效的旅游扶贫方式。同时，为确保贫困群体更加广泛、平等地获得收益，政府要以包容性发展相关要求为参照，对扶贫的范围、内容和形式进行拓展和深化；积极引导民族地区社区居民参与旅游扶贫项目开发与规划，使贫困居民参与机会增多、参与意愿增强、发展能力提高，从而实现共同开发、共同管理，保证旅游业的可持续发展。

第三节　全域旅游视阈下广西民族地区包容性旅游扶贫的目标体系

实现目标是一切行动的基础动力，没有明确目标的扶贫工作是一种盲目行为，而盲目的扶贫工作只是流于形式、生搬硬套、应付政策的扶贫工作，很难达到真正的扶贫效果。在全域旅游和包容性发展背景下，要对广西的旅游扶贫工作加深认识，先要明确包容性旅游扶贫的目标，然后以目标指导执行过程，并将目标细化为具体的操作规范。只有这样，旅游扶贫目标才能实现，全域旅游和包容性发展才能与旅游扶贫更好地融合。结合全域旅游和包容性发展的本质要求，笔者认为广西民族地区旅游扶贫的主要目标是通过旅游扶贫开发带来的理念、政策、资金、知识等，促进民族地区发展和贫困人口发展。其中，民族地区发展主要包括地区经济增长、资源价值实现、社会和谐稳定等方面；贫困人口发展主要包括贫困人口发展机会、参与权利、发展能力、成果共享等方面。民族地区发展和贫困人口发展是互相促进的关系，如图6-2所示。

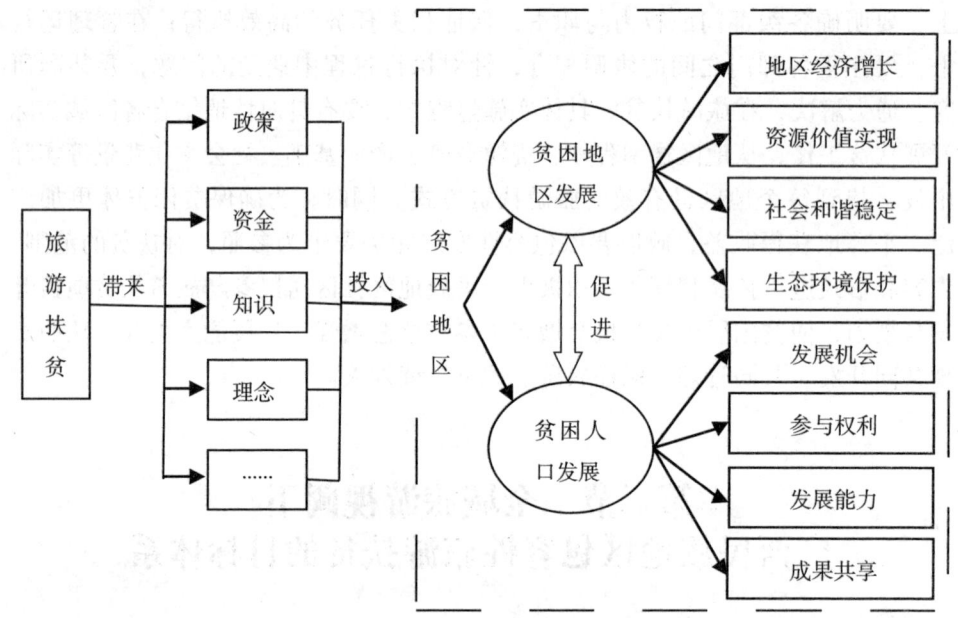

图6-2 包容性旅游扶贫的目标体系及其实现机理

一、贫困人口发展

旅游扶贫的对象是民族地区的贫困人口，促进贫困人口发展是旅游扶贫的核心目标。包容性发展主要是指让全体社会成员都能公平合理地共享发展的权利与机会，不仅包括代内的均衡发展，还包括代际的可持续发展。可见，增加贫困人口的发展机会和参与权利，促进社会发展成果的共享是包容性发展的主要目的。旅游扶贫和全域旅游均对贫困人口参与旅游的能力提出了较高的要求，贫困人口只有具备基本的旅游服务能力、经营能力，才能在旅游活动中掌握一定的权力，扶贫效果才能更好地实现。因此，增强贫困人口的发展能力也是全域旅游背景下旅游扶贫的必然要求。在旅游扶贫过程中，民族地区一定要摆脱仅凭"经济收入"衡量贫困程度的传统做法，要站在人类发展的高度，以包容性发展为指导，多角度地为贫困人口着想，促进贫困人口的全面发展。

二、贫困地区发展

（一）地区经济增长

在我国经济下行压力日趋增大的情况下，旅游业仍然能够保持强劲的增长势头，成为我国经济发展的重要增长点，也成为我国的战略性支柱产业。正因如此，各地纷纷大力挖掘旅游资源价值、发展旅游产业，试图通过旅游发展带动地区经济增长。旅游扶贫为各地旅游发展提供了契机，特别是在全域旅游发展背景下，人们将视野从以前具体某一个景区、景点放大到整个区域，通过资源整合和产业融合，将旅游产业的辐射作用进一步放大，民族地区各行业有望依靠旅游业恢复生机，从而形成较强的经济推动力。促进地区经济增长也是旅游扶贫的重要目标之一，地区的经济发展会产生涓滴效应，让贫困人口在教育、医疗、环境、住房等方面获益。另外，实现地区经济平稳增长也是旅游扶贫有序退出的前提，只有通过旅游产业发展让民族地区找到新的发展方式，并取得良好效果，旅游扶贫工作才能发挥当地的内生动力，脱贫目标才能通过自身的"造血"逐步实现。

（二）资源价值实现

从传统的观点来说，一个地区的贫穷往往是地理环境、历史发展、社会背景等因素综合作用的结果，这些地区在先天条件上并不受政策、资金、战略等因素的影响，因而在教育、医疗、产业等方面发展滞后，陷入贫困的恶性循环。近年来，我国第三产业发展已赶超第一和第二产业，所以国家对文化产业、现代服务业等方面的发展高度重视。旅游业能够很好地利用地区的先天资源带动第三产业的发展。广西民族地区大多拥有较好的自然生态环境和特色鲜明的民族文化资源，这些资源对游客具有较强的吸引力，是重要的旅游资源。旅游资源具有区域性、不可转移性、开发利用的永续性等特点，通过合理的旅游开发，能够为地区经济增长提供不竭动力。然而，目前民族地区与旅游相关的资源并未得到充分利用，蕴藏着极大的旅游开发价值。旅游扶贫正是要对这种闲置的资源进行开发，使其价值得以实现，依托旅游业发展实现民族地区贫困居民的脱贫致富。

（三）社会和谐稳定

美国经济学家舒尔茨在《穷人的经济学》中写道："一个社会的消费者中穷人太多、富人太富，迟早要出问题。"改革开放初期，邓小平同志提出了"先富带动后富，最终达到共同富裕"的发展理念。然而，近年来，我国经济发展在取得辉煌成就的同时，也存在因片面追求物质增长和财富积累而导致生态环境恶化、贫富差距增大的现象。贫富差距不断扩大可能导致贫富阶层之间的冲突、弱势群体"相对剥夺感"显化和犯罪率的上升，对社会的和谐稳定构成一定威胁。正因为如此，我国提出了扶贫开发战略，旨在缩小贫富差距，消除贫困，让每个人都能享受到经济发展带来的利益，从而实现社会公平，促进社会和谐稳定。旅游扶贫能够产生强大的社会效益、经济效益和生态效益，能够促进人的发展，统筹城乡发展，统筹区域发展，统筹国内发展与对外开放，统筹人与自然发展，对构建社会主义和谐社会有重大的战略意义。旅游扶贫的主要目的就是，降低贫富分化程度，让百姓安居乐业，从而实现社会和谐稳定。

（四）生态环境保护

旅游扶贫不仅是一种外部的帮扶手段，还是一种内生造血的扶贫方式。除了要让民族地区和贫困群体学会并适应一种新的发展方式外，还要让民族地区和贫困群体能够按照这种发展方式可持续地发展下去，达到可持续扶贫的目的。良好的生态环境是旅游业发展的基础，是地区经济增长和百姓安居的必要条件，也是包容性发展的基本要求。因此，旅游扶贫还必须以生态环境保护为基本目标。在旅游开发过程中，应做好环境保护规划，禁止任何以牺牲环境为代价谋求暂时发展的行为；在旅游经营过程中，做好游客和社区居民的教育工作，提高其环保意识，让生态环境保护成为旅游经济发展稳定的内驱力。绿水青山就是金山银山，保护生态环境就是保护生产力，旅游扶贫要以系统工程思路来抓生态环境建设，以旅游业的绿色发展来统筹民族地区的其他资源，为地区的可持续发展打好基础。

第四节 全域旅游视阈下广西民族地区包容性旅游扶贫的过程体系

从"旅游扶贫"的"扶"字可以看出，这一行为必须有外部力量的介入，帮扶的目标则是通过旅游业带动民族地区和贫困人口发展。因此，旅游扶贫可以看成是一个帮扶的过程或目标实现的过程。基于此，笔者认为全域旅游视阈下包容性旅游扶贫过程可分为前期、中期、后期3个阶段。前期阶段主要是相关部门在顶层设计和宏观调控层面的规划，以及为扶贫的具体实施做好铺垫工作，主要包括对贫困人口的精准识别、扶贫项目的选择、确定并协调好扶贫主体之间的关系、对扶贫资源进行整合等内容；中期阶段的重点是旅游扶贫工作的具体实施以及贫困人口的参与问题，从包容性的视角来说，主要可概括为社区参与，贫困人口的权利保障、能力培养、利益分配等问题，这是旅游扶贫工作的核心；后期阶段主要是指旅游扶贫发展到一定程度，在动态考评与监督机制下，旅游扶贫工作能够得到有效调整，提高效率，待扶贫目标实现之时则将脱贫人口按照相应规则有序撤出的过程。当然，旅游扶贫的3个过程并无明显界限，只是在不同阶段侧重点不同。3个过程融合循环，构成了全域旅游视阈下广西民族地区包容性旅游扶贫的过程体系如图6-3所示。

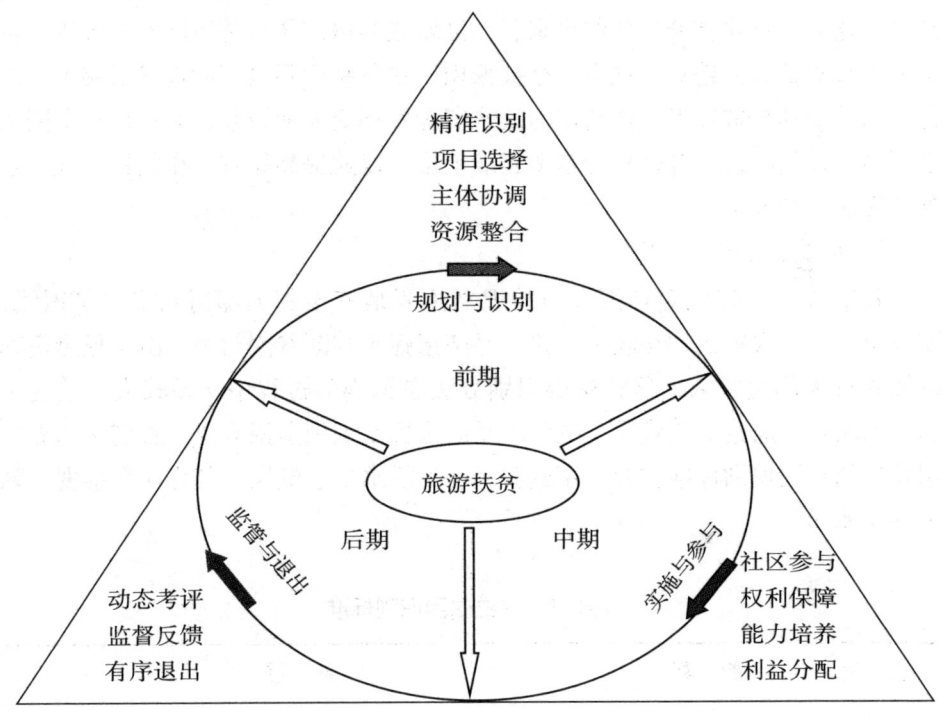

图6-3 包容性旅游扶贫的过程体系

一、前期：规划与识别

（一）贫困人口的精准识别机制

精准识别是扶贫的首要工作，是确保扶贫对象精准的基础性工作。只有建立贫困人口的精准识别机制，才能切实做到真扶贫、扶真贫，才能提高扶贫效率，有的放矢，确保在规定时间内达到脱贫目标。精准识别机制的建立首先要选择贫困瞄准精度，其次要在确立贫困识别标准的基础上规范识别流程，最后还要根据精准识别效果对贫困人口以及瞄准工作进行后续管理，以进一步优化旅游扶贫的瞄准与识别机制。

1.选择贫困瞄准区域

贫困瞄准区域从大到小主要有贫困区、贫困县、贫困乡镇、贫困村、贫困户5种范围。长期以来，我国的贫困瞄准区域主要集中在民族地区的贫困县和贫困乡镇等比较宏观和中观的视阈上，这一类的扶贫工作往往具有一定的普惠性，只能将扶贫资源投入一个较大的贫困区域，而很难确保扶贫红利到村到户。此外，从扶贫开发的结果来看，区域或县域的扶贫并不能改变该地区贫富差距日益扩大的趋势，扶贫资金被挪用、扶贫精度不高等问题日益突出。因此，为了提高扶贫效率，让有限的扶贫资源发挥更大的效益，必须缩小贫困瞄准区域，以贫困村、贫困户为基本瞄准单位，以此提高扶贫工作的针对性，达到精准扶贫的效果。

2.确立贫困识别标准

长期以来，我国对贫困人口的识别主要是基于相关部门划定的贫困线，即以单一的"农民人均纯收入"这一经济指标来判断贫困与否。由于很难精确得知农民人均纯收入，这种贫困识别方法在识别的过程中误差较大，精度不够，因此亟须通过更为直观、更为多元的指标来识别贫困人口。目前学术界应用较广的贫困识别标准主要有家庭收入、生活水平、健康、教育4个维度，如表6-1所示。

表6-1　多维贫困识别标准

维度	指标	备注
家庭收入	人均纯收入	根据每年的贫困线标准和地区的CPI指数进行调整
生活水平	居住条件	自建房或商品房，人均面积
	饮水情况	自来水或深井水等清洁水源
	卫生设施	厕所类型
	通电情况	通电与否
	资产	生活耐用品、交通工具、家用电器等的数量和价值
	燃料类型	电、液化气、天然气、柴草
健康	疾病	有无疾病以及疾病支出占家庭收入比重
	医疗保险	是否参加医疗保险以及其他保险项目

续表

维度	指标	备注
教育	成人受教育年限	成人平均受教育时间
	子女受教育状况	子女入学情况

上述贫困识别标准要根据地区社会经济状况进行调整，并对各指标进行权重分配，通过科学有效的调查手段和计算方法，最终确定相关农户是否贫困及其贫困程度。

3. 规范贫困识别流程

在旅游扶贫过程中，贫困人口的识别过程是决定识别精度的关键，因此必须建立规范完整的贫困识别流程。该过程主要包括申报、核查、分类、评议、审批、公示、反馈7个步骤。首先，在确定贫困识别标准的基础上，扶贫主体要对扶贫对象主动核查，掌握民族地区的基本情况，同时要鼓励扶贫对象根据自身家庭情况，填写家庭贫困情况说明表，主动申报。其次，扶贫主体根据主观核查情况和客观申报情况，对贫困人口通过邻里走访、比较、跟踪调查等进一步核查，随后按照贫困程度、致贫原因等对贫困人口进行分类。在贫困人口名单初步确定之前，扶贫主体要接受民主监督，开展民主评议，对贫困名单进一步斟酌。最后，将贫困人口名单提交上级审批，审批通过后需在扶贫对象范围内进行公示，鼓励社区居民对识别结果提出反馈意见，以供进一步核查。贫困人口的具体识别流程如图6-4所示。

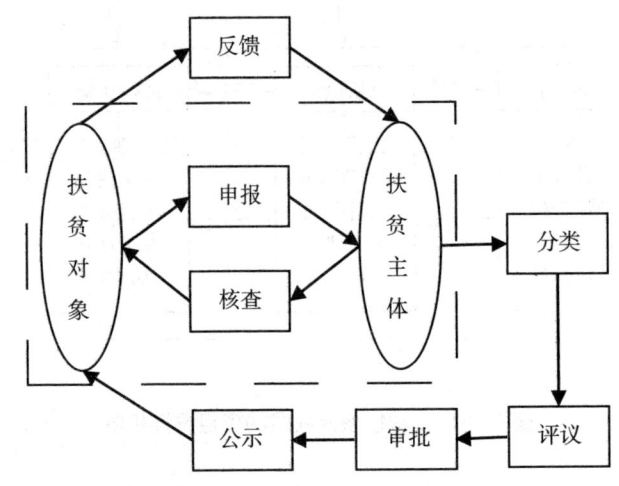

图6-4 旅游扶贫中贫困人口的识别流程

4.强化后续管理工作

贫困人口流动性、变化性较大,需要建立起旅游扶贫的档案体系,强化后续管理工作。精准识别之后,扶贫主体要对贫困人口进行登记,建档立卡,做到户有卡、村有簿、镇有册、区(县)有信息管理系统,形成完备的贫困人口信息系统;在此基础上,要继续做好贫困人口的动态识别工作,时刻核查并添加遗漏的贫困人口,及时复查扶贫对象的脱贫效果,达到脱贫标准则将其从贫困人口中移除,使识别工作与扶贫工作保持一致;此外,还要做好总结和整改工作,根据自身的省察、扶贫对象的反馈意见、最新的学术动态以及政策变化,对贫困人口的识别机制进行总结和交流,不断改进,使之更加公平合理。

(二)旅游扶贫的项目选择机制

扶贫项目选择机制是指政府、非政府组织、企业等扶贫主体在帮助民族地区或贫困人口脱贫的工作中选择和确定具体扶贫项目的方式、方法、规则等,其构成要素包含扶贫项目、参与者、运行规则3个方面。旅游扶贫是一项以旅游业为主导产业的扶贫方式,其项目选择要结合地区特点,围绕旅游业有序展开。具体的包容性旅游扶贫的项目选择机制如图6-5所示。

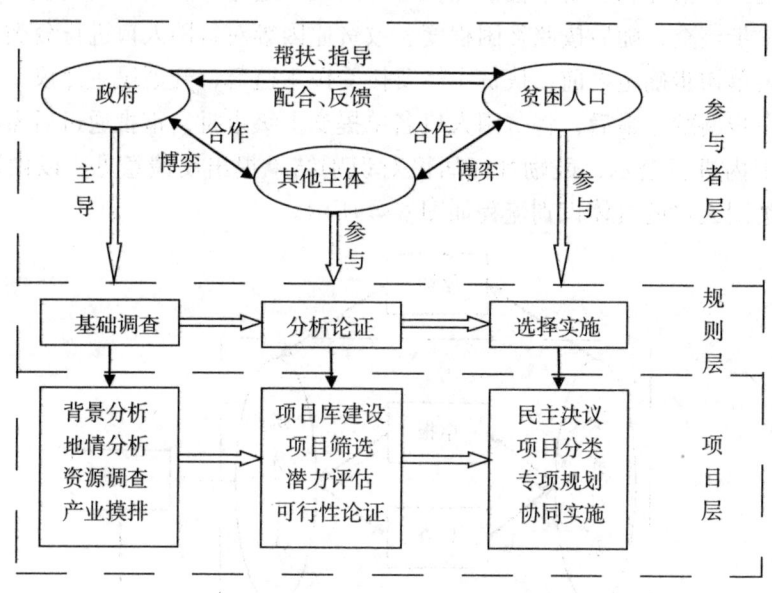

图6-5 包容性旅游扶贫的项目选择机制

从旅游扶贫项目选择的参与者关系来说,要确定政府在旅游扶贫项目选择中的主导地位，政府要做好统筹工作，协调各项事务，其他扶贫主体及贫困人口则要在政府的统筹下协同参与扶贫事宜。政府与其他主体之间、其他主体和贫困人口之间以合作关系为主，但由于信息的不对称等问题，他们之间又会为争取自身利益而产生博弈，博弈的最终目的是达到各方满意的合作条件。政府与贫困人口主要是帮扶关系，并为其具体参与扶贫提供指导，贫困人口则应积极配合政府扶贫工作，反馈自身意见。政府要时刻重视贫困人口的利益诉求，确保他们在旅游扶贫中的核心地位，以保证包容性旅游扶贫沿着正确的方向发展。

从旅游扶贫项目选择的过程和项目确定流程来说，包容性旅游扶贫和项目选择机制需要经历3个阶段。第一阶段，要做好基础调查工作，包括对旅游扶贫的政策背景、产业发展的时代要求和背景，以及民族地区基本地情进行透彻分析。此外，民族地区的资源状况决定了其旅游发展方向，也决定了其产业发展基础，因此在选择旅游扶贫项目之前，要做好资源调查和分析工作，包括自然与人文旅游资源，以及农业资源、林业资源、土地资源等一切可能与旅游业产生关联的资源。在此基础上，政府要对民族地区当前产业状况进行摸排，了解地方产业基础和发展方向。第二阶段，要根据基础调查情况进行分析论证，确定民族地区可能适合的旅游扶贫项目，建立项目库并通过大会讨论进行项目筛选，对关键扶贫项目进行潜力评估和可行性论证，以确定相应扶贫项目的适宜性。第三阶段，对旅游扶贫项目进行选择与实施。根据论证结果，对可行的旅游扶贫项目通过多方参与、民主决议的方式进行最终选择，并根据项目的轻重缓急进行分类，做好项目实施的专项规划，联合多方力量，对项目分阶段协同实施。

（三）旅游扶贫的主体协调机制

旅游扶贫主体是指旅游扶贫行为的实施主体。由于旅游扶贫具有复杂性，所以需要多元主体协同配合方能完成。一般来说，旅游扶贫主体主要包括政府组织、市场、社会组织3个方面。其中，政府组织代表权威价值取向的政策执行主体；市场主体代表竞争价值取向的政策执行主体；社会组织则代表共识价值取向的政策执行主体。[①] 另外，学者高同利认为农户集精准扶贫主体和客体于一身，是脱贫致富的关键切入点；社区能够充分利用自身在机构协调和资源对接方面的优势，为社区提供优良服务，二者参与精准扶贫能有效解决贫困治理"最后一公里"问题，是精准扶贫主体结构中的重要力量。[②] 笔者认为旅游扶贫的最终目的是让贫困社区和贫困人口能够在外部的帮扶下掌握旅游脱贫的方法和技

---

① 李颖.社会扶贫资源整合的类型及其适应性[J].探索，2015（5）：146-151.
② 高同利.试论机会均等的竞争机制[J].社会科学辑刊，1991（3）：59-60.

能，自力更生，实现自我脱贫，他们是旅游扶贫的自我帮扶主体。因此，本课题将广西民族地区旅游扶贫的主体划分为政府、市场、社会、社区、农户5个方面。

与旅游扶贫相关的政府部门主要包括扶贫办、国家旅游局（文化和旅游部）、农业农村部、民政部、财政部、自然资源部、城乡规划办等，各部门之间协调配合，制定扶贫政策，并通过资金、项目、技术等对贫困社区进行引导、调控和帮扶。市场主体主要包括旅游企业、关联企业、金融机构等，其在政府的引导和调控下进行内部竞争，通过资金、项目、理念等对民族地区进行引导和帮扶，同时在旅游扶贫政策、扶贫项目运作等方面对政府起到一定的监督和反馈作用。社会主体主要包括扶贫基金会等非政府组织、科研机构等社会力量，它们响应政府号召，支持旅游扶贫工作，通过自身的资金、理念和知识引导贫困社区居民参与旅游扶贫，在实践过程中倾听基层意见，对自身行为进行调整，并将意见反馈给政府部门。贫困社区是贫困农户的集合，其自身具有一定的组织性，能够在政府、市场、社会的引导和帮扶下利用扶贫资源，进行自我学习和自我完善，最终成长为具有自我扶持能力的组织体系，并最终实现脱贫。贫困社区和农户要积极配合其他主体工作，及时反馈自身利益诉求及扶贫工作中的问题和意见，确保各主体能够以贫困社区和贫困农户为重心，及时总结并调整工作，使旅游扶贫高效运行。旅游扶贫中各主体的协调机制如图6-6所示。

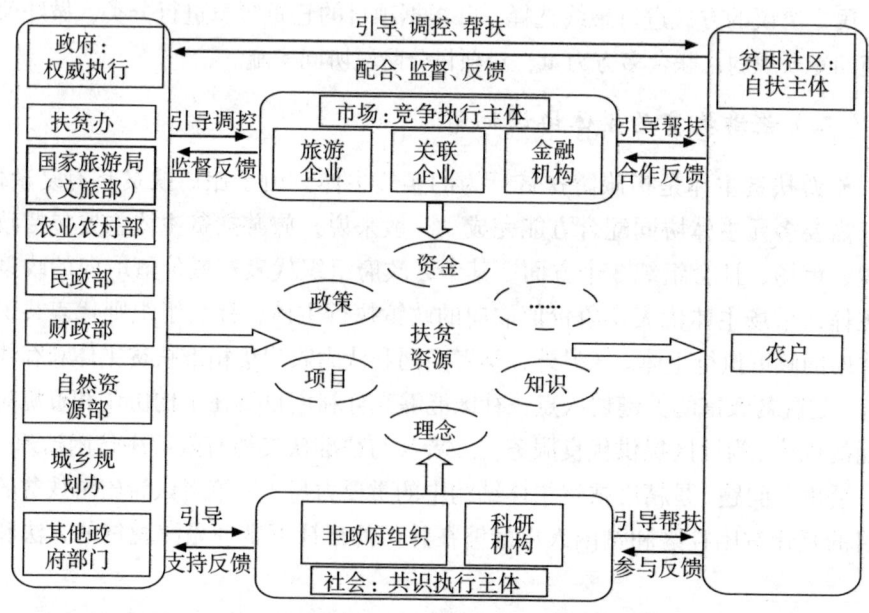

图6-6 旅游扶贫的主体协调机制

（四）旅游扶贫的资源整合机制

资源整合机制是将零散、无序的资源进行系统性整理与集成的流程与结构，主要可分为资源的识别、获取、配置、利用4个过程。旅游扶贫的资源整合机制是指对与旅游扶贫有关的资源进行识别、获取、配置和利用的过程。社会扶贫资源的整合形式主要包括政策导向型、机制倒逼型、发展促进型，不同的资源整合形式有不同的特点，在扶贫过程中有着不同的适应性。这说明资源整合机制的建立既要考虑资源由谁整合、整合什么、怎样整合等"顺序型"问题，又要兼顾不同扶贫模式下各相关者之间的作用关系、与扶贫资源的关系等"关系型"问题。

在进行旅游扶贫资源整合前，要做好3个层面的工作。

（1）要明确旅游扶贫资源的内涵特点。根据前人对"资源分类"的研究成果，笔者认为，旅游扶贫资源可分为有形资源和无形资源2大类：有形资源主要包括资金资源、人力资源、物力资源等；无形资源主要包括政策、技术、信息等。旅游扶贫资源具有内容多样、零散无序等特点，因此需要通过一定的机制进行整合，对其识别、获取、配置和利用。

（2）要明确旅游扶贫资源的来源、资源由谁整合等问题。通过前文对"旅游扶贫模式"的总结可以看出，旅游扶贫的主体主要可以概括为相关政府部门和市场，也就是说，旅游扶贫资源的整合主要依靠政府这只"看得见的手"和市场"这只看不见的手"协调完成。无论是政府还是市场，它们都处在旅游扶贫资源碎片化这一背景下，主要通过2种方式整合资源：其一，根据旅游扶贫模式的不同，即主导旅游扶贫主体的不同，政府和市场任何一方都可直接投入所需的旅游扶贫资源；其二，政府扶贫主体和市场扶贫主体也可以从这种碎片化的扶贫资源中识别并获取旅游扶贫资源，然后进行整合利用，作用于扶贫对象。

（3）要注意以政府和市场为主体的旅游扶贫资源整合方式都是一种从上而下的过程，这种过程存在一定的弊端，如主观性较强、主导过度造成效率不高、市场把握不准致使资源不匹配等。因此，旅游扶贫的资源整合机制必须增加自下而上的路径，时刻倾听扶贫对象的意见和建议，了解他们最缺乏什么资源、最想要什么资源。扶贫对象可通过这种途径对扶贫主体进行所需资源的反馈和索取，通过多方互动，确保高效整合旅游扶贫资源。旅游扶贫的资源整合机制如图6-7所示。

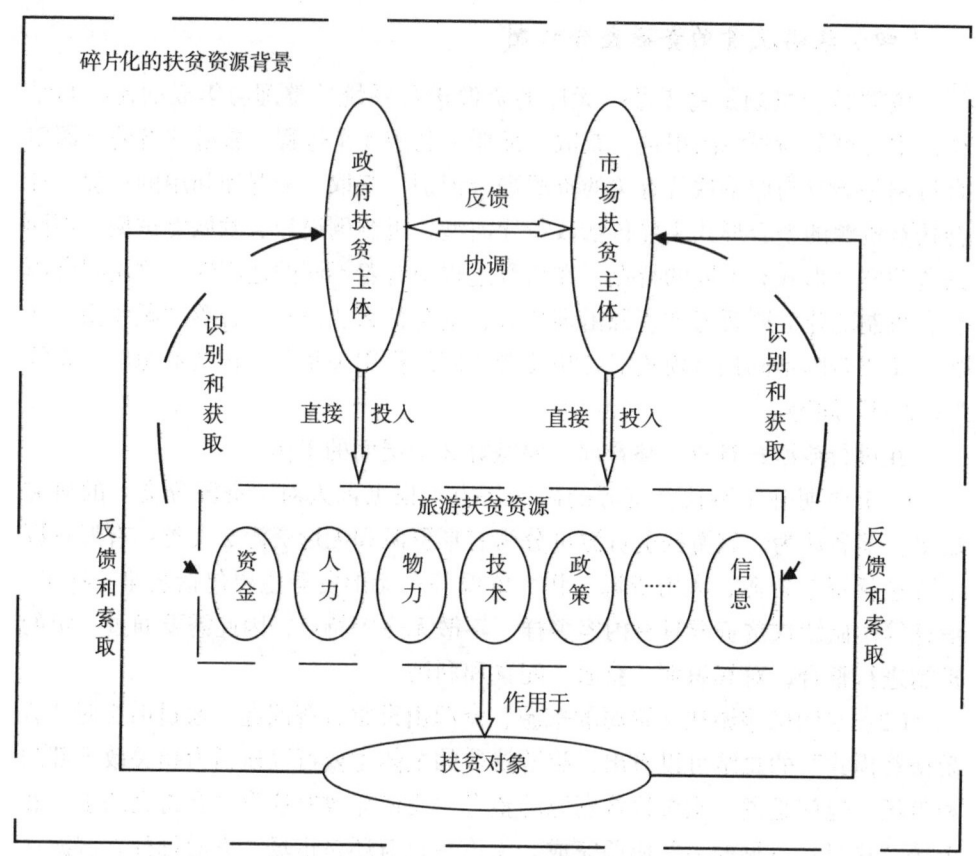

图 6-7　旅游扶贫的资源整合机制

二、中期：实施与参与

旅游扶贫的中期阶段主要是指确定各宏观机制之后，旅游扶贫力量和扶贫资源向扶贫对象集中的阶段。这一阶段的重点是解决贫困社区和贫困人口的发展问题，是旅游扶贫精准实施和引导贫困社区积极参与的阶段。结合包容性发展的理念要求和前文的研究成果，笔者认为，民族地区包容性旅游扶贫的中期阶段主要应从发展机会、参与权利、发展能力、成果共享 4 个方面分别构建社区参与的机会均等机制、贫困人口的权利保障机制、贫困人口的能力培养机制、贫困社区的利益分配机制，以此确保旅游扶贫的全面和可持续发展。

（一）社区参与的机会均等机制

所谓机会均等，就是所有的社会成员在一切社会领域里，从事某项事业或选择及获得某种需求的机会均等。显然，机会均等是基于社会微观需求提出的宏观目标，它不会因为大众的主观需求而实现，而是需要通过客观的外部力量介入才能实现，也就是说，机会均等主要通过外部"供给"来实现。民族地区在发展旅游业时，只有保证贫困人口拥有均等的旅游参与机会，才能保证旅游扶贫的普惠性和公平性。为此，政府、市场、社会等旅游扶贫主体要协同发力，从宏观上形成社区参与的机会均等机制，为贫困人口参与旅游发展和扶贫工作营造一个和谐、公平的环境。

1. 政府宏观调控，引导机会均等

政府是扶贫的主导者，负责旅游扶贫的顶层设计，要通过其宏观调控职能实现旅游扶贫中社区参与的机会均等。从政策制定方面来说，政府要充分考虑贫困人口参与旅游扶贫的可能方式，无论是参与饮食、住宿、娱乐、商品生产等服务工作，还是以受聘、入股、创业等方式参与旅游管理工作，政府都要考虑周全，为每一种可能的方式提供公平合理的政策，减轻贫困人口的思想压力，降低门槛，鼓励全民参与。从主体协调方面来说，政府要敢于对相关部门或其他扶贫主体"下死命令，定硬指标"，特别是对扶贫知识普及率、贫困人口参与率、民族地区脱贫率等重要指标，要做出明确指示，指导、审核并监督旅游企业、金融机构等的扶贫行为，引导其他主体主动承担社会责任，保证扶贫工作的人本性和公平性。

2. 市场规划执行，确保机会均等

企业、金融机构等市场力量是扶贫的重要主体，它们的市场嗅觉灵敏，能够把握市场动向，创新力强且具有较强的产业联合和带动能力。但企业以盈利为目的，在与贫困人口的博弈中，由于信息不对称以及贫困人口经营能力低等原因，企业会在旅游发展中占有绝对或绝大部分收益权，使民族地区沦为"旅游飞地"，弱化民族地区旅游扶贫绩效，具体表现为短线游客的消费能力不足、旅游收入外流、旅游购买外流。因此，市场力量在参与旅游扶贫时要接受一定的政策约束，并主动承担扶贫济困、利益共享的社会责任，在规划执行旅游扶贫工作中确保社区参与的机会均等。旅游企业要加强与贫困人口的沟通，了解当地贫困现状，因地制宜制定社区参与规划，将旅游扶贫的"硬要求、硬指标"细化为具体行动方案，主动并优先为贫困人口提供就业岗位和发展机会。金融机构也要为贫困人口提供优惠，免除或减少信贷利息，降低贫困人口的创业门槛。

3. 社会义务参与，促进机会均等

社会组织的发展有利于政府职能的转变，有利于社会公共服务职能的更好履行。扶贫基金会等非政府组织参与旅游扶贫，不仅能够直接分担和减少政府部门的工作量，还能促进贫困人口脱贫，从而降低政府的行政成本。社会组织可以从旅游扶贫思想介绍、旅游服务技能指导、职业培训、创业指导、劳动保障事务代理等方面与政府及市场进行全面合作，免费为贫困社区参与旅游扶贫提供指导服务，让贫困人口能够更好地参与进来。科研机构和高校可以将自身科研成果和智力资源免费提供给民族地区，例如为贫困村落做好旅游规划、提供经营指导、进行技能培训或跟踪回访等，一方面有助于通过实践验证来优化现有扶贫模式，另一方面其作为市场和政府的中间力量，能够为贫困人口和民族地区更好地参与旅游扶贫搭建桥梁。

（二）贫困人口的权利保障机制

旅游扶贫是农村扶贫战略从以地区综合开发为主体逐渐转变为以贫困人口为主体的扶贫形式，其转变的本质是归还农民人权，让其和其他社会群体在生存、生活和精神上享有同等的权利，主要包括经济权利、政治权利、社会权利和文化权利等。如果说机会均等机制是社区参与的"供给"因素，那么贫困人口的权利保障机制则是社区参与的"需求"因素。因为物质救济只能释放没有保障的金钱，而权利救济则能赋予贫困人口一种永恒的力量。只有保障贫困人口的基本权利，旅游扶贫工作才能可持续发展。目前我国对贫困人口的权利保障还存在顶层设计不健全、民主管理权弱化、社会保障权缺失等问题。因此，主要从构建贫困人口权利的法定机制、表达机制、救济机制3个方面入手，破除旅游扶贫过程中贫困人口的权利障碍。

1. 以完善法律法规为基础，构建贫困人口权利法定机制

权利的不平衡是法律不平等的缩影，因此解决权利贫困问题就要从法律法规上着手，赋予贫困人口公平合理的权利。具体地说，顶层设计应主要从政治权利、经济权利、社会权利3个方面来保障贫困人口基本权利。其中，政治权利主要包括选举权和被选举权等，旅游扶贫过程中涉及的重要管理决策、人力调配等要由贫困人口民主选举决定。经济权利主要包括财产权、土地承包经营权、宅基地用益物权等。贫困人口有合理运用自身财产并维护财产安全的权利，有权将自身土地或宅基地通过转包、出租、互换、转让、股份合作等形式流转土地的承包经营权，以发展适度规模的多种形式的经营活动。社会权利主要包括迁徙自由权、就业权、社会保障权、劳动权等。贫困人口有权以劳动或就业的形式参与旅游扶贫的各环节，并有权维护自身合法权益。专门制定与旅游扶贫直接相关的法律法规是不现实的，上述权利保障可通过完善劳动法、丰

富旅游法、健全农村土地承包法等方式实现。旅游扶贫要依托法律进行适当深化创新，使各主体和部门明确义务和责任，以确保旅游扶贫中贫困人口权利的法定化。

2. 以加强民主管理为核心，构建贫困人口权利表达机制

所谓权利表达是指在一定的社会系统中，各权利主体通过一定的渠道提出自己合法的、正当的利益要求。每个人都享有一定的权利，但享有权利并不代表着一定能够实现权利，必须要有一定的程序和渠道表达权利，即构建权利表达机制，这样其享有的权利才能得到保障。权利的表达要渗透旅游扶贫的各个环节，其核心是加强以贫困人口为核心的民主管理，建设权利表达渠道。旅游扶贫一般是整村推进或区域推进，要在其影响范围内建立贫困人口的权利代表组织，如村委会、村民自治组织机构等，企业、政府部门等扶贫主体要成立扶贫工作问询小组、民情调查小组、意见征询小组等。贫困人口的相关权利主要通过各组织之间的沟通协调进行表达，扶贫过程中要时刻与民众或其代表组织保持沟通，对于旅游发展的方向、内容、涉及的核心问题等需要通过民主决议，广泛征求群众意见，确保旅游扶贫方向的正确性。

3. 以强化主体监督为依托，构建贫困人口权利救济机制

长期以来，城乡二元体制的重城市轻农村现象、法律制度的不健全、农民文化素质不高等造成了农民权利的缺失，贫困人口在与旅游扶贫主体的博弈中往往处于劣势，这就要求必须将各扶贫主体进行关联，强化主体监督，以构建贫困人口的权利救济机制。在旅游扶贫过程中，政府对市场力量、社区居民对政府和市场行为、社会组织对市场和政府行为等都有监督的权责，各扶贫主体要以贫困人口权益为中心，构建互相监督的组织与行为规范。设立投诉平台和批评反馈平台，及时收集群众维权信息，发挥村委会、农业合作社、扶贫基金会等社会组织力量，促进各主体冲突的调解，尤其要强化各级人民法院在旅游扶贫权益纠纷中的终端判决功能，构建诉讼解决机制，为贫困人口提供和解、调解、仲裁、行政复议、行政诉讼等多元权利救济途径。

（三）贫困人口的能力培养机制

旅游扶贫强调通过最初的外部帮扶实现贫困人口自我发展能力的增强，并以此形成内生的发展机制，这是一种"造血式"的扶贫方式。由此可见，民族地区实现旅游扶贫最终目的的必要条件是贫困人口必须具备一定的自我发展能力，能够逐渐脱离外部帮扶，实现自主脱贫。因此，构建贫困人口的能力培养机制尤为重要。

第一，要明确社区居民发展能力的内容。农民发展能力由3大部分构成，即内力（体力、脑力、心智等自身能力）、外力（自然资源环境、社会经济条件、政治法律环境、竞争程度等）、综合能力（劳动技能、经营方式、赚钱能力等）。笔者从内部因素出发，以"了解学习旅游扶贫—参与执行旅游扶贫—自主创新决策脱贫"为基本思路，将贫困人口的自我发展能力分为基础发展能力、意识判断能力、自主学习能力、参与执行能力、决策创新能力5个方面，其具体内涵如表6-2所示。

表6-2 旅游扶贫中贫困人口自我发展能力的内容

基础发展能力	家庭人口、文化程度、劳动力人数、健康状况、必要开支等
意识判断能力	对扶贫政策的了解、对旅游业的了解、对旅游扶贫优势的了解等
自主学习能力	学习意识与热情、家庭学习费用支出、获取旅游扶贫相关信息的渠道等
参与执行能力	旅游"六要素"基本服务技能、农业养殖技术、交际与沟通能力等
决策创新能力	投资创业能力、经营管理能力、引领与带动能力、自主创新意识等

第二，要完善贫困人口发展能力的培养路径。在旅游扶贫之初，扶贫主体需要对各贫困户的基础发展能力进行调查，登记在册并进行具有针对性的能力培养：一方面要强化贫困人口的旅游扶贫意识，可联合社会组织、企业、政府的力量，通过村委会的民主会议、报刊、信息公示、广播等方式对贫困人口进行扶贫政策讲解、旅游行业介绍、民族地区旅游发展趋势说明等，让其明白旅游与扶贫之间的关系，提高其对旅游扶贫的认识和参与意识。同时，完善村图书馆、村文化中心、村信息宣传系统等基础文化设施建设，丰富村民文化生活，提高其自主学习能力。另一方面，在打好旅游扶贫的思想基础后，要提高社区居民对旅游扶贫的参与执行能力。根据各民族地区旅游基础条件的不同，对贫困人口参与"食、住、行、游、购、娱"等基本旅游服务活动的能力进行培养，要联合旅游企业、高校、培训单位等，通过讲解、模拟、比赛等方式引导贫困人口学习掌握旅游服务知识和技能。此外，针对部分有创新创业意识的农户，扶贫主体要为其提供必要的引导，根据其创业内容，成立技术帮扶小组，提高贫困人口的农业养殖技术、工艺制造技术、交际与沟通能力等，确保

贫困人口创新创业项目能够在扶贫主体的孵化中健康发展。

(四) 贫困社区的利益分配机制

1. 第一次分配

旅游效益的第一次分配是指旅游收入按照一定的规则，通过一定的途径直接流向不同的利益相关者的过程。公平分配应该从第一次分配开始。旅游开发激活了民族地区的市场经济，政府、企业、社区、居民等众多利益相关者参与其中，旅游效益正是在这个过程中实现流转，最终实现民族地区发展和贫困人口脱贫。社区居民获取第一次分配效益的途径主要有以下3点：一是直接或间接参与旅游经营，如提供食宿服务、为旅游企业工作、为游客提供相关消费品等；二是产权转让，即居民通过流转和租赁的方式，将自己的土地、房屋或社区共有的池塘、树林等资源提供给旅游开发商，以此获得相应的租金补偿或以入股的形式定期分得股利；三是其他股金收益，社区居民除了以土地、房屋、公共资源等入股获利之外，还可通过集资入股等方式投资兴建酒店和景点、开展农业或手工业生产活动等，获取经营收益。由此可见，第一次分配是决定旅游扶贫效益的关键，政府部门和旅游企业要在相互协调的基础上，以"人本"和"公平"为基本原则，积极引导更多社区居民参与旅游开发活动。政府部门要将旅游扶贫过程中贫困人口的参与率制度化、指标化，可适当降低旅游企业的税率，减轻企业负担，通过政策引导和监管使更多旅游收入流向贫困人口。旅游企业要加强社会责任感，引导社区居民参与旅游活动，为贫困人口提供更多就业机会，通过优先聘用、签订农产品订购合同等方式让更多的贫困人口参与旅游活动，参与第一次利益分配，以此提高旅游扶贫效率。

2. 第二次分配

一般情况下，社区居民参与旅游利益分配还存在简单劳动无法获得高收入、劳动协调度差易引发恶性竞争、土地补偿机制存在缺陷等问题。旅游收益的第一次分配能够起到扶贫助困的作用，但是并不能实现全面覆盖和完全公平。因此，有必要通过二次分配来缓解分配不均衡问题。第二次分配的形式包含3个方面：其一指企业对社区的基础设施建设、文化保护等方面的支出；其二指政府对社区旅游发展的支出；其三指村委会在获得企业支付的管理费之后的支出。第二次分配的具体内容和目的应主要包含4个方面：第一，二次分配用于旅游地生态补偿。随着旅游的深入发展，旅游开发的负面效应也日益明显，可能会使地方资源和生态环境遭到破坏，而社区居民则是这种消极影响的直接承担者。因此，政府部门和相关企业有义务从旅游收入中抽出一定比例的收入用于维护旅游地的生态环境，并对社区或个人进行一定的补偿，以实现旅游的可持续发展。第二，二次分配用于旅游地基础设施建设。旅游开发后，贫困社区成为开发经营者、社区居民、游客的公共活动空间，无论从提高游客满意度的角度还是从旅游扶贫建设的角度，旅游开发主体都应该持续投入资金进行基础设施建设，以优化社区居民的生活环境。第三，二次分配用于提高旅游扶贫的辐射范围。由于社区居民的思想认识、家庭背景、个人能力等不同，旅游扶贫在实践中很难保证每个人都参与其中，为了防止地区贫富差距扩大，要投入一定的资金，用于未参与旅游开发群众的教育、引导和培训，或对特殊群体提供一定的生活补助，让每一个家庭都能够享受到旅游开发带来的红利。第四，二次分配用于减轻旅游企业负担。政府在对旅游企业征收税金时，要适当考虑企业在旅游扶贫中的贡献和企业的生存压力，对扶贫贡献大的企业给予税费减免、资金补偿等奖励，鼓励其在旅游扶贫中发挥模范带头作用。

三、后期：监管与退出

（一）旅游扶贫的动态考评机制

为了检验旅游扶贫效果，把握旅游扶贫运行的状态和结果，有必要对该过程进行绩效考评，这对测度和评价旅游扶贫绩效、强化旅游扶贫宏观管理、引导和规范旅游扶贫管理、完善旅游扶贫目标考核制度、促进旅游扶贫绩效协调统一等具有重要意义。一般来说，旅游扶贫的考评机制主要从组织与实施2个方面来入手。

1.旅游扶贫动态考评的组织过程

旅游扶贫的绩效考评是在旅游扶贫主管部门的策划组织下完成的。在此过程中，为了避免扶贫项目实施单位"自我测评"的不合理现象，要由政府主管部门牵头，引导非政府组织专家参与，成立包括旅游扶贫主体和扶贫对象的组织机构，在确定考评项目、制定实施办法、建立指标体系的基础上，联合扶贫各方成员组建考评工作组，专门负责具体的绩效考评工作。其具体流程图如6-8所示。

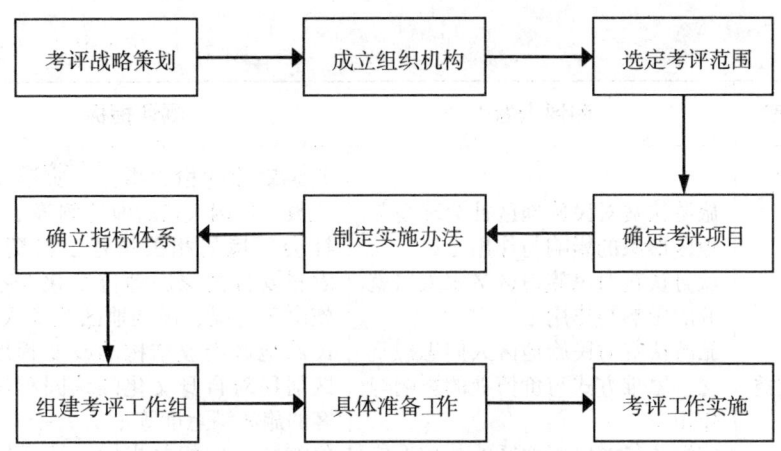

图 6-8 旅游扶贫动态考评的组织过程

在旅游扶贫动态考评的组织过程中，旅游扶贫绩效考评的指标体系是后续工作的准绳。目前，国内外主要从经济效益、环境效益、生态效益3个方面开展旅游扶贫绩效评价，笔者在综合前人研究成果的基础上，结合全域旅游对区域辐射、产业联动、主体协同等方面的要求，兼顾包容性旅游扶贫中不同民族地区或社区不同贫困人口的参与机会、参与权利、发展能力、成果共享等层面的现实要求，以贫困人口和民族地区发展为评价重点，遵循短期与长期结合、定量与定性结合、即时性与动态性结合等基本原则，构建了全域旅游视阈下广西民族地区包容性旅游扶贫绩效动态测评体系，如表6-3所示。

表6-3 全域旅游视阈下广西民族地区包容性旅游扶贫绩效动态测评体系

维　度	测评内容	测评指标
经济效益	旅游对民族地区经济整体增长、产业结构优化的作用； 旅游产业发展对民族地区相关产业的带动作用与影响； 民族地区人口因旅游发展而获得的收益和代价评估； 民族地区贫困人口的收益和代价评估	旅游产业业绩指标：旅游总收入、旅游外汇收入、旅游营业利润率、旅游投资收益率、旅游投资回收期、旅游投资风险等； 旅游产业的贡献指标：旅游产值占GDP比重、旅游税收、需求收入弹性、旅游乘数、旅游漏损等； 贫困人口受益指标：贫困人口的净收益、受益人口中贫困人口的比例、贫困人口中受益的比例等

续 表

维　度	测评内容	测评指标
社会效益	旅游扶贫对民族地区社会环境与地区形象的影响与作用； 旅游扶贫对民族地区贫困人口就业的影响与作用； 旅游扶贫对民族地区人们思想观念、思维方式与价值观的影响与作用； 旅游扶贫对民族地区的基础设施与生产、生活条件的改善程度； 旅游扶贫开发对民族地区文化的影响	旅游就业的相关指标：旅游总就业人数、贫困人口就业比例等； 社会环境的相关指标：投资环境、农村女性的家庭地位变化、基础设施改善情况、民族地区儿童入学率、民族地区产业结构的改变程度、社区居民对自身文化的认同程度、游客的旅游满意度等； 旅游社区的相关指标：社区居民对旅游开发的感知、社区参与度、贫困人口参与度、贫困人口参与能力、社区或地区获益的均衡性与公平性、社区生活方式的变化等
生态效益	旅游开发对区域生态环境的影响与作用； 旅游开发对社区生态环境的影响与作用； 旅游开发对社区居民生活环境的影响与作用	空气水体环境、绿化覆盖水平、自然人文景观保护状况、废弃物处理达标情况、声光环境、基础设施的改善情况等

2. 旅游扶贫动态考评的实施过程

在旅游扶贫绩效考评的实施阶段，首先要由考评工作组向相关方下发考评通知，根据指标体系收集来自贫困农户、贫困社区、民族地区政府部门、旅游企业、非政府组织等的旅游扶贫绩效数据，这个过程要在多方共同参与、共同监督下完成。通过一定的方法，将统计数据量化，计算民族地区的考评结果，并通过实证分析验证结果的准确性，随后根据数据结果进行深层次对比分析，撰写考评报告，形成一个初步的考评结果。在通过上级验收确认后，要对此次考评工作进行总结，分析旅游扶贫的进展情况和存在的问题。同时，由于旅游扶贫绩效受外部政策、旅游开发程度、社区参与程度等方面的影响呈现出动态变化的过程，因此还要将此次结果存档，收集在评价方法和评价指标等方面可能存在的修改意见，为下一次的考评做好准备，如图6-9所示。旅游扶贫并非一劳永逸，要结合时代背景和发展程度在考评上作动态调整，以保证考评结果的真实性和科学性。

第六章 全域旅游视阈下广西民族地区包容性旅游扶贫机制研究

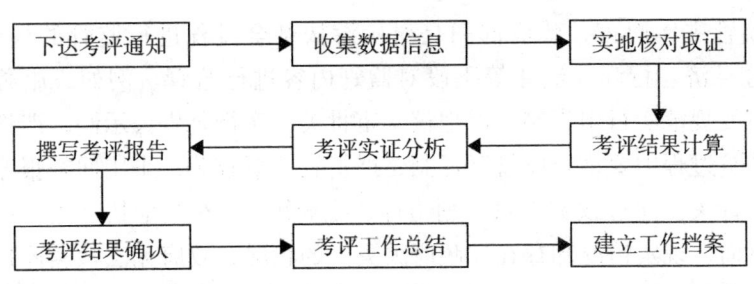

图 6-9　旅游扶贫动态考评的实施过程

（二）旅游扶贫的监督反馈机制

旅游扶贫是一项民生工程，而非政绩工程。我国旅游扶贫工作还存在着项目不合理、资金被挪用、贫困人口参与程度低等问题，究其原因是旅游扶贫相关监督反馈机制的缺失，扶贫主体、扶贫效果得不到监督与反馈，使部分旅游扶贫项目被当成政绩工程、增收工程。鉴于此，我国必须构建一套完整的旅游扶贫监督反馈机制，明确监管主体、监管内容、监管目标，在监督与反馈中实现对旅游扶贫工作的动态调控，使其保持高效运行。笔者以此为思路，构建了旅游扶贫的监督反馈机制，如图 6-10 所示。

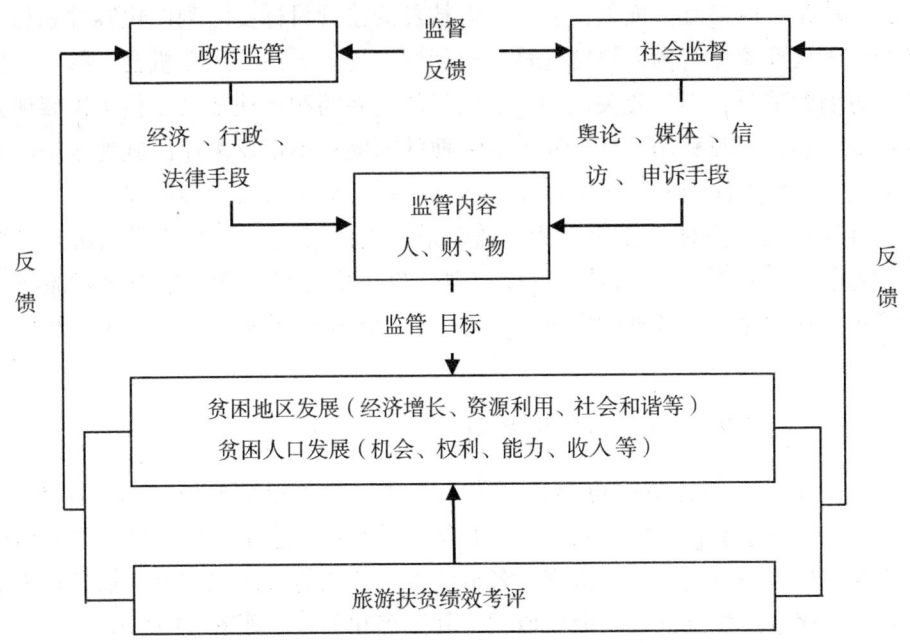

图 6-10　包容性旅游扶贫的监督反馈机制

就监管主体而言，政府部门是对旅游扶贫全过程进行监管的权威力量，主要通过经济、行政、法律等手段对监管内容进行监管。例如，旅游扶贫初期，政府要规范实行申报制，严把核实审批关；实行公告公示制，严把公开透明关；扶贫过程中要推行监管责任制，严把勤政廉政关；采用回补报账制，严把监督审计关。通过权威力量"划指标、定规矩"，对其他扶贫主体进行监督管控。然而，现实情况却存在"政府失灵"的状况，政府无法核实监督内容结果的真实性和可靠性，这就需要引入社会力量对政府存在的弊病进行弥补，通过社会监督使旅游扶贫的监督反馈体系更为科学完善。值得注意的是，这里所说的"社会力量"是相对于政府力量而言的，主要包括企业、社会组织、贫困居民、普通大众等，他们主要通过舆论、媒体、信访、申诉等手段对旅游扶贫过程中出现的不公正、不合理、贪腐等现象进行监督和检举。对此，政府要搭建相应的沟通反馈平台，实现旅游扶贫的全方位监管，并促成政府和社会力量的相互监督与反馈。

就监管内容而言，综合前人研究成果，民族地区旅游扶贫的监管内容主要可以概括为"人""财""物"3个方面："人"的方面主要关注旅游扶贫过程中贫困人口的参与机会、参与权利、参与能力、利益分配等问题，"财"主要是指对旅游扶贫资金的监管，"物"的方面主要是指对民族地区基础设施建设、环境条件改善等方面的监管。旅游扶贫的监管目标要时刻以包容性思想为指导，不仅要关注贫困人口的经济收益问题，还要关注他们在机会、权利、能力等方面的情况；不仅要关注某一贫困村的发展问题，还要关注整个民族地区在产业结构、资源利用、社会和谐等方面的问题；不仅要关注民族地区旅游发展问题，还要关注因此带来的环境问题和生活环境是否改善等问题。

在明确监管主体、监管目标、监管措施的基础上，民族地区旅游扶贫要根据监管过程中的反馈结果、目标实现结果、扶贫绩效考评情况等对旅游扶贫管理过程中存在的各种问题进行总结，及时反馈给监管主体，以进行相应的调控。

（三）旅游扶贫的有序退出机制

扶贫是动态的，贫困也不是一成不变的，为了保证旅游扶贫的精准性，避免扶贫资源浪费在已脱贫农户上，必须通过客观的退出标准和科学的退出程序使脱贫户有序退出。综合国家、各地政策文件和前人研究成果，笔者对旅游扶贫的有序退出机制进行了简要概括，其流程和关系如图6-11所示。

第六章　全域旅游视阈下广西民族地区包容性旅游扶贫机制研究

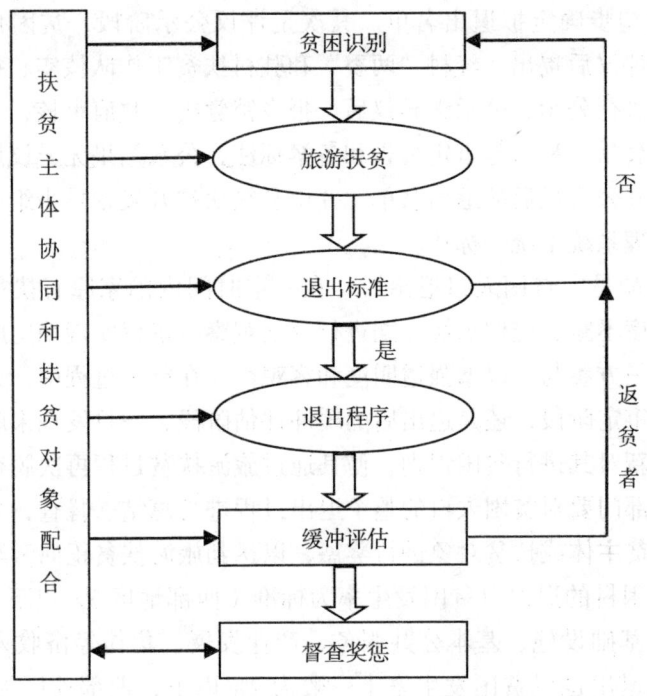

图 6-11　旅游扶贫的有序退出机制

　　旅游扶贫的有序退出机制好比化学实验里的过滤过程，旅游扶贫场域是"盛装"贫困人口的"漏斗"，贫困退出标准则是安装在漏斗内的"滤纸"，退出程序则是"滤液"流向"烧杯"的"管道"。其中的任何一个步骤都是在旅游扶贫主体的协同以及扶贫对象的配合下完成的，他们的协同合作就是支撑整套"过滤"仪器的"铁架台"。

　　通过前面确立的贫困识别标准，可以确定将要帮扶的对象，这些帮扶对象在不同模式的旅游扶贫过程中逐渐实现家庭经济状况、生存环境等方面的改善，最终实现脱贫目标。要想将已经实现脱贫的对象识别出来，必须建立一套动态退出标准。一般来说，贫困人口退出以户为单位，主要衡量标准是该户年人均纯收入稳定，超过国家扶贫标准，且吃穿不愁，义务教育、基本医疗和住房安全有保障。其具体标准和贫困识别标准类似，但一定要参考当地的 GDP 规模、农民人均收入水平、地方财政收入等多个指标，对具体标准进行动态调整。

　　贫困人口退出程序方面具体做好以下几点：首先要按照退出标准对各贫困户进行入户核查，通过贫困户主动上报和村民反馈确定其各项退出标准符合情况，以此初步确定拟退出名单。其次是评议公示阶段，贫困户由村"两委"组织民主评议后提出，经村"两委"和驻村扶贫工作队核实、拟退出户认可后，在村内进行公示，公示无异议后，报乡镇党委、政府审核，并将审核意见在村内进行公示。最后是审定公告和备案标注，公示结果无异议后，乡镇党委、政府审定并公告最后的退出名单，并由县级扶贫开发领导小组办公室在扶贫开发信息管理系统中统一标注。

值得注意的是，贫困人口退出后，在一定时间内国家原有扶贫政策保持不变，支持力度不减，应留出缓冲期进行评估观察，确保实现稳定脱贫。评估过程可引入第三方参与，以增强透明度和客观性。在整个过程中，无论是按照退出标准进行审定阶段，还是退出后的缓冲评估阶段，一旦发现未脱贫者或返贫者，都要重新对其进行贫困识别，使其通过旅游扶贫过程再次脱贫。缓冲阶段过后，相关部门要对贫困人口的整个退出过程进行总结、督查，并按照计划实现情况对扶贫主体或扶贫对象进行奖惩，以达到旅游扶贫正向激励的目的。

此外，贫困村的退出以贫困发生率为标准（西部地区3%以下），同时要统筹考虑村内基础设施、基本公共服务、产业发展、集体经济收入等综合因素。贫困县的退出也以贫困发生率（一般为2%以下，西部地区为3%以下）为衡量标准，通过上层的逐级核查、评议和公示，最终对符合退出条件的村、县，由上级政府正式批准退出。

第五节　全域旅游视阈下广西民族地区包容性旅游扶贫的保障体系

全域旅游视阈下广西民族地区包容性旅游扶贫机制涉及面广、参与主体多、过程复杂且旷日持久，因此应建立相应的保障体系，保障其可持续发展。为此，笔者构建了全域旅游视阈下广西民族地区包容性旅游扶贫的保障体系，主要包括政策保障、组织保障、金融保障、人才保障、教育保障等方面，以此保证全域旅游视阈下广西民族地区包容性旅游扶贫各项机制的有效运行。

一、政策保障

政策是国家或地方政府的宏观意志体现和权威方向指引，旅游的综合性决定了旅游扶贫政策的复杂性，全域旅游视阈下包容性旅游扶贫目标的实现又决定了旅游扶贫政策的紧迫性。因此，政府必须从宏观、中观、微观层面建立科学全面的旅游扶贫政策体系，以保证旅游扶贫有法可依、有章可循。

从宏观层面来说，近年来，我国旅游扶贫政策正逐渐完善，力度逐渐加大。在原有最低生活保障制度的基础上，国家出台了一系列与旅游扶贫相关的政策，或在一些重要文件中对旅游扶贫作出了指示和部署，如表6-4所示。

表6-4　2014—2018年我国主要旅游扶贫政策

时　间	部　门	文件名	主要内容
2014.08	国务院	《关于促进旅游业改革发展的若干意见》	大力发展乡村旅游，规范乡村旅游规划建设，推进精准旅游扶贫
2015.08	国务院	《关于进一步促进旅游投资和消费的若干意见》	实施乡村旅游提升计划，大力推进乡村旅游扶贫
2015.11	国土资源部、住房和城乡建设部等部门	《关于支持旅游业发展用地政策的意见》	保障旅游业发展用地供应，明确旅游新业态用地政策，加强旅游业用地服务监管
2016.01	中共中央国务院	《关于落实发展新理念加快农业现代化 实现全面小康目标的若干意见》	大力发展休闲农业和乡村旅游，对农村旅游规划、文化保护、土地利用等作出了重要指示
2016.03	中国人民银行发改委等7部委	《关于金融助推脱贫攻坚的实施意见》	各金融机构要立足贫困地区资源禀赋和产业特色，精准对接特色产业、重点项目和重点地区等领域金融服务需求
2016.09	发改委、国土资源等12部门	《乡村旅游扶贫工程行动方案》	五大任务（扶贫规划、基础设施建设、乡村旅游产品、旅游宣传营销、扶贫人才培训）；八项行动（环境综合整治、公益旅游规划、旅游后备箱和电商推进、万企万村帮扶、扶贫模式创新推广、扶贫人才素质提升等）
2016.12	国务院	《"十三五"脱贫攻坚规划》	在产业发展脱贫的规划中，提出了旅游扶贫的详细措施

续表

时 间	部 门	文件名	主要内容
2017.01	国务院	《关于深入推进农业供给侧结构性改革 加快培育农业农村发展新动能的若干意见》	大力发展乡村休闲旅游产业，扎实推进脱贫攻坚
2017.05	财政部、农业农村部	《关于深入推进农业领域政府和社会资本合作的实施意见》	将农业田园综合体作为聚焦重点，推进农业领域PPP工作
2017.05	农业农村部办公厅	《关于推动落实休闲农业和乡村旅游发展政策的通知》	旨在促进引导休闲农业和乡村旅游持续健康发展，加快培育农业农村经济发展新动能，壮大新产业、新业态、新模式，推进农村一、二、三产业融合发展
2017.06	农业农村部办公厅、中国农业发展银行办公室	《关于政策性金融支持农村一二三产业融合发展的通知》	支持农业多种功能开发，增加农村产业融合发展拓展力，加大力度支持民族地区农业绿色生态功能开发
2018.02	国务院	《关于实施乡村振兴战略的意见》	提升农业发展质量；打好精准脱贫攻坚战；实施乡村振兴计划
2018.02	国家旅游局	《关于进一步做好当前旅游扶贫工作的通知》	进一步做好当前旅游扶贫工作，细化分工责任，精准脱贫机制，创新帮扶举措，加强政策衔接，丰富宣传手段
2018.06	发展改革委、财政部等5部委	《"三区三州"等深度贫困地区旅游基础设施改造升级行动计划（2018—2020年）》	进一步加强三区三州等深度贫困地区旅游基础设施和公共服务设施建设，推进旅游业发展，促进民族交往交流交融和脱贫致富
2018.11	文化和旅游部等17部门	《关于促进乡村旅游可持续发展的指导意见》	实施乡村旅游精品工程，推动乡村旅游提质增效，促进乡村旅游可持续发展，培育农村发展新动能

目前我国出台的旅游扶贫政策大多属于宏观的意见性和试验性政策，需要在涉及广度和精细化程度上进行提升，特别是对旅游用地支持、金融支持、

产业联动等方面，需要出台更为详细的法律法规或政策文件。

从中观层面来说，各级政府部门要严格按照党中央关于开展旅游扶贫的要求，吃透政策，摸清底数，找准扶贫工作的重点、难点和关键点，增强工作的针对性；在全域旅游和包容性发展的相关要求下，重点研究区域产业结构调整、产业联动、资源整合等问题，切实解决旅游扶贫工作中的资金、土地、人才和信息等制约因素，建立旅游扶贫示范制度，强化其辐射带动作用。

从微观层面来说，各扶贫主体要在包容性旅游扶贫的目标和任务上达成共识，制定一系列的行动规范、管理制度；落实旅游扶贫责任制度，施行"谁领导谁负责"，明确各主体、组织机构及各成员的权责；落实旅游扶贫例会制度，定期反馈讨论旅游扶贫中的相关问题，通过各主体的沟通与协调，寻求解决方案；落实监督奖惩制度，搭建监督平台并将监督途径制度化，在旅游扶贫的贫困识别和绩效考评时施行第三方参与制度，对旅游扶贫绩效进行客观评价，并根据目标达成情况建立奖惩制度。

二、组织保障

广西民族地区贫困面大、贫困人口多、贫困程度深，旅游扶贫任务十分艰巨，要在短时间内实现旅游脱贫，必须有坚强的组织保障和科学的协调配合。广西民族地区旅游扶贫组织体系的构建必须坚持以县（镇）党委为核心、以村（组）党支部为基础、以产业协会和社会组织等为补充的原则，可实行"支部＋协会＋基地＋贫困户"的"一核多元"组织模式。

首先，广西民族地区旅游扶贫组织体系的构建要以县为单位成立旅游扶贫领导小组，统筹各乡（镇）的旅游扶贫工作。各贫困乡（镇）要建立旅游扶贫工作站，可由乡（镇）党委分管领导兼任站长，并做到有固定机构编制、固定工作人员、固定办公场所、固定工作经费4个固定。各村级党支部是旅游扶贫的基础力量，要做到对贫困村的全面覆盖，做好相关人员的培训工作，通过激励机制调动基层干部主动参与旅游扶贫的热情，由村支书主要负责和领导本村的旅游扶贫工作，壮大基层扶贫力量，自上而下形成完整高效的党组织领导体系。

其次，广西民族地区旅游扶贫组织体系的构建要重视其他扶贫主体的重要作用，通过整合市场力量和社会力量，形成多元的旅游扶贫组织。各旅游企业、旅游研究机构、非政府组织等可成立旅游扶贫协会建立会议制度和监督反馈机制，总结旅游扶贫中的问题、难点，探讨旅游扶贫的实施方案，协助政府部门完成旅游扶贫的战略部署、政策制定、规划实施和评价反馈工作。

最后，广西民族地区旅游扶贫组织体系的构建还可以村或片区为单位，集结优秀村干部、贫困人口中的致富能手、旅游企业中的带头人、社会组织中的专家学者等，依托当地特色旅游产业，成立产业基地，充分发挥其先锋模范和辐射带动作用，吸引其他贫困户参与学习，或专门为特定贫困村、贫困户制订旅游脱贫计划，使之成为旅游扶贫过程中亲民、针对性强、精度和效益高的组织力量。

三、金融保障

旅游扶贫是精准扶贫的主要形式，是实现贫困人口由"输血式"到"造血式"转变的根本举措，是落后地区能否脱贫致富的关键。要在旅游开发过程中实现脱贫必须依托旅游企业等，以产业和基础设施的构建为前提。因此，笔者认为，旅游扶贫过程中的金融保障可从旅游企业、贫困人口2个方面进行概括。

对旅游企业而言，减轻企业金融压力、拓展融资渠道、保证资金充足是其生存的关键，这将直接影响旅游扶贫"引擎"是否具备足够的驱动力。在投融资方面，政府要加强引导和政策支持，建立面向民族地区的旅游产业信用担保体系，加大各类信用担保体系对民族地区旅游企业、旅游项目、扶贫旅游企业的担保力度，并培养一批专门面向中小型和微型旅游企业的信用担保机构，降低旅游企业的信贷门槛；还应创新投融资体制，搭建专门的旅游扶贫投融资平台；在税费方面，要根据旅游企业规模、性质等，对中小型、微型旅游企业，或持有重大旅游项目的企业、旅游扶贫效益高的企业实施税费减免优惠政策或税收返还政策，这样可以提高旅游企业扶贫积极性，也可增强企业的生存能力和发展能力；还可以设立专门的旅游扶贫基金，用以扶持旅游企业和扶贫项目的落地。

对贫困人口而言，政府要为其自身发展和旅游创业提供必要的金融支持。旅游发展催生了其关联产业的发展，这为更多村落或贫困户参与旅游扶贫创造了条件。针对一些从事特种种植业、养殖业或进行旅游服务创业的个人和家庭，政府要提供政策引导，鼓励金融机构为其提供小额贷款，并降低利率，减免相关税金，降低普通农民的创业门槛。另外，政府还可适度推进农地金融模式，即建立农地信用合作社，将集体土地、农民宅基地、农地、自留地等确权后存入合作社，通过资本化流转获取土地投资收益，或建立合作社，通过土地抵押的方式获得融资，这样既提高了农村土地的使用效率，又降低了贫困人口的金融风险。

四、人才保障

人才是社会经济发展的首要资源。旅游是新兴综合性产业，旅游扶贫涉及旅游规划、产品开发、市场营销、企业管理、人力资源、社会保障等多方面的专业知识，对专门人才需求较大、要求较高。然而，民族地区基层干部、农户等文化水平普遍偏低，难以满足旅游扶贫的需求，这已成为影响旅游扶贫绩效的重要因素。因此，必须建立科学的旅游扶贫人才保障体系，以确保旅游扶贫工作的高效运行。

旅游扶贫的人才保障应注意以下4点：第一，要明确旅游扶贫人才的发展定位、培养目标和缺口。旅游扶贫人才涉及面较广，既要有旅游专业人才，又要有经营管理、农业技术等专门人才，他们的职责是通过自身的引领和管理作用，带动地方旅游及相关产业健康发展，实现脱贫目标。各村镇要根据自身发展需求制定具有针对性的人才发展规划。第二，要创新人才输送模式，加大人才培养输送力度。广西旅游资源丰富，旅游发展较早，积累了一大批旅游人才，同时设有旅游相关专业的高校众多，可为旅游扶贫输送大量人才。各级政府要联动起来，出台激励措施，引导职业院校顺应旅游市场需求，深化旅游教育教学改革，依托自治区内有条件的高校及科研机构，通过校企合作、联合办学和订单培养等方式，为民族地区培养旅游人才。第三，善于挖掘本土旅游人才。在旅游扶贫过程中，要对扶贫能手、脱贫示范户等本土人才进行奖励，并通过宣传教育使其影响更多贫困人口。第四，完善人才引进和交流机制。民族地区条件艰苦，人才流动性较大，政府和旅游企业要增加人力资本投入，通过人才工程、支援计划、交流挂职等方式吸引优秀毕业生和专业人才到旅游扶贫地区就业，或通过交流学习其他地方优秀人才的扶贫治理经验，以开拓当地人员视野，提高其综合水平。

五、教育保障

旅游扶贫的教育保障主要针对扶贫基层工作者、旅游从业贫困人口及其子女3种群体。针对不同群体应采取不同的方式实现教育保障：首先，针对扶贫基层工作者，他们是旅游扶贫工作的主要执行力量，对其进行教育培训能够有效提升扶贫政策执行的精准性，对其实施人才培训计划。对于学历较低、有求学意愿、工作表现突出的基层工作者，政府可与自治区内外高校合作，实施继续教育计划，或面向民族地区村镇干部，建立旅游扶贫培训基地，加强对旅游扶贫村镇干部的轮训，加深其对旅游业、扶贫工作的认识，以达到增加知识储备和提高工作效率的目的，同时能对基层工作者起到正向的激励作用。其次，针对民族地区贫困人口，政府、企业、社会组织机构等应联合起来，为其提供相关培训教育服务。在旅游从业知识方面，社会组织、旅游院校、旅游企业要主动承担社会责任，通过宣讲、媒体宣传、活动示范等方式激发群众的学习热情，拓宽其知识面，使其掌握一定的旅游常识、旅游扶贫常识以及旅游服务技能等，以适应全域旅游对旅游服务全域化的要求。政府部门要号召各村委会成立学习中心，举行定期的学习与交流活动。此外，针对部分创业村民，政府部门要为其整合教育资源，开展农业种植技术、养殖技术、农产品加工技术、传统手工艺技术等专题培训活动，让农民在旅游扶贫中变被动为主动，具备自主发展能力。最后，教育是最根本的精准扶贫途径之一，政府部门要加大资金投入，完善民族地区教育基础设施，提高教育教学水平；可采取教育补偿的方式，通过设立旅游教育专项资金、志愿支教等方式，为民族地区教育发展积蓄能量。民族地区只有实现基础教育质量的提升，才能更好地推动旅游扶贫的发展，实现"让贫困家庭子女都能接受公平而有质量的教育""阻断贫困代际传递"的目标。

第七章 研究结论与展望

第一节 研究结论

广西壮族自治区作为我国5个少数民族自治区之一，其旅游业发展较早，全域旅游发展战略与思路已开始探索并不断推进，也得到了政府的高度重视与支持。但是由于发展基础、地域条件等因素的影响，地方社会经济发展不充分，部分地区虽有优质旅游资源却没能转换为旅游经济优势，尚未脱贫的人口较多。因此，结合包容性发展理论，在全域旅游发展战略的指引下，探索民族地区包容性旅游扶贫模式与机制，有助于推进全域旅游建设与旅游扶贫工作的协调发展，促进社会经济发展。本书通过对全域旅游视阈下广西民族地区包容性旅游扶贫模式与机制的系统研究，主要得出了以下重要结论。

第一，中国旅游扶贫的思想不是自然产生的，其源头可追溯至古代社会。随着中外旅游扶贫思想的演变与理论引进，马克思主义中国化的旅游扶贫思想日益成熟并引发学术界的高度关注。在此基础上，本书构建理论模型，从微观及宏观层面分别提出旅游扶贫精准化有助于推动旅游精准扶贫政策助力贫困人口减少及旅游扶贫可实现贫困、外援两区域经济增长的双命题。反观广西民族地区，其旅游业发展起步较早，随着旅游扶贫战略的持续性推进，历经概念提出、理论发展、现实实践和全面攻坚4个阶段。

第二，全域旅游发展视阈下广西民族地区包容性旅游扶贫的现实成效与主要问题并存。其成效体现在政府主导力度逐渐加大、扶贫对象识别更加精准、扶贫机制与模式逐步健全、扶贫综合效益与居民思想认识逐步提升。但因受到地域条件、发展基础、贫困人口基数大等因素的影响，旅游扶贫工作仍然存在扶贫发展意识缺乏、扶贫管理体制受限、基础设施建设薄弱、产业发展不均衡、高素质行业人才缺失等一系列问题。

第三，全域旅游视阈下广西民族地区包容性旅游扶贫发展受到多因素共同驱动的影响。通过综合运用理论遴选和专家咨询等方法，经过两轮筛选，最终确定了影响全域旅游视阈下广西民族地区包容性旅游扶贫模式与机制研究的 29 项驱动因素，如区域经济发展水平、旅游市场需求、旅游产业融合发展、旅游资源供给、资本资源、区域联动发展、社区发展牵引、利益共享驱动等。全域旅游视阈下广西民族地区包容性旅游扶贫的发展是推力、拉力、支持和中介 4 大系统共同作用的结果，并据此构建了包容性旅游扶贫的动力系统。该动力系统由推力、拉力、支持和中介 4 个子系统构成，其中推力系统包括区域经济发展水平、旅游市场需求等 10 个因素，拉力系统包括旅游资源供给、区位条件等 7 个因素，支持系统包括政府政策法规、人才资本和资本资源等 6 个因素，中介系统包括旅游企业、媒体传播等 6 个因素。这 4 大系统之间又是相互联系、相互作用的，共同推进广西民族地区包容性旅游扶贫发展。

第四，全域旅游视阈下广西民族地区包容性旅游扶贫模式可以从管理域、空间域、产业域和要素域 4 个维度进行构建。基于管理域视角，从政府引导建设型、社区参与发展型、社会帮扶推动型 3 个层面构建了利益相关者共建共享模式；基于空间域视角，从宏观层面的区域发展与片区旅游扶贫联动型、中观层面的县域特色旅游差异化助推型以及微观层面的镇域特色旅游项目帮扶带动型构建了空间区域联动发展模式；基于产业域视角，从"旅游＋民俗文化"带动发展型、"旅游＋节庆文化"带动发展型、"旅游＋新型乡村旅游"带动发展型、旅游产业链本土化发展型 4 个层面构建了产业带动发展模式；基于要素域视角，从 RTM 一体化发展型、人力资本推进型、互联网＋电商带动型、旅游新业态发展型 4 个层面构建了多点推进模式。

第五，全域旅游视阈下广西民族地区包容性旅游扶贫的典型案例地选择了龙胜各族自治县、三江侗族自治县和融水苗族自治县，笔者对案例地包容性旅游扶贫利益相关者进行了初步的界定与分类，主要的核心利益相关者是地方政府、旅游企业、贫困人口及旅游者；在此基础上进行了问卷调查，并对以上 4 类核心利益相关者进行了满意度分析，发现依旧存在主体权益保障稍弱、各主体利益分配不均、主体配合度较低及主体参与较片面的问题，继而提出包容性旅游扶贫模式在参与主体、发展目标、实现方式及运行机制 4 个方面的优化对策。

第六，全域旅游视阈下广西民族地区包容性旅游扶贫机制可以从理念体系、目标体系、过程体系和保障体系 4 个维度进行构建。基于协调统一、社区参与、因地制宜、包容性和可持续性等基本理念，形成了系统化的指导体系；从贫困人口发展、地区经济增长、资源价值实现、社会和谐稳定和生态环境保护层面构建了旅游扶贫的目标体系；从前期的规划与识别、中期的实施与参与、后期的监管与退出3个层面构建了旅游扶贫的过程体系；从政策保障、组织保障、金融保障、人才保障与教育保障5个方面构建了旅游扶贫的保障机制。

第二节 研究不足

由于受到研究能力、研究水平、研究时间等因素的制约，研究工作虽然取得了一定的成果，但还存在一些不足和需要进一步完善的地方。

第一，广西旅游业发展的不均衡性与民族地区的相对分散性、调研范围的广泛性以及数据样本来源的局限性等存在着矛盾。由于广西旅游业发展相对不均衡，地方经济基础薄弱，而且致贫因素复杂多样，各地区区域条件、资源状况、民族构成等方面存在差异，笔者难以全面、系统地掌握包容性扶贫的全部资料，只能掌握一些局部典型性较强区域的扶贫一手资料。因此，研究结论的现实基础显得有些薄弱，研究结论的普适性与代表性将受到一定的影响，日后尚需深入研究。

第二，全域旅游视阈下广西民族地区包容性旅游扶贫模式研究有限。结合广西全域旅游发展战略与民族地区包容性旅游扶贫的现状与问题，提出基于管理域、空间域、产业域和要素域4种不同视角的扶贫模式，由于受各方面因素的制约，模式构建过程中未能结合相关案例地进行具体深入的探讨，未能为模式设计绩效测评体系，以测量模式的实践效益，实施动态化的跟踪调查，为后续扶贫工作的优化提供可量化的参考依据。今后可进一步拓展探讨基于其他视角、其他类型的扶贫模式，为模式设计可测量的绩效评价体系，以进一步深化该领域的研究。

第三，全域旅游视阈下广西民族地区包容性旅游扶贫机制研究有待进一步深化。在机制研究部分，因各种条件的限制，仅从理念体系、目标体系、过程体系和保障体系4个维度进行了机制构建的论述，没有选择典型案例地对其开展实证研究，无法全面系统地反映全域旅游视阈下广西民族地区包容性旅游扶贫机制，同时，运用定性研究方法，无法量化扶贫机制的绩效。

第三节 研究展望

本书对全域旅游视阈下广西民族地区包容性旅游扶贫模式与机制进行了初步的探讨，构建了包容性旅游扶贫的驱动系统、扶贫模式以及扶贫机制。但是笔者今后还应该在以下3个方面进行深入探索：

第一，对全域旅游视阈下广西民族地区包容性旅游扶贫驱动系统的深入探讨。旅游扶贫是一个动态发展的过程，受内外部因素的影响比较明显，且不同地区致贫因素和旅游发展实际等也各有不同。本书所选取的因素非常有限，如果条件允许，可以进一步丰富和补充动力系统因子，对于不同类型贫困区域，也可以按类型提出更具针对性的动力系统；对驱动因素的选取和确定应采取主观与客观相结合的方法，以提高其科学性，并通过相关方法进一步分析各因素对包容性旅游扶贫发展的作用程度。此外，本书所确定的驱动因素中，由于大部分因素无法完全量化考评，因此需要研究一种有效的量化方法，以减小定性研究的主观差异。

第二，对全域旅游视阈下广西民族地区包容性旅游扶贫的全面、系统、动态的研究。在包容性旅游扶贫发展中，扶贫工作与政府政策、行业发展动态、居民意识等因素密切相关，包容性旅游扶贫发展历程将始终处于动态的发展状态，因此需采取长期、动态的跟踪调查研究，对于了解各地区旅游扶贫的现状、扶贫绩效、存在的问题以及今后的发展方向，更好地采取有针对性的措施具有重要意义。在动态视角、系统理论、全面研究方面，本书研究存在一定的不足。因此，如何用动态的视角，运用对比的分析方法，全面考察、系统梳理广西民族地区包容性旅游扶贫工作仍然是今后需要继续开展的工作。

第三，对广西民族地区包容性旅游扶贫工作的个案探讨以及扶贫可持续性的研究。在研究广西民族地区包容性旅游扶贫模式的基础上，笔者还应该结合典型事例，进行模式验证与优化研究，并对不同视角的模式进行对比分析。同时，在包容性旅游扶贫机制层面，也应该结合实际案例进行具体分析，并对驱动机制进行不断优化和完善，提高其科学性和有效性。旅游扶贫是一项长期的系统工程，涉及利益相关者多，事关旅游目的地的可持续发展，因此在今后的研究中要加强对旅游扶贫与旅游业可持续发展的相关研究，运用多学科的研究方法，以增强研究的理论指导性和实践操作性。

参考文献

[1] SPENCELEY A, HABYALIMANA S, TUSABE R, et al. Benefits to the poor from gorilla tourism in Rwanda[J].Development Southern Africa, 2010, 27（5）: 647-662.

[2] CROES R, RIVERA M A. Tourism's potential to benefit the poor: A social accounting matrix model applied to Ecuador[J].Tourism Economics, 2017, 23（1）: 29-48.

[3] BANERJEE O, CICOWIEZ M, GACHOT S. A quantitative framework for assessing public investment in tourism-An application to Haiti[J].Tourism Management, 2015, 51（DEC.）: 157-173.

[4] THOMAS F. Addressing the measurement of tourism in terms of poverty reduction: Tourism value chain analysis in Lao PDR and Mali[J].International Journal of Tourism Research, 2014, 16（4）: 368-376.

[5] CROES R, ROBERTICO M, VANEGAS, et al. Cointegration and causality between tourism and poverty reduction[J].Journal of Travel Research, 2008, 47（1）: 94-103.

[6] HARRIS R W. Tourism in Bario, Sarawak, Malaysia: A case study of pro-poor community-based tourism integrated into community development[J].Asia Pacific Journal of Tourism Research, 2009, 14（2）: 125-135.

[7] ANDREW LEPP. Residents' attitudes towards tourism in Bigodi village, Uganda[J].Tourism Management, 2007, 28（1）: 876-885.

[8] YANG X, HUNG K. Poverty alleviation via tourism cooperatives in China: the story of Yuhu[J].International Journal of Contemporary Hospitality Management, 2014, 26（6）: 879-906.

[9] MANWA H, MANWA F. Poverty alleviation through pro-poor tourism: The role of Botswana forest reserves[J].Sustainability, 2014, 6(9): 5697-5713.

[10] HADI M A, RODDIN R, RAZZAQ A. Poverty eradication through vocational education (tourism) among indigenous people communities in Malaysia: Pro-Poor Tourism Approach (PPT)[J].Procedia-Social and Behavioral Sciences, 2013, 93(1): 1840-1844.

[11] PILLAY M, ROGERSON C M. Agriculture-tourism linkages and pro-poor impacts: The accommodation sector of urban coastal KwaZulu-Natal, South Africa[J].Applied Geography, 2013(36): 49-58.

[12] LAPEYRE R. Community-based tourism as a sustainable solution to maximise impacts locally? The Tsiseb Conservancy case, Namibia[J].Development Southern Africa, 2010, 27(5): 757-772.

[13] SCHEYVENS R, RUSSELL M. Tourism and poverty alleviation in Fiji: Comparing the impacts of small-and large-scale tourism enterprises[J]. Journal of Sustainable Tourism, 2012, 20(3): 417-436.

[14] MEKAWY M A. Responsible slum tourism: Egyptian experience[J].Annals of Tourism Research, 2012, 39(4): 2092-2113.

[15] PHOMMAVONG S, SÖRENSSON E. Ethnic tourism in Lao PDR: Gendered divisions of labour in community-based tourism for poverty reduction[J]. Current issues in tourism, 2014, 17(4): 350-362.

[16] KWARAMBA H M, LOVETT J C, LOUW L, et al. Emotional confidence levels and success of tourism development for poverty reduction: The South African Kwam eMakana home-stay project[J].Tourism Management, 2012, 33(4): 885-894.

[17] AKYEAMPONG O A. Pro-poor tourism: residents' expectations, experiences and perceptions in the Kakum National Park Area of Ghana[J].Journal of Sustainable Tourism, 2011, 19(2): 197-213.

[18] TRUONG V D, HALL C M, GARRY T. Tourism and poverty alleviation: Perceptions and experiences of poor people in Sapa, Vietnam[J].Journal of Sustainable Tourism, 2014, 22(7): 1071-1089.

[19] SCHEYVENS R, MOMSEN J H, et al. Tourism and poverty reduction: Issues

for small Island states[J].Tourism Geographies, 2008, 10（1）: 22-41.

[20] ZAPATA M J, HALL C M, LINDA P, et al. Can community-based tourism contribute to development and poverty alleviation? Lessons from Nicaragua[J].Current Issues in Tourism, 2011, 14（8）: 725-749.

[21] KING R, DINKOSUNG S. BAN PA-AO, pro-poor tourism and uneven development[J].Tourism Geographies, 2014, 16（4）: 687-703.

[22] BUTLER R, CURRAN R, O'GORMAN K D. Pro-poor tourism in a first world urban setting: Case study of Glasgow Govan[J].International Journal of Tourism Research, 2013, 15（5）: 443-457.

[23] GASCON J. Pro-poor tourism as a strategy to fight rural poverty: A critique[J].Journal of Agrarian Change, 2015, 15（4）: 499-518.

[24] MAHADEVAN R, AMIR H, NUGROHO A. How pro-poor and income equitable are tourism taxation policies in a developing country? Evidence from a Computable General Equilibrium Model[J].Journal of Tourism Research, 2017, 56（3）: 334-346.

[25] JOÃO S. Poverty alleviation through tourism development: A comprehensive and integrated approach[J].Annals of Tourism Research, 2016, 60（3）: 169-187.

[26] 李安秋.全域旅游视角下城口县"旅游+"扶贫模式探析[J].绿色科技, 2016（23）: 133-134, 152.

[27] 朱宝莉, 刘晓鹰.精准扶贫视域下的民族地区全域旅游: 经验和思考: 以贵州黎平为例[J].社会科学家, 2018（2）: 104-109.

[28] 文传浩, 许芯萍.流域绿色发展、精准扶贫与全域旅游融合发展的理论框架[J].陕西师范大学学报（哲学社会科学版）, 2018, 47（6）: 39-46.

[29] 沈涛, 朱勇生, 吴建国.基于包容性绿色发展视域的云南边疆民族地区旅游扶贫路径转向研究[J].云南民族大学学报（哲学社会科学版）, 2016, 33（5）: 124-129.

[30] 徐虹, 王彩彩.包容性发展视域下乡村旅游脱贫致富机制研究: 陕西省袁家村的案例启示[J].经济问题探索, 2019（6）: 59-70.

[31] 李敏, 张凤华, 李荣.安庆市旅游扶贫模式研究[J].宿州学院学报, 2017, 32（2）: 38-44.

[32] 李佳, 成升魁, 马金刚, 等. 基于县域要素的三江源地区旅游扶贫模式探讨[J]. 资源科学, 2009, 31 (11): 1818-1824.

[33] 黄继元. 民族生态文化村旅游扶贫开发模式研究: 以石林县大糯黑阿诗玛民族生态文化村规划为例[J]. 昆明大学学报, 2008, 19 (2): 10-14.

[34] 王东琴, 李伟, 岳洁. 云南传统农耕文明区旅游扶贫模式研究: 以大理州巍山县为例[J]. 世界地理研究, 2020, 29 (1): 214-222.

[35] 陈友华. 我国旅游扶贫模式转型升级新思路[J]. 资源开发与市场, 2014, 30 (6): 717-721.

[36] 张军, 蒋黄蓁苑, 时朋飞. 美丽乡村视域下的旅游扶贫模式与效应研究: 以湖北省十堰市张湾区为例[J]. 湖北社会科学, 2017 (6): 60-68, 115.

[37] 李志勇. 欠发达地区旅游扶贫战略的双重性与模式创新[J]. 现代经济探讨, 2013 (2): 37-41.

[38] 黄国庆. 连片特困地区旅游扶贫模式研究[J]. 求索, 2013 (5): 253-255.

[39] 詹雯, 孙盼盼. 旅游扶贫应注重综合效益[N]. 中国旅游报, 2016-08-19 (3).

[40] 焦克源, 杨建花. 基于AHP-熵权法的民族地区旅游扶贫效益评估研究: 以甘南藏族自治州为例[J]. 农林经济管理学报, 2017, 16 (2): 133-143.

[41] 刘兆隆, 范雪白, 杨清灵, 等. 乡村旅游对精准扶贫的效益研究: 基于居民幸福感视角[J]. 中国商论, 2017 (12): 29-36.

[42] 粟娟. 武陵源旅游扶贫效益测评及其优化[J]. 商业研究, 2009 (9): 205-208.

[43] 覃峭. 民营旅游经济扶贫效益评价: 以广西南宁市郊扬美古镇为例[D]. 南宁: 广西大学, 2008.

[44] 陆军. 广西集中连片特困民族地区旅游扶贫效益评估[N]. 中国民族报, 2016-01-22 (6).

[45] 刘卉. 车溪景区旅游扶贫效益的空间差异研究[D]. 武汉: 华中师范大学, 2011.

[46] 李刚, 徐虹. 影响我国可持续旅游扶贫效益的因子分析[J]. 旅游学刊, 2006, 21 (9): 64-69.

[47] 何琼峰, 宁志中. 乡村旅游扶贫中农户参与的影响因素与内在机理: 基于扎根理论的湖南凤凰县案例研究[J]. 中国农业资源与区划, 2019, 40 (1): 1-10.

[48] 陈超凡, 王赟. 连片特困区旅游扶贫效率评价及影响因素: 来自罗霄山片区的

经验证据[J].经济地理,2020,40(1):226-233.

[49] 漆明亮,李春艳.旅游扶贫中的社区参与及其意义[J].中国水运(学术版),2007,7(6):212-213.

[50] 何玲姬,李庆雷,明庆忠.旅游扶贫与社区协同发展模式研究:以云南罗平多依河景区为例[J].热带地理,2007,27(4):375-378,384.

[51] 柳帅.古村落旅游扶贫社区参与路径评价:以后沟为例[C].中国地理学会经济地理学专业委员会.2016第六届海峡两岸经济地理学研讨会摘要集.福州:中国地理学会经济地理学专业委员会,2016:151.

[52] 陈青青.社区参与旅游扶贫研究[J].新西部(理论版),2014(20):13-14.

[53] 田润乾.基于旅游扶贫的社区参与研究[D].开封:河南大学,2010.

[54] 李燕琴.旅游扶贫中社区居民态度的分异与主要矛盾:以中俄边境村落室韦为例[J].地理研究,2011,30(11):2030-2042.

[55] 王兆峰,向秋霜.基于MOA模型的武陵山区社区居民参与旅游扶贫研究[J].中央民族大学学报(哲学社会科学版),2017,44(6):94-102.

[56] 徐莉,马阳,孙艳.旅游扶贫背景下民族社区治理的多元权力结构探究[J].西南民族大学学报(人文社科版),2018,39(10):198-202.

[57] 杨颖.旅游扶贫的机会成本[D].大连:东北财经大学,2003.

[58] 李燕琴.旅游扶贫村寨社区压力应对的ABCD-X模式:以中俄边境村落室韦为例[J].旅游学刊,2015,30(11):40-50.

[59] 邓小海,曾亮,罗明义.产业链域下旅游扶贫问题诊断及对策研究[J].当代经济管理,2014,36(11):56-59.

[60] 李莉.重庆旅游扶贫问题及提升对策研究[J].现代商贸工业,2013(18):49-50.

[61] 杨阿莉,把多勋.民族地区社区参与式旅游扶贫机制的构建:以甘肃省甘南藏族自治州为例[J].内蒙古社会科学(汉文版),2012,33(5):131-136.

[62] 乌兰,刘伟民.内蒙古民族地区旅游扶贫效率评价及优化对策研究[J].广西民族大学学报(哲学社会科学版),2018,40(6):15-21.

[63] 马超骏.井冈山旅游扶贫研究[D].南昌:江西师范大学,2013.

[64] 邓小海.旅游精准扶贫研究[D].昆明:云南大学,2015.

[65] 任保平,王新建.论包容性发展理念的生成[J].马克思主义研究,2012(11):

78-86.

[66] 高传胜. 论包容性发展的理论内核[J]. 南京大学学报（哲学·人文科学·社会科学版）, 2012（1）: 32-39.

[67] 王超, 王志章. 我国包容性旅游发展模式研究：基于印度旅游扶贫的启示[J]. 四川师范大学学报（社会科学版）, 2013, 40（5）: 65-69.

[68] 李金早. 全域旅游大有可为[EB/OL].（2016-02-08）[2022-06-10]. http://www.cnta.gov.cn/ztwz/zghy/hydt/201602/t20160208-760166.shtml.

[69] 曾博伟. 全域旅游发展观与新时期旅游业发展[J]. 旅游学刊, 2016, 31（12）: 13-15.

[70] 刘家明. 创建全域旅游的背景、误区与抓手[J]. 旅游学刊, 2016, 31（12）: 7-9.

[71] 王衍用. 全域旅游需要全新思维[J]. 旅游学刊, 2016, 31（12）: 9-11.

[72] 黄渊基. 少数民族地区旅游扶贫研究[D]. 长沙：湖南农业大学, 2017.

[73] 郝涛. 习近平扶贫思想研究[D]. 长沙：湖南大学, 2017.

[74] 冯邦彦, 李胜会. 结构主义区域经济发展理论研究综述[J]. 经济经纬, 2006（5）: 54-56.

[75] 奥肯. 平等与效率：重大的抉择[M]. 王奔洲, 译. 北京：华夏出版社, 1987.

[76] 托达罗. 经济发展与第三世界[M]. 印金强, 赵荣美, 译. 北京：中国经济出版社, 1992.

[77] 周怡. 社会情境理论：贫困现象的另一种解释[J]. 社会科学, 2007（10）: 56-62.

[78] 中共中央马克思、恩格斯、列宁、斯大林著作编译局. 马克思恩格斯全集[M]. 北京：人民出版社, 1980.

[79] 陈蔚然. 马尔萨斯人口思想中"恒常趋势"和"两种抑制"的研究[D]. 北京：清华大学, 2004.

[80] 中共中央文献编辑委员会. 邓小平文选：第3卷[M]. 北京：人民出版社, 1993.

[81] 李志平, 杨江帆. 胡锦涛农村扶贫思想论析[J]. 山西农业大学学报（社会科学版）, 2014, 13（1）: 1-4, 27.

[82] 高舜礼. 对旅游扶贫的初步探讨[J]. 中国行政管理, 1997（7）: 22-24.

[83] 王铁. 规划而非开发：对旅游扶贫规划中的几个问题的探讨[J]. 旅游学刊, 2008（9）: 7-8.

[84] 张莉, 邵俭福. 精准扶贫视角下发展乡村旅游的意义、困境及路径探究[J]. 农业经济, 2019（3）: 30-32.

[85] 蒋永穆. 基于社会主要矛盾变化的乡村振兴战略: 内涵及路径[J]. 社会科学辑刊, 2018（2）: 15-21.

[86] SHIN D H. Convergence of telecommunications, media and information technology, and implications for regulation[J]. info, 2006（8）1: 42-56.

[87] 齐子鹏, 胡柳. 乡村旅游经济增长与我国农村减贫: 基于亲贫困增长的视角[J]. 商业时代, 2014（2）: 128-130.

[88] 曾本祥. 中国旅游扶贫研究综述[J]. 旅游学刊, 2006, 21（2）: 89-94.

[89] 阿马蒂亚. 以自由看待发展[M]. 任赜, 于真, 译. 北京: 中国人民大学出版社, 2002.

[90] 曾艳华. 农民发展能力的问题与对策[J]. 改革与战略, 2006（6）: 29-33.

[91] 刘七军, 李昭楠. 精准扶贫视角下连片特困区贫困农户自我发展能力提升研究[J]. 北方民族大学学报（哲学社会科学版）, 2016（4）: 107-110.

[92] 冉斌. 以旅游扶贫开发促县域经济发展[J]. 经济纵横, 1998（2）: 63.

[93] 邓小艳. 西部旅游扶贫与政府主导新探[J]. 经济师, 2002（5）: 27-28.

[94] 孙庆民. 论人类互动中的交换行为[D]. 南京: 南京师范大学, 1993.

[95] 张伟, 张建春, 魏鸿雁. 基于贫困人口发展的旅游扶贫效应评估: 以安徽省铜锣寨风景区为例[J]. 旅游学刊, 2005（5）: 43-49.

[96] 周歆红. 关注旅游扶贫的核心问题[J]. 旅游学刊, 2002（1）: 17-21.

[97] 李力, 闭海霞. 旅游扶贫效用分析: 基于广东省梅州市的实证调查[J]. 安徽农业科学, 2010, 38（27）: 15353-15355, 15425.

[98] 佟玉权, 龙花楼. 脆弱生态环境耦合下的贫困地区可持续发展研究[J]. 中国人口·资源与环境, 2003（2）: 50-54.

[99] 刘向明, 杨智敏. 对我国"旅游扶贫"的几点思考[J]. 经济地理, 2002（2）: 241-244.

[100] 曹务坤, 辛纪元, 吴大华. 民族村寨社区参与旅游扶贫的法律机制完善[J]. 云南社会科学, 2014（6）: 130-133.

[101] 丁焕峰. 国内旅游扶贫研究述评[J]. 旅游学刊, 2004（3）: 32.

[102] 潘建民, 杨昌雄. 广西发展特色旅游业与区域经济的全方位思考[J]. 广西社会科学, 2001（2）: 43-48.

[103] 胡海胜.脱贫新亮点：大化旅游扶贫与少数民族地区发展[J].桂林旅游高等专科学校学报，2002，13（2）：46-48.

[104] 李月兰，张伟强，谭丽燕.广西靖西县生态旅游资源评价与开发探讨[J].经济与社会发展，2003，1（1）：16-19.

[105] 韦复生.广西民族旅游开发与贫困缓解[J].广西民族大学报，2006，28（6）：83-87.

[106] 谭丽燕，李月兰.少数民族地区旅游开发扶贫模式探讨：以广西少数民族地区旅游开发扶贫为例[J].广西师范学院学报，2006，6（23）：132-134.

[107] 蔡雄，连漪，程道品，等.旅游扶贫：功能·条件·模式·经验[M].北京：中国旅游出版社，1999.

[108] 李清娥.5·12震后旅游扶贫的实践效应：北川羌族自治县旅游开发模式分析[J].西南民族大学学报，2012（5）：128-132.

[109] 徐胜兰.广西凤山岩溶国家地质公园旅游扶贫体系探析[J].资源开发与市场，2011，27（7）：667-669.

[110] 王丽.喀斯特地区旅游扶贫的动力机制研究[D].贵阳：贵州大学，2009.

[111] 王浪.民族社区参与旅游发展的动力机制研究[D].湘潭：湘潭大学，2008.

[112] 徐平.喀斯特地区旅游扶贫动力机制研究：基于贵州省的实证分析[J].经营管理者，2009（12）：82-83.

[113] 徐平.喀斯特地区旅游扶贫动力模型的构建：以贵州省农村社区旅游发展为例[J].贵州财经学院学报，2009（5）：107-112.

[114] 王超，王志章.西部少数民族地区旅游包容性发展动力模式研究：以贵州省为例[J].西南民族大学学报（人文社会科学版），2016（6）：135-138.

[115] 王兆峰.民族地区旅游扶贫研究[M].北京：中国社会科学出版社，2011.

[116] 李国平.基于政策实践的广东立体化旅游扶贫模式探析[J].旅游学刊，2004，19（5）：56-60.

[117] 谢小庆.乡村地区旅游扶贫机制及其效应研究：以湖南省安化县高城村为例[D].长沙：湖南师范大学，2016.

[118] 刘丽梅.旅游扶贫发展的本质及其影响因素[J].内蒙古财经学院学报，2012（1）：75-79.

[119] 赵世钊，吕宛青.民族地区旅游扶贫机制的协同学分析：以贵州省朗德苗寨为例[J].贵州民族研究，2015，36（1）：152-155.

[120] 耿宝江,庄天慧,彭良琴.四川藏区旅游精准扶贫驱动机制与微观机理[J].贵州民族研究,2016,37(4):157-160.

[121] 王晴.民族地区旅游扶贫机制选择与绩效评价:以西藏当雄县为例[D].成都:西南财经大学,2013.

[122] 朱晶晶,陆林,朱桃杏.基于运行机制的旅游扶贫支持系统和开发模式[J].资源开发与市场,2005,21(4):296-299.

[123] 王凯,王梦晗,甘畅,等.武陵山片区旅游扶贫效率网络结构演化及其驱动机制[J].山地学报,2019,37(4):589-601.

[124] 李志雄.高校旅游发展的驱动机制研究:以武汉市为例[D].武汉:华中师范大学,2009.

[125] 王志章,王超.印度包容性旅游扶贫与我国连片特困地区的旅游开发研究[J].西部发展评论,2014:180-191.

[126] 李柏槐.四川旅游扶贫开发模式研究[J].成都大学学报(教育科学版),2007(6):86-89.

[127] 奥弗特瓦尔德.芝加哥学派[M].王永龙,译.北京:中国社会科学出版社,2010.

[128] 覃广华.国际非政府组织积极参与广西扶贫开发[EB/OL].(2007-02-01)[2022-04-15].http://f.china.com.cn/2007-02/01/content_2365513.htm.

[129] HARRISON D. Pro-Poor Tourism: A Critique[J].Third World Quarterly, 2008, 29(5):851-868.

[130] BANK A D. Strategy 2020: The long-term strategic framework of the Asian Development Bank 2008-2020[R].Manila: Asian Development Bank, 2008.

[131] 王志章,刘天元,贾煜.印度包容性增长的扶贫开发实践及启示[J].西南大学学报(社会科学版),2015,41(4):71-80.

[132] 王超,骆克任.包容性增长视角下泰国旅游经济发展模式研究[J].东南亚纵横,2013(5):41-46.

[133] LAPEYRE R. Community-based tourism as a sustainable solution to maximise impacts locally? The Tsiseb Conservancy case, Namibia[J]. Development Southern Africa, 2010, 27(5):757-772.

[134] PILLAY M, ROGERSON C M. Agriculture-tourism linkages and pro-poor

impacts: The accommodation sector of urban coastal KwaZulu-Natal, South Africa[J].Applied Geography, 2013, 36(3): 49-58.

[135] SEDGLEY D, PRITCHARD A, MORGAN N. Tourism poverty in affluent societies: Voices from inner-city London[J].Tourism Management, 2012, 33(4): 951-960.

[136] OTGAAR A. Towards a common agenda for the development of industrial tourism[J]. Tourism Management Perspectives, 2012, 4(1): 86-91.

[137] DELLER S. Rural poverty, tourism and spatial heterogeneity[J].Annals of Tourism Research, 2010, 37(1): 180-205.

[138] SHARPLY R. Poverty alleviation through tourism: A comprehensive and integrated approach[J].Tourism Management, 2016, 56(oct.): 207-208.

[139] 肖建红, 肖江南. 基于微观经济效应的面向贫困人口旅游扶贫(PPT)模式研究: 以宁夏六盘山旅游扶贫实验区为例[J]. 社会科学家, 2014(1): 76-80.

[140] 李志伟. 旅游扶贫战略模式研究: 以太行山区旅游扶贫为例[J]. 中国劳动关系学院学报, 2015, 29(6): 103-106.

[141] 龚艳, 李如友. 有限政府主导型旅游扶贫开发模式研究[J]. 云南民族大学学报(哲学社会科学版), 2016, 33(6): 115-121.

[142] 陈勇, 徐小燕. BOT模式在我国西部旅游扶贫项目中的应用[J]. 商业研究, 2005(7): 167-169.

[143] 杨德进, 白长虹, 牛会聪. 民族地区负责任旅游扶贫开发模式与实现路径[J]. 人文地理, 2016(4): 119-126.

[144] 伍建海. RHB战略在农村旅游中的开发模式及可持续发展的探讨[J]. 农业经济, 2016(8): 35-37.

[145] 荣莉. 西南连片特困区的农村扶贫模式创新与思考[J]. 中国农业资源与区划, 2015, 36(5): 110-114.

[146] 孙文中. 创新中国农村扶贫模式的路径选择: 基于新发展主义的视角[J]. 广东社会科学, 2013(6): 207-213.

[147] 徐金海, 王俊. "互联网+"时代的旅游产业融合研究[J]. 财经问题研究, 2016(3): 123-129.

[148] 易静. 世界遗产地生态移民户生计方式变迁研究: 武陵源案例[D]长沙: 湖南师范大学, 2015.

[149] 李志勇.欠发达地区旅游扶贫战略的双重性与模式创新[J].现代经济探讨, 2013(2): 37-41.

[150] 李裕瑞, 曹智, 郑小玉, 等.我国实施精准扶贫的区域模式与可持续途径[J]. 中国科学院院刊, 2016, 31 (3): 279-288.

[151] 聂学东."景区带动型"旅游扶贫开发效益实证研究：基于河北省赞皇县嶂石岩村[J].河北青年管理干部学院学报, 2017, 29 (3): 83-85.

[152] 邸明慧, 郑凡, 徐宁, 等.河北省环京津贫困县旅游扶贫适宜模式选择[J]. 地理与地理信息科学, 2015, 31 (3): 123-126.

[153] 黄国庆.连片特困区旅游扶贫模式研究[J].求索, 2013 (5): 253-255.

[154] 王志章.连片特困地区包容性增长的扶贫开发模式研究[M].北京：人民出版社, 2016.

[155] 王丽丽.城市社区管理创新的动力及其作用：一个场域理论视角的分析[J]. 城市发展研究, 2011, 18 (2): 134-136.

[156] 黎熙元.现代社区概论[M].广州：中山大学出版社, 1998.

[157] 姬丹, 胡晓登.乡村旅游·扶贫致富·政府行为[D].贵阳：贵州大学, 2007.

[158] 曹现强, 张福磊.空间正义：形成、内涵及意义[J].城市发展研究, 2011, 18 (4): 1-5.

[159] 王京传.基于空间正义的旅游公众参与机制与包容性发展[J].旅游学刊, 2017, 32 (4): 6-8.

[160] 张辉, 岳燕祥.全域旅游的理性思考[J].旅游学刊, 2016, 31 (9): 15-17.

[161] 王兆峰.人力资本投资对西部地区旅游产业发展的影响[J].山西财经大学学报, 2008, 3 (5): 58-64.

[162] 广西第六次全国人口普查主要数据公报[EB/OL]. (2011-09-15) [2022-3-21]. http://cn.chinagate.cn/zhuanti/zgrk/2011-09/15/content_23422354.htm.

[163] 广西壮族自治区发展和改革委员会.龙胜各族自治县域经济发展情况[EB/OL]. (2018-08-01) [2022-07-10].http://fgw.gxzf.gov.cn/cszz/dqc/dcyj_57471/t2480386.shtml.

[164] 广西柳州融水苗族自治县人民政府门户网站.2017年政府工作报告[EB/OL]. (2017-01-17) [2022-01-10].http://www.rongshui.gov.cn/xxgk/fdzdgknr/zfgzbg/20210126-2448433.shtml.

[165] 广西柳州融水苗族自治县人民政府门户网站.2018年融水县政府工作报告[EB/OL].（2018-01-10）[2022-01-10]http：//www.rongshui.gov.cn/xxgk/fdzdgknr/zfgzbg/202101/t20210126-2448434.shtml.

[166] 庄盈.广西龙胜县盛开旅游扶贫致富花[J].源流，2018（6）：46-47.

[167] 秀美融水风情苗乡.全国百家媒体社长总编齐聚融水，"旅游+扶贫"的融水模式受关注![EB/OL].（2018-09-20）[2022-10-21].http：//www.sohu.com/a/255044713_195109.

[168] 杨修发，许刚.利益相关者理论及其治理机制[J].湖南商学院学报，2004（5）：38-40.

[169] FREEMAN R E. Strategic Management： A stakeholder approach[M].Boston：Pinnan，1984.

[170] 万剑敏.基于利益相关者理论的县域经济旅游扶贫研究：以鄱阳县为例[J].江西农业大学学报（社会科学版），2012，11（4）：111-116.

[171] 唐博.利益相关者理论视角下旅游扶贫共同参与模式研究：以武隆县白马山片区为例[D].重庆：重庆师范大学，2013.

[172] 宋秋，周文丽.景泰黄河石林旅游扶贫开发策略研究：基于利益相关者视角[J].郑州航空工业管理学院学报，2016，34（2）：56-62.

[173] 罗忠恒，刘岩玲.赣南旅游扶贫发展模式与策略：基于利益相关者管理理论[J].黎明职业大学学报，2016（3）：32-34.

[174] 李莉.利益相关者视阈下重庆"两翼"地区旅游扶贫优化研究[J].科学咨询（科技管理），2016（10）：6-8.

[175] 张静，朱红兵，刘婷.基于利益相关者理论的乡村旅游精准扶贫机制研究[J].佳木斯大学社会科学学报，2018，36（1）：54-57.

[176] 李佳.生态旅游扶贫利益相关者的协同模式研究：以通山县D乡为例[D].武汉：华中师范大学，2018.

[177] 鄢慧丽，余军，熊浩，等.少数民族村寨旅游扶贫利益相关者网络关系研究[J].软科学，2019，33（3）：80-85.

[178] 徐宁，张香.西藏边境旅游扶贫多元主体协同机制研究[J].延安大学学报（社会科学版），2019，41（4）：65-71.

[179] MITCHELL R K, AGLE B. Toward a theory of stakeholder identification and salience： Defining the principle of who and what really counts[J].

Academy of Management Review, 1997, 22(4): 853-886.

[180] 威勒, 西兰芭. 利益相关者公司[M]. 张丽华, 译. 北京: 经济管理出版社, 2002.

[181] 夏赞才. 利益相关者理论及旅行社利益相关者基本图谱[J]. 湖南师范大学社会科学学报, 2003(3): 72-77.

[182] 陈宏辉, 贾生华. 企业利益相关者三维分类的实证分析[J]. 经济研究, 2004(4): 80-90.

[183] 胡象明. 利益相关性原理对分析政府经济政策行为的方法论意义[J]. 中国行政管理, 1999(12): 45-48.

[184] 邱耕田, 张荣浩. 论包容性发展[J]. 学习与探索, 2011(1): 53-57.

[185] 张建忠. 旅游学概论[M]. 北京: 中国旅游出版社, 2015.

[186] 孙辉. 论贫富差距对我国社会和谐稳定的影响[J]. 四川行政学院学报, 2005(5): 54-57.

[187] 舒小林, 明庆忠, 王爱忠, 等. 旅游扶贫在构建和谐社会中的战略意义和对策[J]. 桂林旅游高等专科学校学报, 2005, 16(6): 75-78.

[188] 陈辉, 张全红. 基于多维贫困测度的贫困精准识别及精准扶贫对策: 以粤北山区为例[J]. 广东财经大学学报, 2016(3): 64-71.

[189] 苗志英. 辽宁省农村扶贫项目选择机制研究[D]. 沈阳: 东北大学, 2010.

[190] 陈凌霄. 我国农村扶贫开发政策中的多元执行主体研究[D]. 南京: 南京大学, 2017.

[191] 庄天慧, 陈光燕, 蓝红星. 精准扶贫主体行为逻辑与作用机制研究[J]. 广西民族研究, 2015(6): 138-146.

[192] 孙亚清. 跨界创业联盟资源整合机制研究[D]. 长春: 吉林大学, 2016.

[193] 李颖. 社会扶贫资源整合的类型及其适应性[J]. 探索, 2015(5): 146-151.

[194] 高同利. 试论机会均等的竞争机制[J]. 社会科学辑刊, 1991(3): 57-58.

[195] 陈友莲. "旅游飞地"对旅游扶贫绩效的影响及其防范[J]. 市场论坛, 2011(12): 39-40.

[196] 王丽平. 我国少数民族大学生平等就业机会保障机制探析[J]. 民族教育研究, 2013, 24(4): 30-34.

[197] 赵新龙. 权利扶贫: 农村扶贫突围的一个法治路径[J]. 云南财经大学学报,

2007, 23 (3): 88-92.

[198] 洪朝辉. 论中国城市社会权利的贫困[J]. 江苏社会科学, 2003 (2): 116-125.

[199] 张炜. 公民的权利表达及其机制构建[M]. 北京: 人民出版社, 2009.

[200] 张磊, 吕斯达, 吴为. 中国农民权利缺失现状及其原因分析[J]. 中国集体经济, 2009 (4): 94-95.

[201] 曾艳华. 农民发展能力的问题与对策[J]. 改革与战略, 2006 (6): 29-33.

[202] 黄鑫鑫, 安萍莉, 蔡璐佳, 等. 农户自主发展能力研究: 以东北粮食主产区为例[J]. 资源科学, 2015, 37 (9): 1825-1833.

[203] 刘七军, 李昭楠. 精准扶贫视角下连片特困区贫困农户自我发展能力提升研究[J]. 北方民族大学学报 (哲学社会科学版), 2016 (4): 107-110.

[204] 征汉文. 公平分配应首先从第一次分配开始[J]. 当代经济研究, 2010 (8): 29-32.

[205] 田真. 乡村旅游社区参与模式与利益分配机制研究: 以威海河口"胶东渔村"为例[D]. 济南: 山东大学, 2014.

[206] 张晓鸣. 社区居民参与乡村旅游开发的利益分配机制研究: 以成都三圣乡为例[D]. 成都: 四川师范大学, 2007.

[207] 武晓英, 李辉, 李伟. 社区参与旅游发展的利益分配机制研究: 以西双版纳民族旅游地为例[J]. 北京第二外国语学院学报, 2014 (11): 59-67.

[208] 陈友莲, 向延平. 旅游扶贫绩效评价概念、类型、流程与重要性分析[J]. 湖南商学院学报, 2012, 19 (4): 78-80.

[209] 邢慧斌. 国内旅游扶贫绩效评估理论及方法研究述评[J]. 经济问题探索, 2017 (7): 47-53.

[210] 黄细嘉, 陈志军. 旅游扶贫: 江西的构想与实现路径[M]. 北京: 人民出版社, 2014.

[211] 段伽忱. 楚雄市完善扶贫项目资金监管机制[N]. 楚雄日报, 2012-01-17(2).

[212] 刘司可. 精准扶贫视角下农村贫困退出机制的实践与思考: 基于湖北省广水市陈家河村152户贫困户的问卷调查[J]. 农村经济, 2016 (4): 45-49.

[213] 张瑶瑶. 把好贫困退出质量关[N]. 中国财经报, 2016-05-12 (1).

[214] 兰从善. 建立扶贫退出机制, 实行真扶贫扶真贫[N]. 邵阳日报, 2015-05-26 (2).

[215] 晏澜菲.建立贫困退出机制,实施精准扶贫[EB/OL].(2016-07-20)[2022-07-09].http://www.xncsb.cn/newsf/23851.htm.

[216] 国家乡村振兴局.安徽省委办公厅省政府办公厅印发《关于建立扶贫对象退出机制的实施意见》[EB/OL].(2016-09-23)[2022-08-16].http://www.cpad.gov.cn/art/2016/9/23/art_5_53714.html.

[217] 奥亚锋.农村精准扶贫金融保障机制研究:以四川省达州市为例[J].广东蚕业,2016,50(4):30-33.

[218] 杜明义.我国藏区农牧区金融精准扶贫模式选择与保障机制[J].金融教育研究,2017,30(2):59-65.

[219] 柴葳.教育是最根本的精准扶贫[N].中国教育报,2016-03-03(1).

[220] 中国乡村行.2018年融水苗族自治县人民政府工作报告(全文)[EB/OL].(2022-04-21)[2022-10-08].http://www.zjcounty.com/news/15763.html.

[221] 中国食品报社融媒体.广西柳州:标准化助力融水大苗山民族特色旅游发展[EB/OL].(2020-10-15)[2022-10-08].https://baijiahao.baidu.com/s?id=1680622111231675949&wfr=spider&for=pc.

[222] 央广网.广西龙胜:旅游扶贫 筑起脱贫梦[EB/OL].(2020-09-24)[2022-10-08].https://baijiahao.baidu.com/s?id=1678704879388753434&wfr=spider&for=pc.

[223] 中共中央党校.习近平:在全国脱贫攻坚总结表彰大会上的讲话[EB/OL].(2021-02-25)[2022-10-08].https://www.ccps.gov.cn/xtt/202102/t20210225_147575.shtml.

附录

附录 1　全域旅游视阈下广西民族地区包容性旅游扶贫驱动因素的确定专家调查表（第一轮）

尊敬的专家：

您好！我们是"全域旅游视阈下广西民族地区包容性旅游扶贫模式与机制研究"课题组，正在对全域旅游视阈下广西民族地区包容性旅游扶贫的驱动机制进行研究。鉴于您是这一领域的专家，对广西民族地区旅游扶贫有深入的了解，请您帮助我们完成这方面的调查。以下是根据现有理论研究遴选出来的全域旅游视阈下广西民族地区包容性旅游扶贫驱动因素，请您根据驱动因素的重要程度打分，并提出宝贵的意见，非常感谢您的参与和支持！

1.请在下表中根据驱动因素的重要性打"√"。

表附录-1　驱动因素重要性一览表（第一轮）

序　号	驱动因素	不重要	较不重要	一　般	较重要	很重要
1	民族地区经济发展的需要	1	3	5	7	9
2	旅游市场需求	1	3	5	7	9
3	相关产业融合发展	1	3	5	7	9
4	旅游资源供给	1	3	5	7	9
5	旅游客源市场	1	3	5	7	9
6	区域资源的有机整合	1	3	5	7	9

续表

序号	驱动因素	不重要	较不重要	一般	较重要	很重要
7	民族地区人口自身发展的需要	1	3	5	7	9
8	资本资源	1	3	5	7	9
9	市场支持	1	3	5	7	9
10	区域联动发展	1	3	5	7	9
11	技能培训支持	1	3	5	7	9
12	乡村民间组织	1	3	5	7	9
13	非政府组织	1	3	5	7	9
14	人力资本	1	3	5	7	9
15	基础设施建设	1	3	5	7	9
16	生态环境的保护	1	3	5	7	9
17	贫困人口的发展能力和素质	1	3	5	7	9
18	社区居民均等参与旅游发展的权利和机会	1	3	5	7	9
19	区位条件	1	3	5	7	9
20	民族地区人口的发展权利和利益需求	1	3	5	7	9
21	媒体传播	1	3	5	7	9
22	旅游者	1	3	5	7	9
23	政府政策法规	1	3	5	7	9
24	社区居民参与	1	3	5	7	9
25	旅游企业	1	3	5	7	9
26	旅游产品供给	1	3	5	7	9
27	国际扶贫机构	1	3	5	7	9
28	广告宣传	1	3	5	7	9
29	旅游环境的优化	1	3	5	7	9

续 表

序 号	驱动因素	不重要	较不重要	一 般	较重要	很重要
30	旅游业发展水平	1	3	5	7	9
31	地方资源保护和发展的需要	1	3	5	7	9
32	和谐社会的构建	1	3	5	7	9
33	社区发展牵引	1	3	5	7	9
34	信息支持	1	3	5	7	9

2. 您认为需要更改、删减或增加的驱动因素：

表附录-2　需要更改、删减或增加的驱动因素（第一轮）

更改的驱动因素	
删减的驱动因素	
增加的驱动因素	

非常感谢您在百忙之中抽出时间进行指导！祝您工作愉快、阖家幸福！
"全域旅游视阈下广西民族地区包容性旅游扶贫模式与机制研究"课题组

附录2　全域旅游视阈下广西民族地区包容性旅游扶贫驱动因素的确定专家调查表（第二轮）

尊敬的专家：

您好！我们是"全域旅游视阈下广西民族地区包容性旅游扶贫模式与机制研究"课题组，正在对全域旅游视阈下广西民族地区包容性旅游扶贫的驱动机制进行研究。鉴于您是这一领域的专家，对广西民族地区旅游扶贫有深入的了解，请您帮助我们完成这方面的调查。以下是根据现有理论研究遴选出来的全域旅游视阈下广西民族地区包容性旅游扶贫驱动因素，请您根据驱动因素的重要程度打分，并提出宝贵的意见，非常感谢您的参与和支持！

1. 请在下表中根据驱动因素的重要性打"√"。

表附录-3 驱动因素重要性一览表（第二轮）

序号	驱动因素	不重要	较不重要	一般	较重要	很重要
1	区域经济发展水平	1	3	5	7	9
2	旅游市场需求	1	3	5	7	9
3	旅游产业融合发展	1	3	5	7	9
4	旅游资源供给	1	3	5	7	9
5	区域资源的有机整合	1	3	5	7	9
6	民族地区人口自身发展的需要	1	3	5	7	9
7	资本资源	1	3	5	7	9
8	区域联动发展	1	3	5	7	9
9	技能培训支持	1	3	5	7	9
10	非政府组织	1	3	5	7	9
11	基础设施建设	1	3	5	7	9
12	人力资本	1	3	5	7	9
13	生态环境的保护	1	3	5	7	9
14	区位条件	1	3	5	7	9
15	民族地区人口的发展权利和利益需求	1	3	5	7	9
16	媒体传播	1	3	5	7	9
17	旅游者	1	3	5	7	9
18	政府政策法规	1	3	5	7	9
19	社区居民参与	1	3	5	7	9
20	旅游企业	1	3	5	7	9
21	国际扶贫机构	1	3	5	7	9
22	旅游扶贫环境的优化	1	3	5	7	9

续 表

序号	驱动因素	不重要	较不重要	一般	较重要	很重要
23	旅游业发展水平	1	3	5	7	9
24	地方资源保护和发展的需要	1	3	5	7	9
25	和谐社会的构建	1	3	5	7	9
26	社区发展牵引	1	3	5	7	9
27	生产性就业岗位增加的需要	1	3	5	7	9
28	利益共享的驱动	1	3	5	7	9
29	社会重视程度	1	3	5	7	9
30	旅游扶贫主管部门	1	3	5	7	9
31	精准扶贫的要求	1	3	5	7	9
32	旅游业的关联带动性	1	3	5	7	9
33	学术研究	1	3	5	7	9
34	旅游服务设施建设	1	3	5	7	9

2. 您认为需要更改、删减或增加的驱动因素：

表附录-4　需要更改、删减或增加的驱动因素（第二轮）

更改的驱动因素	
删减的驱动因素	
增加的驱动因素	

附录3　广西民族地区包容性旅游扶贫利益相关者专家访谈问卷

尊敬的专家：

您好！非常感谢您在百忙之中抽时间填写这份问卷。广西作为国家脱贫攻坚的主战场，其旅游扶贫的开展需要各相关主体的参与和支持。因此，课题组在利益相关者理论的指导下开展关于广西民族地区包容性旅游扶贫中利益相关者界定的调查。您的客观、真实回答将有助于本研究的完成，谢谢您的支持！

请在您认为是广西民族地区包容性旅游扶贫的利益相关者的选项后面打"√"。

表附录-5　利益相关者专家访谈表

利益相关者	入选请打"√"	利益相关者	入选请打"√"
旅游企业		当地政府	
贫困人口		旅游者	
专家学者		合作社	
非旅游类企业		新闻媒体	
政府部门		非政府组织	
当地社区		当地非贫困户	

附录4　广西民族地区包容性旅游扶贫利益相关者贫困人口满意度调查问卷

尊敬的受访者：

您好！

本问卷针对广西民族地区包容性旅游扶贫利益相关者贫困人口满意度进行调查。本调查大概需要花费您两分钟的时间，请您根据自己的实际想法如实填写，以便能为旅游扶贫的开展提供一些改进建议、措施，使其得到更好发展，创造更高的社会经济效益。本调查的结果将完全用于学术研究，并无其他的目的。谢谢您的支持。

一、基本情况

1. 您的性别：□男　　　□女
2. 您是否参与旅游扶贫？□是　　　□否
3. 您通过什么方式参加旅游扶贫：　　　　　　　　。（请具体填写）

二、以下是一些衡量满意度的评价内容，请您根据自己的感知进行满意程度打分。（在相应的单元格内打√）

表附录-6 广西民族地区包容性旅游扶贫利益相关者贫困人口满意度调查表

评价内容	很满意	满意	一般	不满意	很不满意
就业机会的增加					
经济收入的提高					
脱贫致富的实现					
生活质量的改善					
基础设施的优化					
自身发展能力的培养					
民族传统文化的传承					
生态环境的保护					
收入分配的公正性					
旅游扶贫的参与权					

注：很满意为5分，满意为4分，一般为3分，不满意为2分，很不满意为1分。

您对旅游扶贫的评价：
_____。

您对旅游扶贫的建议：
_____。

附录5 广西民族地区包容性旅游扶贫的地方政府满意度调查问卷

尊敬的受访者：

您好！本问卷是对广西民族地区包容性旅游扶贫利益相关者地方政府满

意度进行调查。本调查大概需要花费您两分钟的时间，请您根据自己的实际想法如实填写，以便能为旅游扶贫的开展提供一些改进建议、措施，使其得到更好的发展，创造更高的社会经济效益。本调查的结果将完全用于学术研究，并无其他的目的。谢谢您的支持。

一、基本情况

1. 您的性别：□男　　　□女
2. 您在旅游扶贫工作中承担的工作：_____。

二、以下是一些衡量满意度的评价内容，请您根据自己的感知进行满意程度打分。（在相应的单元格内打"√"）

表附录-7　广西民族地区包容性旅游扶贫的地方政府满意度调查表

评价内容	很满意	满意	一般	不满意	很不满意
提高当地就业率					
减少贫困人口					
完成脱贫任务					
增加当地财政收入					
推动旅游产业升级					
带动地方经济发展					
保护旅游资源					
促进社会和谐发展					
树立良好社会形象					
优化生态环境					

注：很满意为5分，满意为4分，一般为3分，不满意为2分，很不满意为1分。

您对旅游扶贫的评价：_____。

您对旅游扶贫的建议：_____。

附录6　广西民族地区包容性旅游扶贫利益相关者旅游者满意度调查问卷

尊敬的受访者：

您好！本问卷是对广西民族地区包容性旅游扶贫利益相关者旅游者满意度进行调查。本调查大概需要花费您两分钟的时间，请您根据自己的实际想法如实填写，以便能为旅游扶贫的开展提供一些改进建议、措施，使其得到更好的发展，创造更高的社会经济效益。本调查的结果将完全用于学术研究，并无其他的目的。谢谢您的支持。

一、基本情况

1. 您的性别：　□男　　　□女
2. 您的年龄：A. 20 岁以下　B. 21～30 岁
　　　　　　　C. 31～40 岁　D. 41 岁以上
3. 您的居住地（　）。
　A. 本省　　　B. 外省（若是外省，请写具体，谢谢）
4. 您参与（消费）的旅游扶贫项目：　　　　　。（请具体填写）

二、以下是一些衡量满意度的评价内容，请您根据自己的感知进行满意程度打分。（在相应的单元格内打√）

表附录-8　广西民族地区包容性旅游扶贫利益相关者旅游满意度调查表

评价内容	很满意	满意	一般	不满意	很不满意
丰富的精神文化需求					
独特多样的旅游活动					
完善的旅游配套设施					
高质量的旅游体验					

续　表

评价内容	很满意	满意	一般	不满意	很不满意
有序的管理环境					
旅游消费权利的维护					
友好的贫困人口态度					

注：很满意为5分，满意为4分，一般为3分，不满意为2分，很不满意为1分。

您对旅游扶贫的评价：
_____。

您对旅游扶贫的建议：
_____。

附录7　广西民族地区包容性旅游扶贫相关利益者旅游企业满意度调查问卷

尊敬的受访者：

　　您好！本问卷针对广西民族地区包容性旅游扶贫相关利益者旅游企业满意度进行调查。本调查大概需要花费您两分钟的时间，请您根据自己的实际想法如实填写，以便能为旅游扶贫的开展提供一些改进建议、措施，使其得到更好的发展，创造更高的社会经济效益。本调查的结果将完全用于学术研究，并无其他的目的。谢谢您的支持。

一、基本情况

1. 您的性别：□男　　　□女
2. 您参与的旅游扶贫工作：_____。（请具体填写）

二、以下是一些衡量满意度的评价内容，请您根据自己的感知进行满意程度打分。（在相应的单元格内打√）

表附录-9　广西民族地区包容性旅游扶贫相关利益者旅游企业满意度调查表

评价内容	很满意	满意	一般	不满意	很不满意
政府政策的倾斜					
旅游市场规模的扩大					
企业知名度和形象的提高					
多样旅游产品的开发					
经济收益的获取					
内生发展能力的提高					
企业社会责任的履行					
当地居民的支持					

注：很满意为5分，满意为4分，一般为3分，不满意为2分，很不满意为1分。

您对旅游扶贫的评价：
_____。

您对旅游扶贫的建议：
_____。